和刻本家禮校注

（宋）朱熹 撰
（日）淺見絅齋 刻
彭衛民 校注

國家社科基金青年項目「明清東亞周邊國家『家禮』漢籍整理研究」
（項目編號：18CSS003）階段性成果

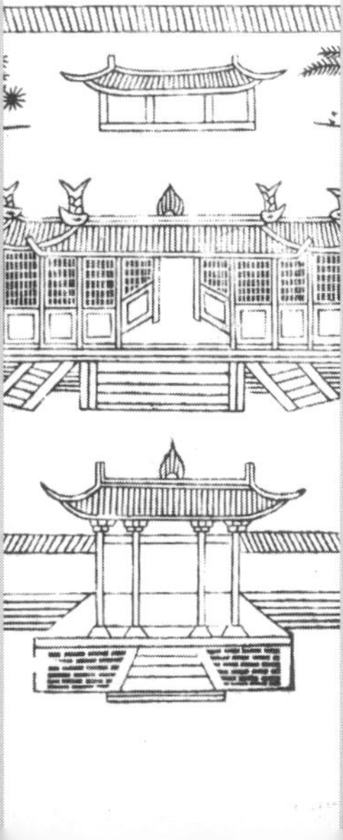

巴蜀書社

圖書在版編目（CIP）數據

和刻本家禮校注/彭衛民校注．—成都：巴蜀书社，2019.12
ISBN 978-7-5531-1202-2

Ⅰ.①和… Ⅱ.①彭… Ⅲ.①禮儀－中國－古代 Ⅳ.
①K892.9

中國版本圖書館 CIP 數據核字（2019）第 188469 號

和刻本家禮校注 （宋）朱熹 撰 （日）淺見絅齋 刻
HEKEBEN JIALI JIAOZHU 彭衛民 校注

策　　劃　王群栗
責任編輯　王群栗
出版發行　巴蜀書社（成都市槐樹街 2 號　郵編 610031）
電　　話：總編室：（028）86259397
　　　　　發行科：（028）86259422　86259423
網　　址　www.bsbook.com
電子郵箱　bashubook@163.com
印　　刷　成都春曉印務有限公司
　　　　　電話：（028）88450462
版　　次　2019 年 12 月第 1 版
印　　次　2019 年 12 月第 1 次印刷
成品尺寸　210mm × 148mm
印　　張　11
字　　數　280 千字
書　　號　ISBN 978-7-5531-1202-2
定　　價　68.00 圓

前言

和刻本家禮，五卷三册。上册爲家禮圖，中册爲卷一至卷三，下册爲卷四至卷五。早稻田大學綜合圖書館藏本（請求番號：ロ一二〇〇〇八七）。和刻本家禮五卷由淺見絅齋校訂並附圖後加以刊刻。框高二十四點四厘米，寬十四點三厘米。無界格，半葉八行，行十六字，注文小字雙行同。四周單邊，版心白口，上黑魚尾，版心上題書名，版心中端題卷次。該書由京都吉野屋仁兵衛門、江户須原屋茂兵衛、大阪河内屋喜兵衛等書肆於元禄十年（一六九七）聯合刊行，爲東亞國家家禮文獻中不可多得之善本。

校點者淺見絅齋是江户時代中期海南朱子學派代表人物。近江高島人，名安正，俗稱重次郎。小樽商科大學圖書館藏性理大全書卷二一家禮，書後有一段手書識語：「元禄丁丑冬日淺見安正謹識，右數語見刻本家禮跋。」書中校勘字迹與跋文同。取之與元禄本對比，無一字相異。此外，從校勘情況來看，性理本與元禄本幾無差異。但元禄本編排參照周復五卷本系統，内容上則與性理本近似，故可推知性理本爲淺見絅齋校訂時所用的底本，但性理本所出現的楊復、劉垓孫、劉璋附、補、增注部分，悉數被删去，以求儘可能恢復家禮原貌。

絅齋校點本的家禮除再刊本外，還有延保三年（一六七五）壽文堂刊本、寬政四年（一七九二）江户須原屋茂兵衛後印本、天保二年（一八三一）佐土原學習館跋刊本、嘉永五年（一八五二）仙臺藩養賢堂刊本等後印本，廣爲後世傳閱。

絅齋曾於大阪行醫，二十八歲時拜入山崎暗齋門下，爲暗齋門下的代表人物，與佐藤直方、三宅尚齋並稱「崎門三傑」。因其不認同暗齋的垂加神道，又因批判「敬義内外」説，而被逐出宗門。但他性格剛毅，被逐出宗門後仍秉持自己的觀點，還在京都開辦私塾。絅齋著作除靖獻遺言八卷、靖獻遺言講義二卷、白鹿洞揭示考證一卷、拘幽操附録一卷、四箴附考一卷、批大學辨斷一卷外，還有易學啓蒙講義三册和論語筆記三卷，以及大量以家禮相關筆記爲主的講義録。其中，流傳於世的絅齋先生文集十三卷爲手抄本。絅齋於寶永二年（一七〇五）其繼母去世之後，開始給學生講授家禮，門人若林强齋將筆記内容整理成家禮師説。除此之外，還留存下了家禮紀聞、喪祭小記和喪祭略記筆記各一册。

絅齋在刊刻五卷本家禮的第二年，寫有讀家禮一文，可視作爲其所刻家禮所作之序文。在讀家禮中，絅齋闡明了朱熹「禮即理」的觀點，同時提倡禮以時爲大、因地而革新禮治的主張：「禮也者，理而已矣。苟不得其理，而惟禮文之拘，則先失我所以行禮之理，尚何得合名分人倫之本哉？」可謂深得朱子精髓。

絅齋此本校訂精審，影響深遠，故筆者不揣淺陋，廣參衆本，爲之校注。至若家禮文獻在東亞地區的流傳及影響，尤其是其在日本江户時代的受容，筆者撰有專論，兹作爲附録。由於筆者水平有限，缺漏在所難免，尚祈讀者指正。

凡例

一、本次點校，以日本早稻田大學所藏元禄丁丑年（一六九七）和刻（大阪心齋橋通北久太郎町積玉圃）家禮五卷圖一卷爲底本。該本是江户學者淺見絅齋以性理大全書系統本作爲底本進行的校訂本。全書三册，上册爲家禮圖，中册爲卷之一至卷之三，收通、冠、昏禮三篇，下册爲卷之四與卷之五，收喪、祭禮二篇。家禮正文稱本文，原注稱本注。

二、用以校勘的版本，包括：（一）中國國家圖書館藏宋刻楊注附圖本（此本第一至三卷爲清影宋鈔配，簡稱鈔配本）；（二）中國國家圖書館藏宋刻纂圖集注文公家禮十卷（其中第四卷用東京大學東洋文化研究所藏本，簡稱集注本）；（三）元至正元年（一三四一）黄瑞節刻朱子成書本（簡稱成書本）；（四）日本小樽商科大學圖書館藏萬曆三十一年（一六〇三）性理大全書（簡稱性理本）；（五）韓國國立中央圖書館藏明嘉靖間刻本（簡稱明刻本）；（六）欽定四庫全書本（簡稱四庫本）；（七）韓國國立中央圖書館藏光绪六年（一八八〇）冬公善堂影宋本（簡稱公善本）；（八）底本欄外所附淺見絅齋校記。近人朱傑人編朱子全書二十七册，内收王燕均、王光照校點朱子家禮，日本學者吾妻重二於朱熹家禮實證研究一書中附宋版家禮校勘本，此二書均以鈔配本爲底本，校點精準，版本梳理清晰，本次校訂時一併加以參考。對校時凡底本與校本中有脱衍誤倒，均出校記，校其異同，定其是非。若確有實據者，對底本予以校改；若無堅實理據者，予以存疑。各本俗字、異體字如「修／脩」「洒／灑」「面／靣」「菓／果」等一般不予出校，據以改底本則予説明。

三、全書採用全式標點。本文與本注凡引他説，適當加雙引號或單引號。

四、家禮凡所引司馬光、程子言，以雍正二年（一七二四）汪亮采校訂司馬氏書儀十卷本（簡稱書儀）與中華書局二程集加以他校，凡底本有脱衍誤倒，均據書儀、二程集加以注明。

五、注釋酌參江户時代學者新井白石所著八卷本家禮儀節考，凡新井有闡發者，均注明「新井白石按」。酌補楊復之附注、劉垓孫之增注、劉璋之補注，門人及後世學者補録原文以朱子語類、儀禮經傳通解復加參核。喪服及其圖式部分的考釋，酌參元泰定元年（一三二四）龔端禮五服圖解（杭州路儒學刻本）。

六、家禮本文用四號宋體，本注用小四號宋體排印，對各卷本文内容按照「標題順序—本文順序」形式重新編排並適當分段，如「〔2—7〕賓至，主婦迎入升堂」。本注中文字凡帶圈號者，除不宜分段者外，均另起一段，注於各節之後。

七、家禮圖合計二十四幅附於書前。徵引書目二十二種附於書末。

目録

家禮圖

家廟之圖

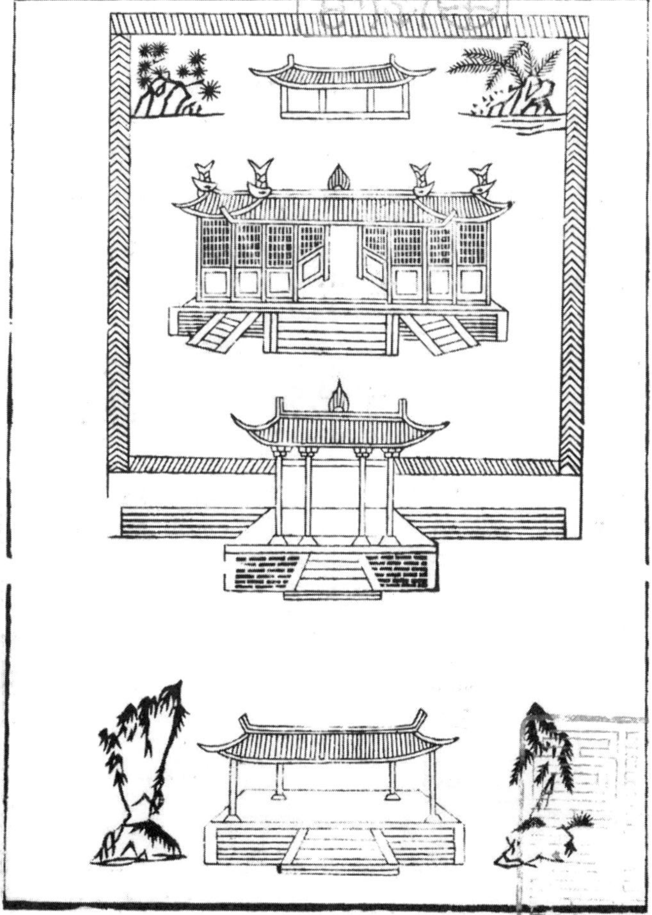

祠堂之圖

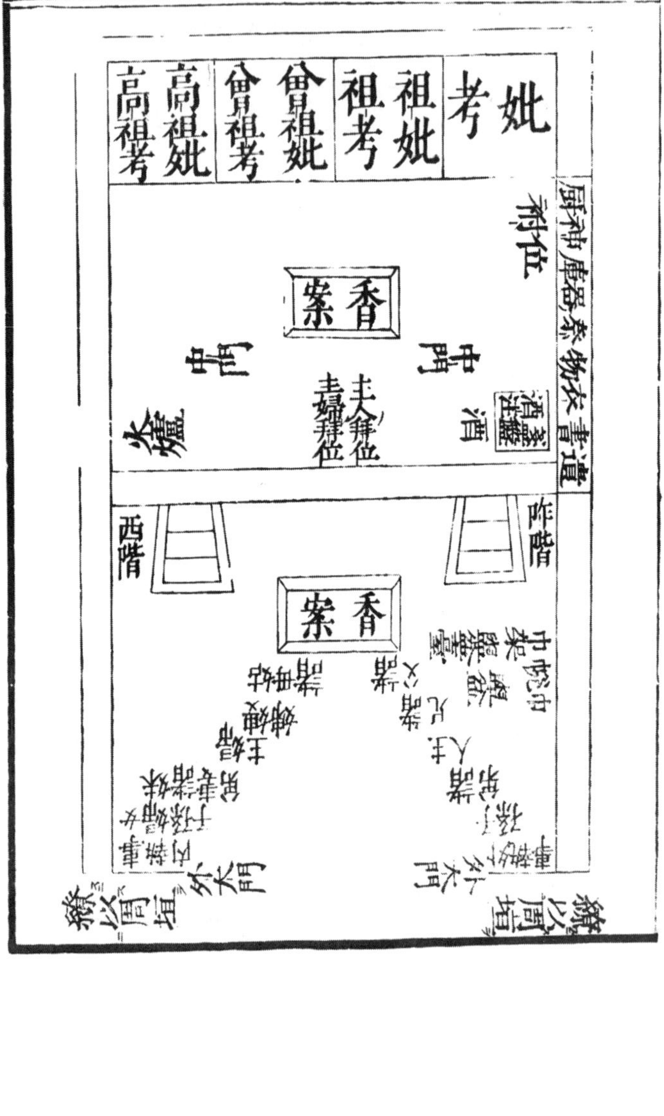

考
妣
祖考
祖妣
曾祖考
曾祖妣
高祖考
高祖妣
神位
遺書衣物祭器庫神厨
香案
中門
中門
主人拜位
主婦拜位
酒
爐
阼階
西階
香案
外門
外門
周垣
周垣

深衣前圖

袷緣廣二寸
衣身二尺二寸
袪
袂
袂
袪
袪袖口也尺二寸圓之則二尺有四寸緣廣寸半
袼縫此處謂之續衽鉤邊
裳前後共十二幅
裳緣廣寸半與袪同
續衽鉤邊
裳下
與齊

深衣後圖

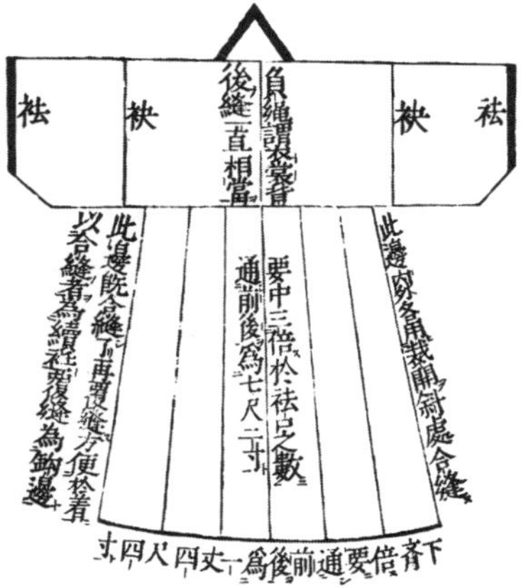
負繩謂衣裳背
後縫直相當
袪
袂
袂
袪
要中三倍於袪口之數
通前後為七尺二寸
此邊既合縫了再以後一邊方便於著
以合縫者為續衽覆縫為鉤邊
此邊各用裁開剩處合縫
下齊倍要通前後為一丈四尺四寸

著深衣前兩襟相掩圖

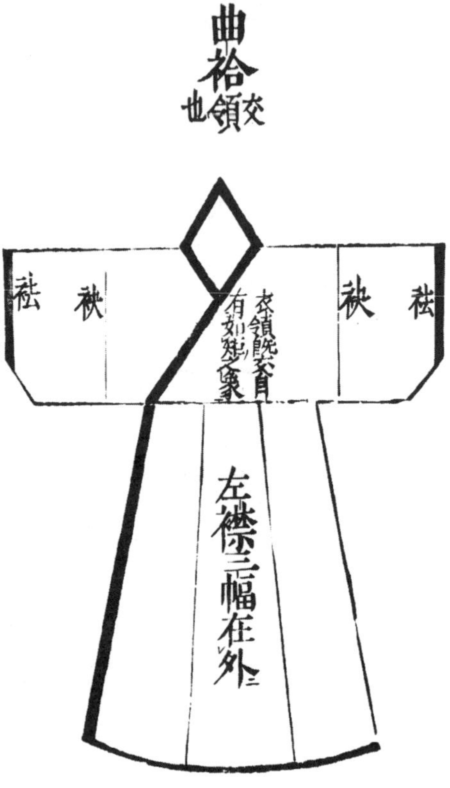

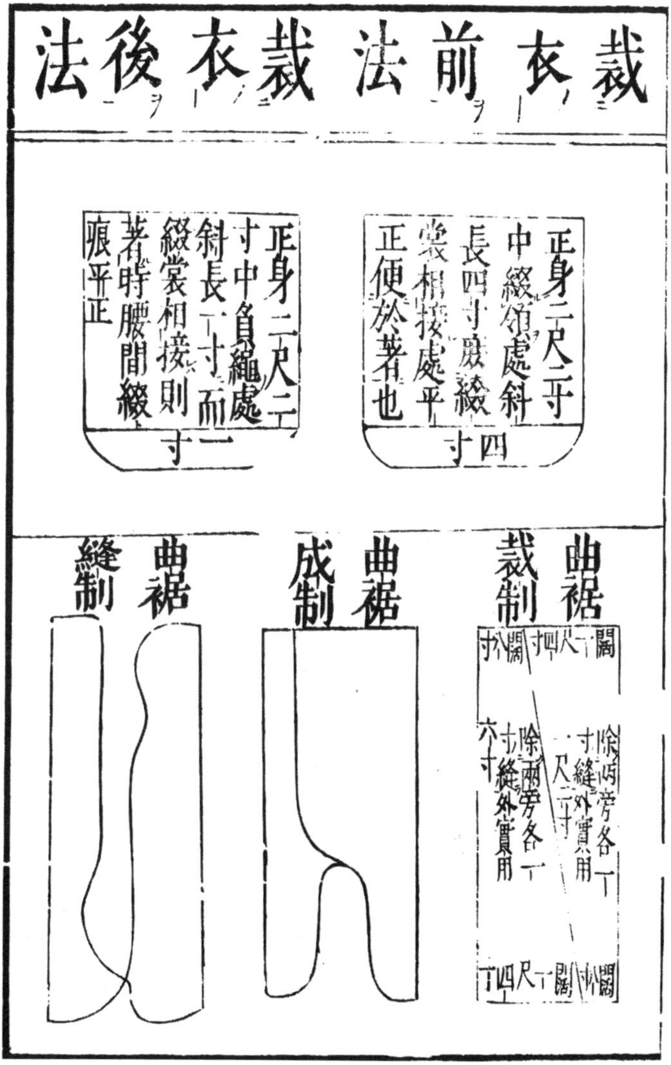
裁衣前法
裁衣後法
正身二尺二寸中綴領處斜長四寸段綴裳相接處平正便於著也
四寸
正身二尺二寸中負繩處斜長二寸而綴裳相接則著時腰間綴痕平正
一寸
曲裾裁制
闊一尺四寸
闊八寸
除兩旁各一寸縫外實用一尺二寸
除兩旁各一寸縫外實用六寸
闊八寸
闊一尺四寸
曲裾成制
曲裾縫制

深衣冠履之圖

玉藻云天子素帶朱裏終辟諸侯素帶終辟大夫素帶辟垂註云大夫辟其紐及末士辟其末而已○按終充也辟緣也充辟謂盡緣之也紐兩耳也天子以素爲帶以朱爲裏從腰後至紳皆緣之也諸侯亦然但不朱裏耳大夫緣其兩耳及紳腰後則不緣也士惟緣其紳腰及兩耳皆不緣也

糊紙爲之武高寸許廣三寸袤四寸上爲五梁廣如武之袤而長八寸跨頂前後下著於武屈其兩端各半寸自外向內而黑漆之武之兩旁半寸之上竅以受笄笄用齒骨凡白物○王普制度云緇布冠用烏紗漆爲之不如紙尤堅硬

用黑繒六尺許中屈之右邊就屈處爲橫輒左邊反屈之自輒左四五寸間斜縫向左圓曲而下遂循左邊至于兩末復反所縫餘繒使之向裏以輒當額前裹之至兩耳旁各綴一帶廣二寸長二尺自巾外過頂後相結而垂之

深衣用白屨狀如今之履絇音劬繶音億純音準綦音忌四者以繒爲之絇者謂屨頭屈修或繒爲鼻繶者縫中紃音旬也純謂屨口緣也綦所以繫屨也或用黑屨白純禮亦宜然

行冠禮圖

筵于東序少北此冠義所謂冠於阼也少北者
主人位在東序端故避主人也

將冠者

采衫 四揆衫 勒帛 采履

贊者西向

房

冠者適房 初服深衣 再服皁衫 三服公服 無官者用襴衫

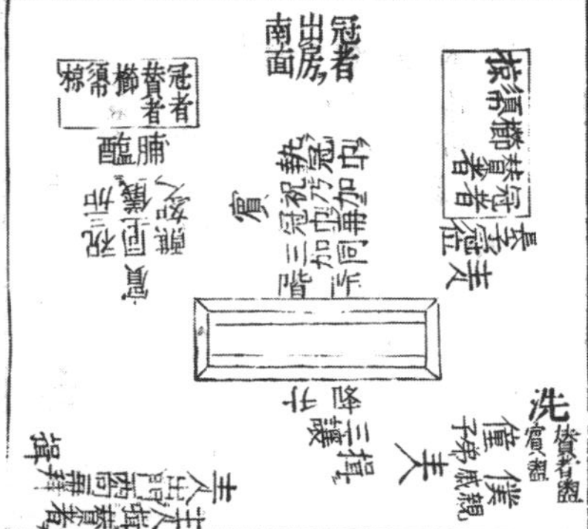

堂

記云適子冠於阼以著代也醮於客位加有成也子不於阼而冠於房外南面非代故也記云醮於客位嘉有成也是適子於客位也而尊之此則成而不尊故因冠之處遂醮焉

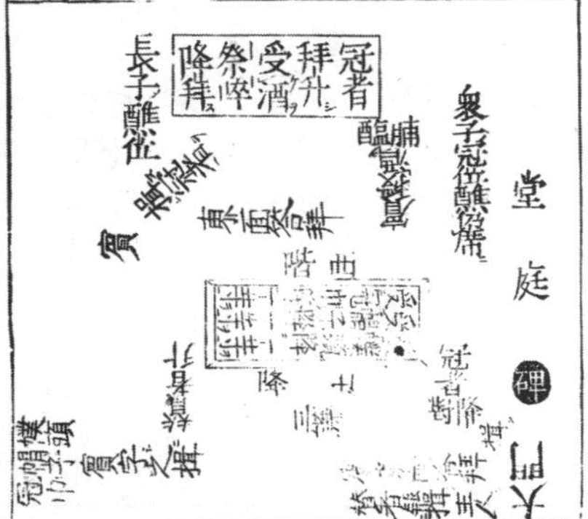

筵于堂少西堂西乃賓客之位此冠義所謂醴於客位也賈疏云必以西爲客位者地道尊右故也

昏禮親迎之圖

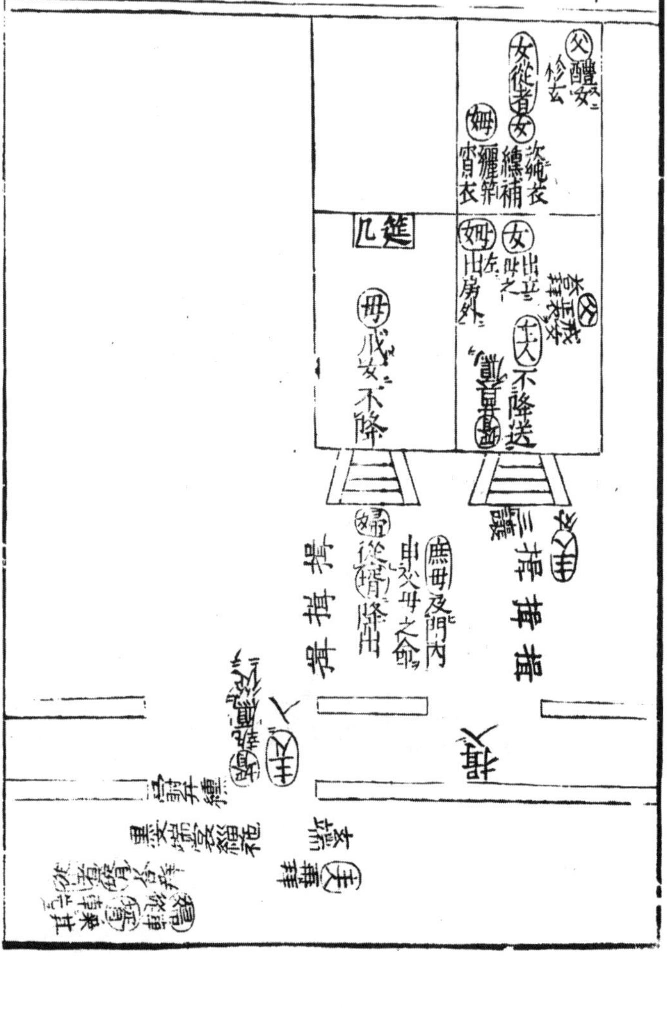

衿鞶篋笥椸楎圖

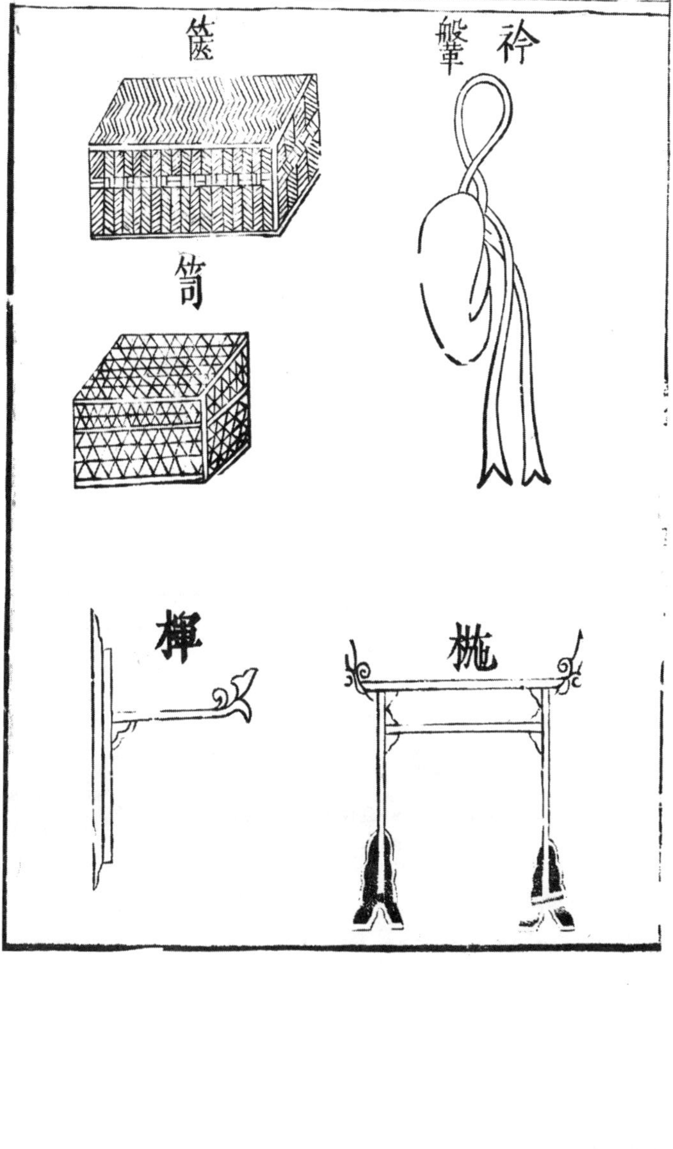

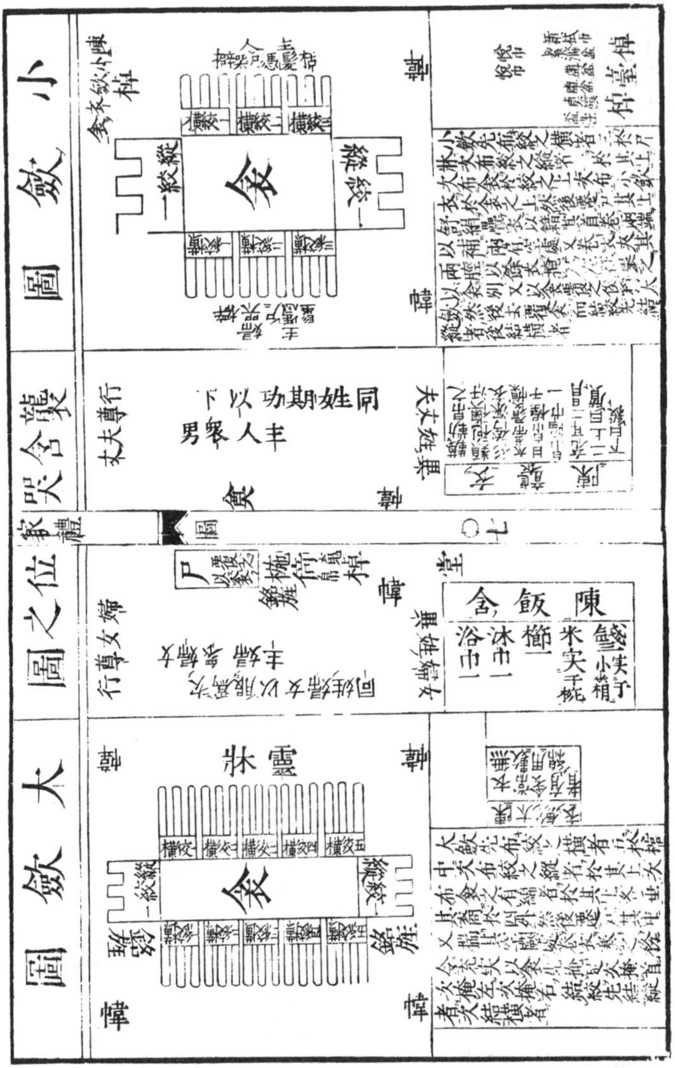

小斂圖
襲含哭位之圖
大斂圖
家禮
圖
七
陳飯含
同姓婦女以服爲次
同姓期功以下
主人
衆男
主婦
衆婦女
靈牀
銘旌

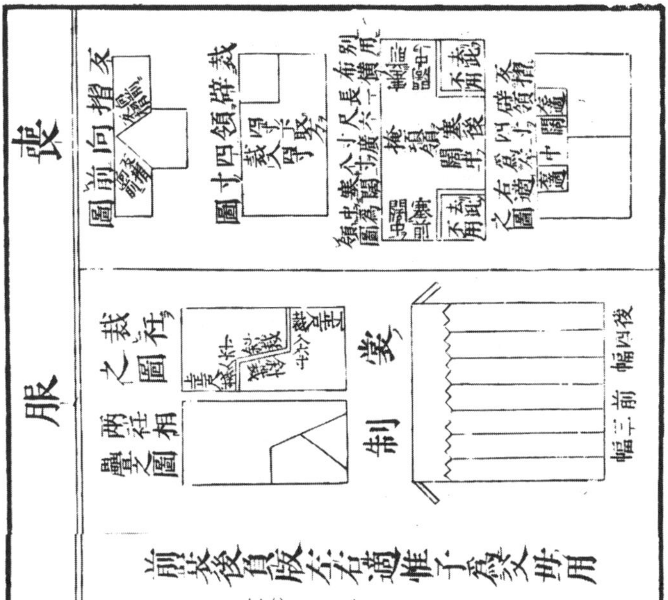
喪服式圖
衣揜向前圖
裁辟領四寸圖
裁入四寸
別用布横長一尺六寸廣八寸塞闊中爲領圖
掩項領
塞後闊中
去此不用
衣揜辟領四寸爲左右適之圖
適
闊中
裁衽之圖
兩衽相疊之圖
衰制
前三幅
後四幅
加領於衣前圖
適
加領
衰
帶下
衽
袂
袪
加領於衣後圖
負版
縫合其下一尺留上一尺二寸以爲袖口
前衰後負版左右適惟子爲父母用
其餘不用者不裁闊中當如常式

冠絰絞帶圖式

七喪礼疏曰麻在首在腰皆曰絰分而言之首曰絰腰曰帶○問絰帶之制

朱先生曰首絰大一搤只是拇指与第二指一圍腰絰較小絞帶又小於腰

絰腰絰象大帶兩頭長垂下絞帶象革帶一頭有彄子以一頭串於中而束之

斬衰冠

斉衰冠

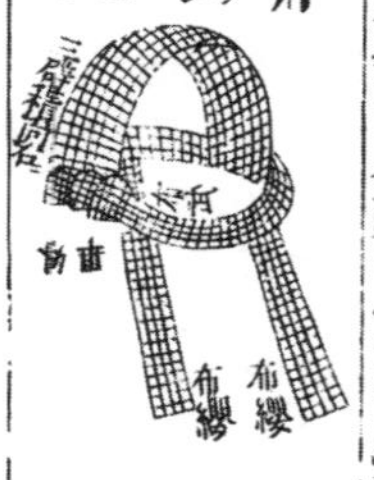

大功冠並同斉衰

小功冠三辟積向左餘并同斉衰

緦麻冠澡纓辟積同小功餘并同斉衰

斬衰首絰

斉衰首絰

斬衰至大功皆散垂至成服乃絞

小功以下結本不散垂

斬衰用麻

斉衰以下用布

朱先生曰首絰右本在上者斉衰絰之制以麻根處著頭右邊而從額前向左圍向項後却就右邊元麻根處相接以麻尾藏在麻根之下麻根搭在麻尾之上有纓者以其加於冠外須著纓方不脫落也

斬衰杖屨圖

苴杖

菅屨

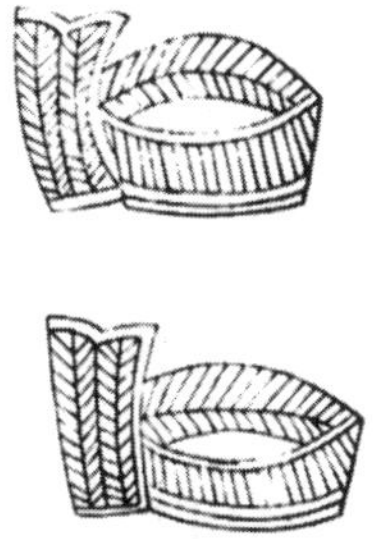

喪祭器

苞

筲

齊衰杖屨圖

疏屨

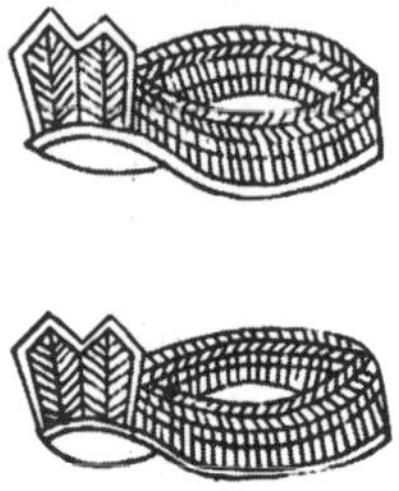

削杖

具之圖

竹格

喪轝之圖

喪大記君飾棺黼翣二黻翣二畫翣二皆戴圭大夫士戴綏
車行持之以障車既窆樹於壙中障柩人度畫制裁本章註

翣

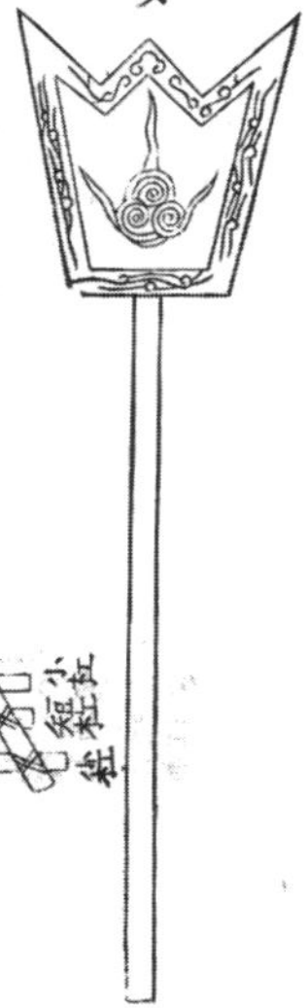

兩長杠上加伏兔附杠處爲員鑿別作小方牀載柩旁立兩柱柱外施員枘入鑿中長出其外

兩柱近上更爲方鑿加橫扃扃兩頭出柱外者更加小扃杠兩頭施橫杠橫杠上施短杠短杠更加小杠

大轝

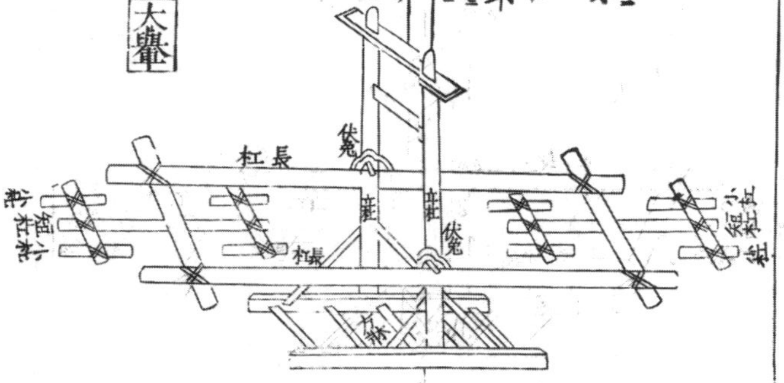

柳車之制具見三家禮圖及書儀註中然書儀云今
既難備略設帷幪花頭等不以繁華高大今家禮從
俗爲轝且爲竹格已有其制用以作圖易柳車云

本宗五服之圖

嫡孫父卒爲祖若曾高祖承重者斬衰三年爲祖母曾高祖母承重者齊衰三年

凡男爲人後者爲其私親皆降一等惟本生父母降服不杖期而心喪三年其本生父母亦爲之降服不杖期

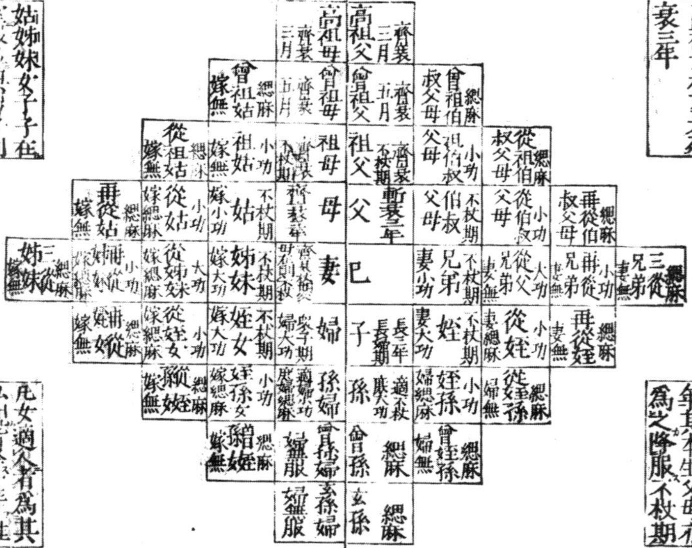

姑姊妹女子子在室服並與男子同嫁女者亦同適人無夫與子者爲其兄弟姊妹及兄弟之子不杖期

凡女適人者爲其私親皆降一等惟祖父母曾高祖不降爲兄弟之爲父後者不降爲兄弟姪之妻不降

三父八母服制之圖

繼父

（同居）繼父父子皆無大功以上親乃義服不杖期（不同居）謂先隨母嫁繼父同居後異或雖同居而繼父有子己有大功已上親服齊衰三月（元不同居）則無服（附）異父同母之兄弟姊妹各服小功五月

嫡母

妾生子謂父正室曰嫡母正服齊衰三年母與嫡子亦報服○爲衆子則服不杖期○庶子爲嫡母之父母兄弟姊妹小功母死不服

繼母

謂父娶後妻者義服齊衰三年○繼母爲長子報服齊衰三年爲衆子義服不杖期○繼母出則無服○若父卒繼母嫁而己從之乃服期繼母報服杖期○母出爲繼母之父母兄弟姊妹小功

庶母

謂父妾之有子者子爲之義服緦麻○士之庶子爲其母齊衰三年爲父後則降○庶子爲父後者爲其母緦而爲其母之父母兄弟姊妹則無服○庶子之子爲父之母不杖期而爲祖後則無服○庶母爲其子爲君之衆子爲衰不杖期○爲君之長子齊衰三年○妾爲君斬衰三年○爲女君爲其父母不杖期○庶母慈己者謂自小乳養己者義服小功

慈母

謂庶子無母而父命他妾之無子者慈己也同親母義服齊衰三年不杖命則小功

乳母

謂小乳哺曰乳母義服緦麻

養母

謂養同宗及三歲以下遺弃之子與親母同正服齊衰三年

出母

謂彼父離弃降服杖期母爲子降服不杖期○子爲父後者則不服○女適人爲出母乃降服大功母爲女亦報服

嫁母

謂父亡母再嫁降服杖期母爲子服○乃不杖期子女子已適人者乃服大功○母爲女報服子爲父後者不服○前夫之子從己嫁者服不杖期

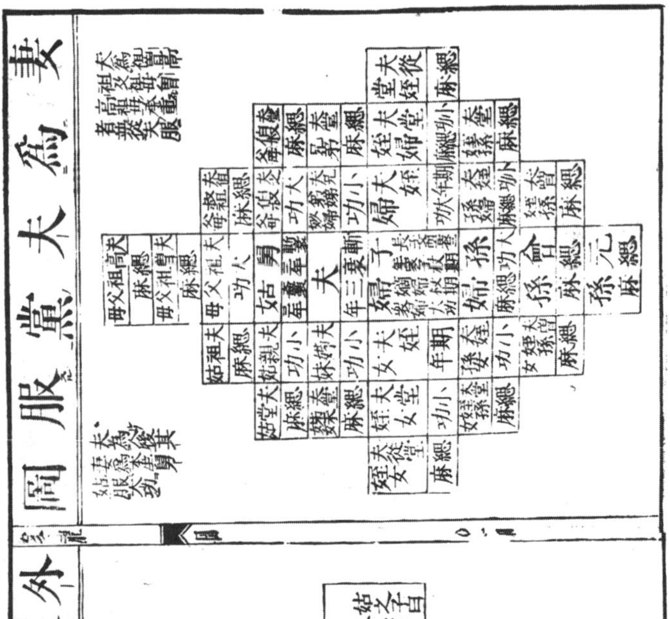

外族母黨妻黨服圖
妻為夫黨服圖

神主式

禮經及家禮舊本於高祖考上皆用皇字大德年間省部禁止回避皇字今用顯可也

全式

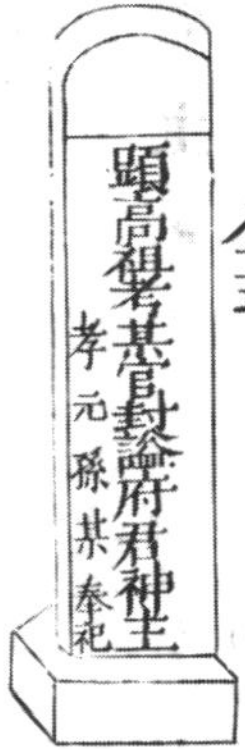

分式　三分之一居前

前

後　連頷三分之二居後

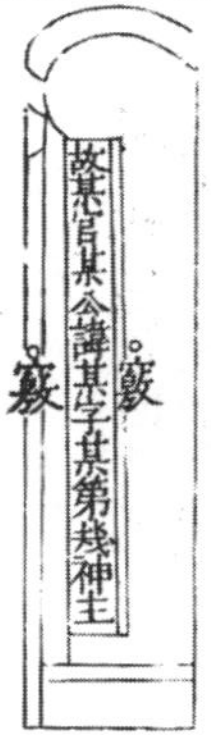

木主趺式

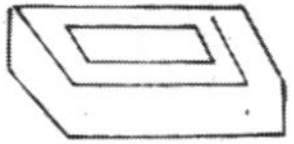

方四寸
厚寸二分

伊川先生云 作主用栗取法於時月日辰趺方四寸象歲之四時高尺有二寸象十二月身博三十分象月之日厚十二分象日之辰（身趺皆厚一寸二分）剡上五分為圓首寸之下勒前為頷而判之一居前二居後（前四分後八分）陷中以書爵姓名行（書曰故某官某公諱某字某第幾神主）陷中長六寸闊一寸合之植於趺（身出趺上一尺八分并趺高一尺二寸）竅其旁以通中如身厚三之一（謂圓徑四分）居二分之上（謂在七寸二分之上）粉塗其前以書屬稱（屬謂高曾祖考稱謂官或號行如處士秀才幾郎幾公）旁題主祀之名（曰孝子某奉祀）加贈易世則筆滌而更之（水以灑廟牆）外改中不改

櫝韜藉式

按書儀云版下有趺韜之以囊藉之以褥府君夫人共爲一匣而無其式今以見於司馬家廟者圖之

坐式

底蓋闊厚出令受蓋

蓋式

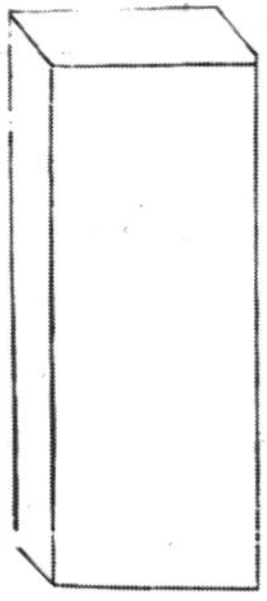

蓋座皆以黑漆飾之

程先生木主之制取象甚精可以爲萬世法然用其制者多失其眞往往不攷用尺之長短故也蓋周尺當今省尺七寸五分弱而程氏文集與溫公書儀多誤註爲五寸五分弱而所謂省尺者亦莫知其爲何尺時舉舊嘗質之晦翁先生答云省尺乃是京尺

家禮　圖　○上

溫公有圖子所謂三司布帛尺者是也繼從會稽司馬侍郎家求得此圖其間有古尺數等周尺居其右三司布帛尺居其左以周尺校之布帛尺正是七寸五分弱於是造主之制始定今不敢自隱因圖主式及二尺長短而著伊川之說於其旁庶幾用其制者可以暁然無惑也嘉定癸酉季秋乙卯臨海潘時舉仲善父識

韜全式

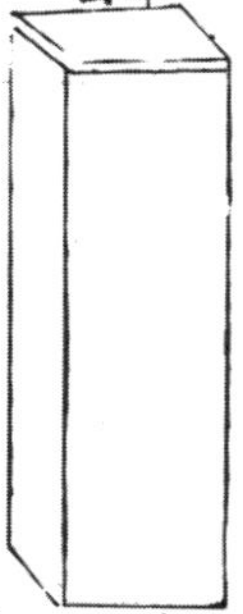

式如帳令縫居後之中稍留其末直用薄版自上而下韜之與主身齊

韜縫式

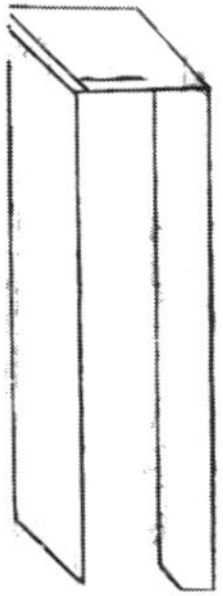

藉

方闊與櫝內同疊帛爲厚裹之以帛考紫妣緋囊亦如之

櫝式

平頂四直

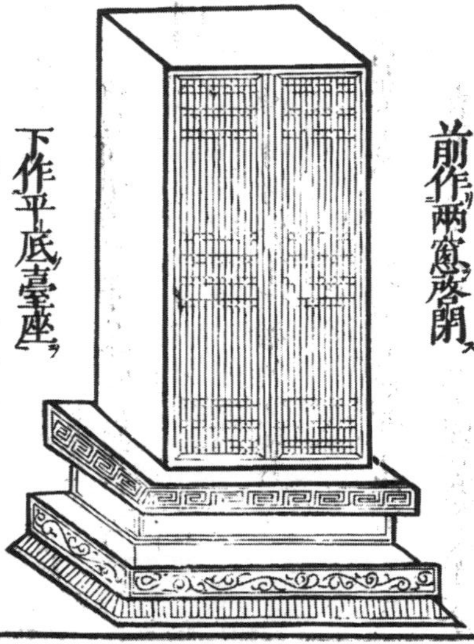

前作兩窗啓閉

下作平底臺座

尺式

當今省尺五寸五分弱

古尺

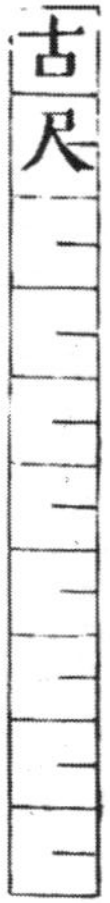

當三司布帛尺七寸五分弱當浙尺八寸四分

周尺

神主用周尺亦見南軒家所刻本

三司布帛尺　比上周尺更加三寸四分

即是省尺又名京尺當周尺一尺三寸四分當浙尺一尺一寸一分

右司馬公家石刻本

大宗小宗圖

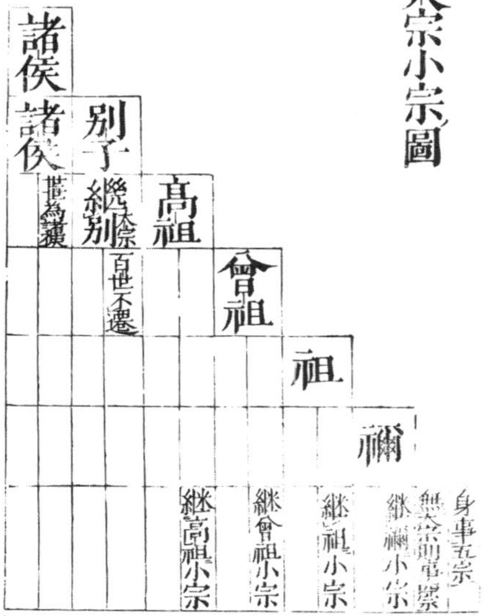

後恐使字

劉氏垓孫曰：呂汲公家祭儀曰：古者小宗有四，有繼禰之宗，繼祖之宗，繼曾祖之宗，繼高祖之宗，所以主祭祀而統族人。後世宗法既廢，散無所統，祭祀之禮，家自行之，支子不能不祭，祭不必告於宗子。今宗法雖未易復，而宗子主祭之義略可舉行。宗子爲士，庶子爲大夫，以上牲祭於宗子之家。故今議家廟雖因支子而立，亦宗子主其祭，而用其支子命數所得之禮，可合禮意。○先生曰：祭祀須是用宗子法，方不亂。不然，前面必有不可處置者。○父在主祭，子出仕宦，不得祭。父沒，宗子主祭，庶子出仕宦，祭時其禮亦合減殺，不得同宗子。○宗子只得立適，雖庶長立不得。若無適子，則亦立庶子，所謂世子之同母弟世子是適。若世子死，則立世子之親弟，亦是立適也。是庶子不得立也。○大宗法既立不得，亦當立小宗法。祭自高祖以下，親盡則請出高祖，就伯叔位服未盡者祭之。嫂則別處，後世子私祭之。今世禮全亂了。

正寢時祭之圖

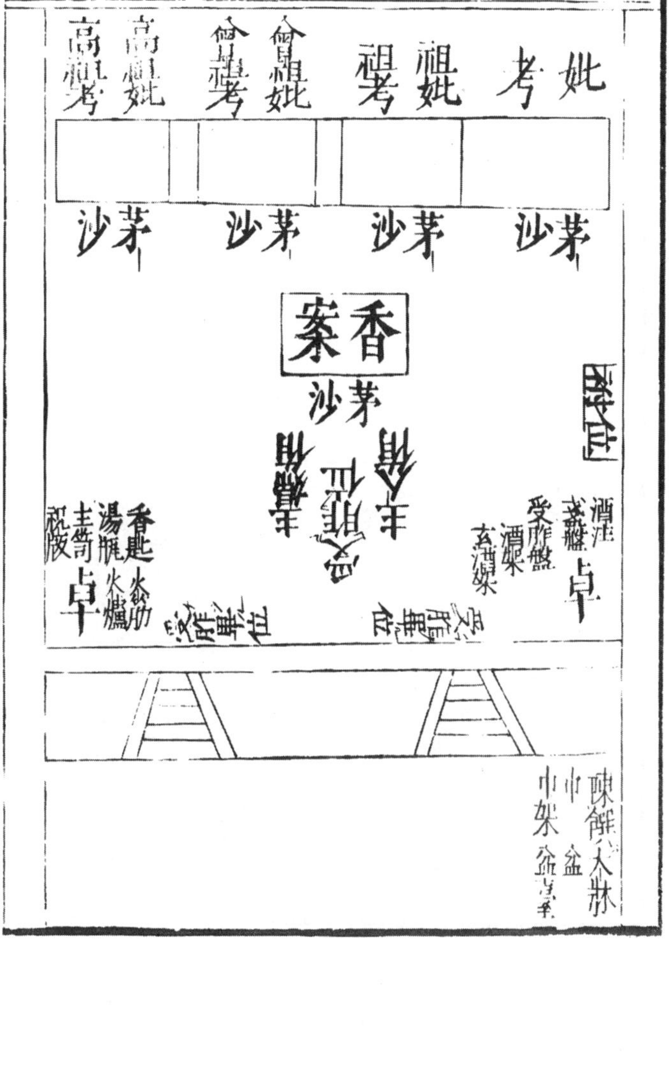
妣
考
祖妣
祖考
曾祖妣
曾祖考
高祖妣
高祖考
茅沙
茅沙
茅沙
茅沙
香案
茅沙
主人位
主婦位
酒注
卓
香匙
火箸
湯瓶
火爐
祝版
卓

每位設饌之圖

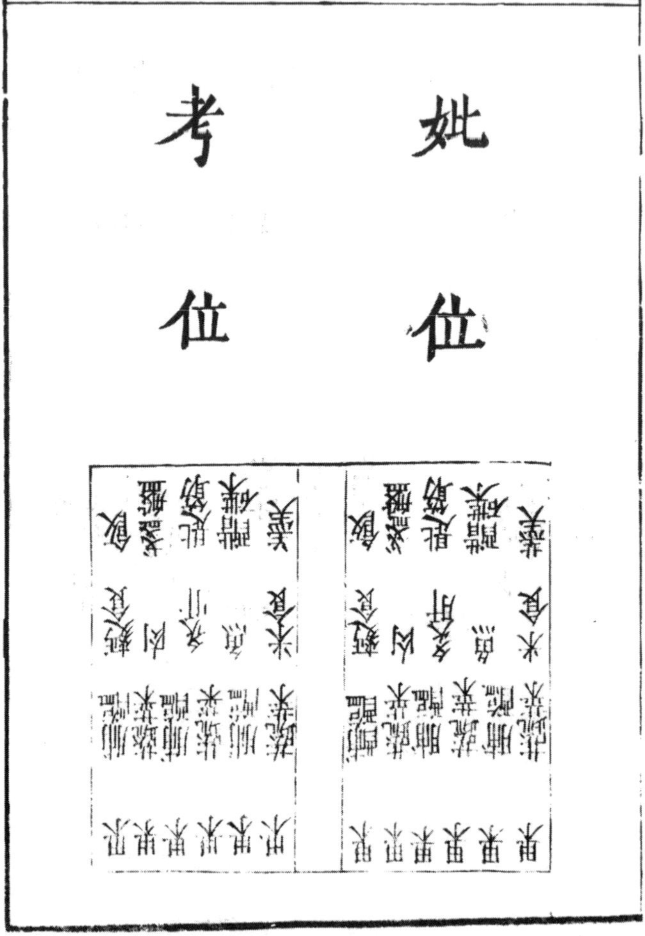

家禮叙〔一〕

凡禮，有本有文〔二〕。自其施於家者言之，則名分〔三〕之守、愛敬〔四〕之實，其本也；冠昏喪祭、儀章度數〔五〕者，其文也。其本者，有家日用之常體〔六〕，固不可以一日而不脩；其文，又皆所以紀綱〔七〕人道之始終〔八〕，雖其行之有時，施之有所，然非講之素明，習之素熟，則其臨事之際，亦無以合宜而應節。是亦〔九〕不可以〔一〇〕一日而不講且習焉者〔一一〕也。三代之際，禮經〔一二〕備矣，然其存於今者，宮廬器服之制，出入起居之節，皆已不宜於世。世之君子，雖或酌〔一三〕以古今之變，更爲一時之法，然亦或詳或略，無所折衷〔一四〕。至或遺其本而務其末，緩於實而急於文。自有志好禮之士，猶或不能舉其契〔一五〕，而困〔一六〕於貧窶者，尤患其終不能有以及於禮也。熹之愚，蓋兩病焉。是以嘗獨究〔一七〕觀古今之籍〔一八〕，因其大體之不可變者，而少加損益於其間，以爲一家之書。大抵謹名分、崇愛敬，以爲之本。至其施行之際，則又略浮文、務〔一九〕本實，以竊自附於孔子「從先進」〔二〇〕之遺意。誠願得與同志之士，熟講而勉行之。庶幾古人所以脩身齊家之道、謹〔二一〕終追遠之心，猶可以復見，而於國家所以崇〔二二〕化導民之意，亦或有小補云。

新安朱熹仲晦父書〔二三〕

校注

〔一〕「家禮叙」，原作「家禮序」，晦庵先生朱文公集（以下簡稱文集）卷七五、明刻本同，成書本作「家禮」，性理本作「家禮二」，底本欄外所附校記云「『二』，一作『序』」。據鈔配本改。

〔二〕禮記禮器曰：「先王之立禮也，有本有文。忠信，禮之本也。義理，禮之文也。無本不立，無文不行。」孔穎達正義曰：「忠者，内盡於心；信者，外不欺於物也。内盡於心，故與物無怨；外不欺物，故與物相諧也。義理，禮之文也。禮雖用忠信爲本，而又須義理爲文飾也，得理合宜，是其文也。」孫希旦集解曰：「忠信，謂存諸心者無不實，故爲禮之本；義理，謂見於事者無不宜，故爲禮之文。無本，則見於事者爲具文，故禮不立；無文，則存諸心者爲虚願，故禮不行。釋回、增美者，所以立其忠信之本；措正、施行者，所以達其義理之文。」禮記禮運曰：「禮必本於太一。」荀子禮論與大戴禮記禮三本將此條分「貴本」「親用」而論之：「貴本之謂文，親用之謂理，兩者相合而成文，以歸太一。」王聘珍解詁注曰：「於其本而貴之，以爲文也，事有其文，物得其理，方能經緯天地之道。」王先謙集解引郝懿行注曰：「貴本則溯追上古，禮至備矣，兼備之謂文；親用則曲盡人情，禮至察矣，密查之謂理。理統於文，故兩者通謂之文。」論語精義卷二上八佾第三引程子注曰：「禮者，理也，文也；理者，實也，本也；文者，華也，末也。理是一物，文是一物。文過則奢，實過則儉；奢自文所生，儉自實所出。」文集卷五七答陳安卿曰：「『文』之爲説，大要只是有文理可觀之謂。蓋凡義理之載於經籍，而存乎事物之間，與夫見於威儀華采，而爲盛德之輝光，形於禮樂制度，而爲斯道之顯，及所以爲有文理之可觀者，皆是。」又於四書或問論語或問卷一二顔淵第十二注曰：「蓋聖人所謂禮者，正以禮文而言，其所以爲操存持守之地者密矣。若曰循理而天，自然合理，則又何規矩之可言哉？」陳祥道禮書序曰：「先王之治，以禮爲本。其宮室、衣服、車旗、械用有等，其冠、昏、喪、祭、朝、聘、射、御有儀，即器以觀理，無非法象之所寓；即文以觀義，無非道義之所藏。」

〔三〕名分，即父子、貴賤、妻妾、男女、高下、内外。孔子家語論禮第二十七曰：「是故居家有禮，故長幼辨。」李翱李文公集卷四正位曰：「其家之治，先正其名而辨其位之等級。」周易程氏傳卷三家人曰：「家人之道，必有所尊嚴而君長者。」四書或問大學或問曰：「莫不各有當止之所，但所居之位不同，則所止之善不一。」

〔四〕孔子家語大昏解第四曰：「古之爲政，愛人爲大。所以治愛人，禮爲大；所以治禮，敬爲大；敬之至矣，大昏爲大，大昏至矣。大昏既至，冕而親迎。親迎者，敬之也。是故君子興敬爲親，舍敬則是遺親也。弗親弗敬，弗尊也。愛與敬，其政之本與。」又冠頌第三十三曰：「行冠事必於祖廟，以祼享之，禮以將之，以金石之樂節之，所以自卑而尊先祖，示不敢擅。」此冠、昏禮之愛敬。朱子語類卷八九禮六冠昏喪曰：「孝子居倚廬堊室，只是思慕哭泣，百事皆廢。」此喪禮之愛敬。又朱子語類卷二十二論語四曰：「人之一身，推其所自，則必有本，便是遠祖。」文集卷八一跋古今家祭禮：「故報本反始之心，凡有血氣者之所不能無也。」此祭禮之愛敬。

〔五〕曹好益家禮考證卷一儀章度數曰：「陳氏曰：『儀，威儀也；章，文章也。』胡氏曰：『度，制度也；數，數目也。』許氏曰：『文章是小目。數者，隆殺多寡之數也。』」

〔六〕禮記禮器曰：「禮也者，猶體也。體不備，君子謂之不成人。」鄭注曰：「若人身體。」孔疏曰：「人身體髮膚、骨肉、筋脉備足，乃爲成人。若片許不備，便不爲成人也。」

〔七〕古今韻會曰：「大曰綱，小曰紀。總之爲綱，周之爲紀。」朱子資治通鑑綱目卷一曰：「天子之職，莫大於禮，禮莫大於分，分莫大於名。何謂禮？紀綱是也。何謂分？君臣是也。何謂名？公、侯、卿、大夫是也。夫以四海之廣，兆民之衆，受制於一人，雖有絶倫之力，高世之智，莫不奔走而服役者，豈非以禮爲之紀綱哉！」

〔八〕文集「始終」作「終始」，底本欄外所附校記云「『始終』，文集作『終始』」。

〔九〕文集「亦」字脱，底本欄外所附校記云「『是亦』，文集無『亦』字」。

〔一〇〕成書本、性理本「以」字脱。

〔一一〕文集「者」字脱。

〔一二〕史記周本紀曰：「既絀殷命，襲淮夷，歸在豐，作周官。」景、武帝時，河間獻王於民間徵得周官，孝武帝始除挾書之律，開獻書之路，既出於山巖屋壁，復入於秘府，五家之儒莫得見焉。書凡天、地、夏、春、秋五篇，獨闕冬官一篇。獻王欲賞千金購此篇而不得，遂取考工記以補，合成六篇。至王莽時，劉歆置博士，列周官於學官，更爲周禮。弟子緱氏及杜子春因以教授。後馬融作傳，至鄭玄時，作注，居禮經之首。孔子編定禮經，弟子與後學遞相傳授，經戰國、秦至於漢，獨高堂生所傳士禮十七篇，後叠經徐襄、徐延、蕭奮、孟卿、后倉、聞人通漢，傳至戴德（大戴）、戴聖（小戴）與慶普三家，立爲學官。大戴傳於徐良，爲徐氏學；小戴傳於橋仁、楊榮，分爲橋氏學、楊氏學；慶氏禮則傳於夏侯敬、慶咸。至東漢，慶學傳於曹充、曹褒、董鈞。記附於禮經而傳。河間獻王於餘燼中得仲尼弟子及後學所記百三十一篇，與高堂所傳不殊，而字多異。西漢末，向、歆父子考校秘府文獻，得記百三十篇，又得明堂陰陽記三十三篇、孔子三朝記七篇、王氏史氏記二十一篇、樂記二十三篇，合計二百十四篇。劉氏作別録。東漢中，有大戴記、小戴記出。戴德删劉氏所傳二百十四篇爲八十五篇，即大戴記，北周時有盧辯爲之作注，至唐時，大戴記僅餘三十九篇。戴聖删大戴禮爲四十六篇，即小戴記，後馬融傳小戴之學，並增入月令、明堂位、樂記，合計四十九篇。鄭玄師從馬融，今古文並通，爲周官六篇、經十七篇、小戴記四十九篇作注，從此禮記爲經禮之附屬，與周禮、儀禮通爲三禮。

〔一三〕古今韻會曰：「增韻：取善而行曰酌。」

〔一四〕新井白石按：「衷，陟仲切。」古今韻會曰：「折衷，平也。史記：六藝折衷於夫子。折，斷也；衷，當也。」字彙曰：「折，折斷其中也。」

〔一五〕底本、成書本、性理本、四庫本、公善本「契」原作「要」，據鈔配本、集注本改。

〔一六〕集注本「困」作「用」。

〔一七〕文集「究」字脱。

〔一八〕底本「籍」原作「藉」，據他本改。

〔一九〕務，鈔配本、集注本、明刻本、四庫本、公善本同，成書本、性理本作「敷」，文集作「敦」。

〔二〇〕論語先進曰：「先進於禮樂，野人也；後進於禮樂，君子也。如用之，則吾從先進。」朱子論語精義卷六先進第十一注引謝良佐曰：「禮樂先有實，後有文，則實至而文不至者，謂之先進可也；有文而無實以先之者，謂之後進可也。言先進，則無文可知；言後進，則無質可知。」

〔二一〕家禮考證卷一謹終追遠曰：「慎之爲謹，朱子避國諱。」按，宋孝宗本名趙昚，「昚」與「慎」同音，故朱子改「慎」爲「謹」。

〔二二〕文集「崇」作「敦」，底本欄外所附校記云「『崇』，文集作『敦』」。

〔二三〕「新安朱熹仲晦父書」一句，底本、鈔配本、成書本、性理本、明刻本、四庫本、公善本脱，據集注本補。集注本序後有清南書房史官查慎行（一六五〇—一七二七）校勘題跋，附録如下：「有一此序原刻乃朱子手笔，後来翻刻模仿，漸失其真。凡與文集不同七處，今以文義推之：『常體』二字，集作『禮學』；『其契』二字，集作『要』，體契二字終是翻刻之訛；至『用於貧窶』，集本訛『用』作『困』；『務本』之『務』，集訛作『敦』；『崇禮』之『崇』，集訛作『敦』；『又不可以一日不』字上，集少『亦』字；『究觀古今』上，集少『究』字。皆當以此本爲正。」據文公家禮會通，朱子手書爲南京國監舊板，後湯鐸復輯時，臨此舊板手書，但字體粗獷，無原版清秀。又鐵琴銅劍樓藏書目録曰：「白田王氏以此序爲依仿禮範跋語者，由未見是本故耳。」

淺見絅齋讀家禮〔一〕

朱子家禮一書，所以本名分紀人倫，而固有家日用之不可得而闕者也〔二〕。世之學此書者，本不考乎所謂名分人倫之實，而徒區區於儀章度數之末，欲以施諸日用。是以拘泥煩雜，每苦以難行而無味也。蓋有天地，然後有人倫，然後有禮儀，則無古今、無遠近，不容於一日離禮而立〔三〕。若夫因時而變、隨地而處〔四〕，則有當然之宜，而審察而能體焉，則莫往不天地自然之理矣。世之不明於此者，或據禮書之本文，必欲事事而傚之，句句而守之。則於本心人情已有不安者，而言語之便、衣服之制、器械之度，皆有不可彼此相强而通者。殊不知禮也者，理而已矣〔五〕。不得其理，而惟禮文之拘，則先失我所以行禮之理，尚何得合名分人倫之本哉？是以予之譯諸和文以誘禮俗，其意非不切。而其所以書禮節之方，則因舊株守異國古制之跡，不明本邦天地一體、風俗時宜之理〔六〕，必禮書之説，則爲失儒者之體；不知以吾日本之人，變於世俗之所謂唐人，其可謂錯名分、失大義之甚矣。頃因講禮書，竊有所感焉，因筆記如此云。

元禄戊寅仲夏某日　淺見絅齋謹書

校注

〔一〕此篇爲筆者所加。原文見絅齋先生文集卷八讀家禮（見近藤啓吾、金本正孝所編淺見絅齋集，東京國書刊行會一九八九年版，頁四三七），可視爲淺見絅齋爲家禮一書所作序文。元禄戊寅年即元禄十一年（一六九八），絅齋先生刊刻五卷本家禮的第二年。在此前，即元禄四年（一六九一），淺見絅齋著成喪祭小記一書。在喪祭小記跋文中，絅齋提出「以其不易固有之心，行乎不易固有之道，而參以人情之宜，酌以方俗之變，爲其所得爲，以稱有亡之節」的觀點。是篇所謂「譯諸和文以誘禮俗」，即指喪祭小記或與其同時代學者藤井懶齋（一六二六—一七〇六）於萬治三年（一六六〇）所著成之二禮童覽。

〔二〕伊藤仁齋孟子古義卷六告子章句下曰：「聖人之道，不過人倫日用之間。堯之敬敷五教，敷此也；舜之慎徽五典，徽此也。無外此而別有所以爲道者也。」林羅山文集卷六七隨筆三曰：「聖人之道，不在君臣、父子、男女、兄弟、朋友之外，所以行之者，五常也。五常本在一心，此心所具之理，即是性也。人人所共由者，道也。得道於心謂之德，故道德仁義禮智，其名異實一也。若棄人倫別謂有道，則非儒道也，非聖人之道也，非堯舜之道也。」增田謙之追遠疏節聞録曰：「人倫有五，而莫切於父子之親矣。人子當親之在也，致愛敬有以安其身體，樂其心志焉，則於其終也必有以慎，於其遠也必有以追。是人情之自然，而天理之當然也。」

〔三〕三宅固重朱子家禮筆記曰：「夫禮者，恭敬退讓之理，而必本於天地，固於人心者，自冠昏喪祭之大，至於起坐進退之微，無時不有、無事不存。其理之固有，而其實之存於內者，通古今、直遠近，無有異者矣。」溝口浩軒禮書抄略曰：「禮者，天理之著而人故之中也。聖人循天制禮，固出自然，而不以人爲焉。」

〔四〕伊藤仁齋語孟字義卷上曰：「禮之難知，不在於節文度數繁縟難識，而專在於斟酌損益時措之宜。何則？古禮多不宜於今，而俗禮宜不可全用，漢禮多不通於本國，而俗禮本無意義。若欲準古酌今，隨於土地，合於人情，上自朝廷，下至於閭巷，使人循守而樂行之，則非明達君子不能作焉。故聖人之所謂知禮者，不在識名物度數之詳，而在知禮之理而能損益之也。」溝口浩軒禮書抄略曰：「禮，時爲大。地之相距與世之相後，殊異不同，雖則聖人制之作之，而苟不用於今日，則亦不可謂之中也。是以禮之要貴斟酌之，而其斟酌之道，不極格致之功，則又無以知禮之本、量今之宜焉。」

〔五〕藤原惺窩惺窩文集卷九講筵矜式曰：「夫天道者，理也。此理在天，未賦於物，曰天道；此理具於人心，未應於事，曰性。性亦理也。蓋仁義禮智之性，與夫元亨利貞之天道，異名而其實一也。凡人順理，則天道在其中。」荻生徂徠辨名卷上禮三則曰：「禮者，道之名也。先王所制作，四教六藝，是居其一。禮之爲體也，蟠於天地，極乎細微，物爲之則，曲爲之制，而道莫不在焉。」

〔六〕佐藤直方韞藏録曰：「夫生於我國，而尊異邦之道，猶不敬其親而敬他人，忘神明之恩，失君臣之義，不孝不忠，莫過於此矣。今乃謂日本自有其道其教，而不資於中國聖賢大中至正直訓。則天地之間，所謂道者多端，而庶邦各有其教也，然則天竺、南蠻、韃靼、月氏之夷俗，亦皆謂之道，可乎？」又曰：「朱書之來我邦，數百年之久，讀之者不爲少，而識其發明道學之義，而爲萬世不易之定準者，未聞其人焉。近世山崎敬義先生尊信朱子，得於其書，而博文之富，議論之正，實爲我邦儒者正派之首倡也。」

潘時舉木主識語〔一〕

伊川程先生云：「作主用栗，取法於時月日〔二〕辰。趺方四寸，象歲之四時。高尺有二寸，象十二月。身博三十分，象月之日。厚十二分，象日之辰。身趺皆厚一寸二分。剡上五分爲圓首，寸之下勒前爲頷〔三〕而判之。一居前，二居後，前四分，後八分。陷中以書爵姓名行，曰〔四〕故某官某公諱某字某第幾神主。陷中長六寸，闊一寸。合之植於趺，身出趺上一尺八分，並趺高一尺二寸。竅其旁以通中。如身厚三之一，謂圓徑四分。居二分之上。謂在七寸二分之上。粉塗其前，以書屬稱，屬，謂高、曾、祖、考；稱，謂官或號行，如處士、秀才、幾郎、幾翁〔五〕。旁題主祀之名，曰孝子某奉祀。加贈易世，則筆滌而更之，水以灑廟墻。外改中不改。」〔六〕

程先生木主之制，取象甚精，可以爲萬世法。然用其制者，多失其真，往往不考周尺〔七〕之長短故也。蓋周尺當今省尺七寸五分弱，而程氏文集與温公書儀多誤注爲五寸五分弱。而所謂省尺者，亦莫知其爲何尺。時舉舊常質之晦翁先生。答云：「省尺乃是京尺，温公有圖子。所謂三司布帛尺者是也。」繼從會稽司馬侍郎家求得此圖。其間有古尺數等，周尺居其右，三司布帛尺居其左。以周尺較之布帛尺，正是七寸五分弱。於是造主之制始定。今不敢自隱，因圖主式及二尺長短，而著伊川之説於其旁，庶幾用其制者，可以曉然無惑也。

嘉定癸酉季秋乙卯　臨海潘時舉仲善父識

校注

〔一〕此篇原爲家禮圖識語，原標題分爲「神主式」與「櫝韜藉式」。下有注云：「禮經及家禮舊本於高祖考上皆用『皇』字。大德年間，省部禁止，迴避『皇』字，今用『顯』可也。」「按，書儀云：版下有趺，韜之以囊，藉之以褥。府君、夫人共爲一匣，而無其式。今以見於司馬家廟者圖之。」潘時舉，字子善，棲霞思賢橋人，宋嘉定十五年（一二二二）上舍釋褐科進士，無爲軍教授。師從朱子，侍立左右記録語録，爲紹熙四年（一一九三）後侍師講學筆録。曾於思賢橋側建書館講論四書五經。著有小學書圖二卷等。集注本、四庫本、公善本本段識語脱。

〔二〕底本、成書本、性理本「月日」原作「日月」，據河南程氏文集卷一〇作主式改。

〔三〕底本、鈔配本作「頷」，成書本、性理本作「額」。

〔四〕底本、成書本、性理本作「書曰」，「書」字據作主式删。

〔五〕底本、鈔配本、成書本、性理本「翁」原作「公」，據作主式改。

〔六〕朱子語類卷九十禮七曰：「伊川制，士庶不用『主』，只用『牌子』。看來『牌子』當如『主』制，只不消做二片相合，及竅其旁以通中。且如今人未仕，只用牌子，到任後不中換了。若是士人只用主，亦無大利害。」文集卷六一答曾光祖曰：「主式乃伊川先生所制，初非朝廷立法，固無官品之限。萬一繼世無官，亦難遽易，但繼此不當作耳。」「牌子亦無定制，竊意亦須似主之大小高下，但不用判合、陷中可也，凡此皆是後賢義起之制。今復以意斟酌如此，若古禮則未有考也。」又曰：「尺制各書不同，然非有聲律高下之差，亦不必屑屑然也，但得一書爲據，足矣。」

〔七〕底本、成書本、性理本「周」原作「用」，據鈔配本改。按禮記王制曰：「古者以周尺八尺爲步，今以周尺六尺四寸爲步。」鄭注曰：「周尺之數，未詳聞也。按禮制，周猶以十寸爲尺，蓋六國時多變亂法度，或言周尺八寸，則步更爲八八六十四寸。」孔疏曰：「今經云『以周尺六尺四寸爲步』，乃是六十四寸，則謂周八寸爲尺也，故云『蓋六國時多變亂法度。』或言周尺八寸也，鄭即以古周尺十寸爲尺，八尺爲步，則步八十寸。鄭又以今周尺八寸爲尺，八尺爲步，則今步皆少於古步一十六寸也，是今步別剩十六寸。」又萬斯大禮記偶箋卷二王制曰：「今裁縫尺約八寸，古者指殷時，今指周時。殷、周之步，皆六尺四寸，但殷尺大於周尺五之一，故殷之一步，以周尺計之，則爲八尺。……周猶以十寸爲尺，戰國時變亂法度，或言周尺八寸，是鄭亦不定周尺爲八寸也，孔疏更以八寸尺爲數，是確信周尺爲八寸矣。」説文八寸爲尺，周尺也。古以八寸爲尺，周尺短於古尺五分之一，古八寸之尺，已爲周十寸之尺。

家禮卷之一〔一〕

通禮〔二〕

此篇所著，皆所謂有家日用之常體〔三〕，不可一日而不脩者。

祠堂〔四〕

此章本合在祭禮篇。今以報本反始〔五〕之心，尊祖敬宗〔六〕之意，實有家名分之守〔七〕，所以開業傳世之本也。故特著此，冠於篇端，使覽者知所以先立乎其大者。而凡後篇所以周旋、升降、出入、向背之曲折，亦有所據以攷焉。然古之廟〔八〕制不見於經，且今士庶人之賤，亦有所不得爲者。故特以祠堂名之，而其制度亦多用俗禮云。

〔1—1〕君子將營宮室，先立祠堂於正寢之東。祠堂之制三間。外爲中門，中門外爲兩階，皆三級。東曰阼階〔九〕，西曰西階，階下隨地廣狹以屋覆之，令可容家衆敘立。又爲遺書、衣物、

祭器庫及神厨於其東。繚以周垣，別爲外門，常加扃閉。若家貧地狹，則止爲〔一〇〕一間，不立厨庫，而東西壁下置立兩櫃，西藏遺書、衣物，東藏祭器亦可。正寢，謂前堂也。地狹則於廳事之東亦可。凡祠堂所在之宅，宗子世守之，不得分析〔一一〕。

○凡屋之制，不問何向背，但以前爲南，後爲北，左爲東，右爲西。後皆放〔一二〕此。

〔1—2〕**爲四龕，以奉先世神主**〔一三〕。祠堂之内，以近北一架爲四龕〔一四〕。每龕内置一卓〔一五〕。大宗及繼高祖之小宗，則高祖居西，曾祖次之，祖次之，父次之。繼曾祖之小宗，則不敢祭高祖，而虚其西龕一。繼祖之小宗，則不敢祭曾祖，而虚其西龕二。繼禰之小宗，則不敢祭祖，而虚其西龕三。若大宗世數未滿，則亦虚其西龕，如小宗之制。神主皆藏於櫝中，置於卓上，南向。龕外各垂小簾，簾外設香卓於堂中，置香爐、香合〔一六〕於其上。兩階之間，又設香卓，亦如之。非嫡長子，則不敢祭其父。若與嫡長同居，則死而後其子孫爲立祠堂於私室，且隨所繼世數爲龕，俟其出而異居，乃備其制。若生而異居，則預於其地立齋以居，如祠堂之制。死則因以爲祠堂。

○主式見喪禮治葬章〔一七〕。

〔1—3〕**旁親無後者，以其班祔**〔一八〕。伯叔祖父母祔於高祖，伯叔父母祔於曾祖，妻，若兄弟，若兄弟之妻祔於祖，子姪祔於父，皆西向。主櫝〔一九〕並如正位。姪之父自立祠堂，則遷〔二〇〕而從之。

○程子曰：「無服之殤〔二一〕不祭，下殤之祭，終父〔二二〕母之身。中殤之祭，終兄弟之身。長殤之祭，終兄弟之子之身。成人而無後者，其祭終兄弟之孫之身。此皆以義起者也。」〔二三〕

〔1—4〕置祭田。初立祠堂，則計見田。每龕取其二十之一，以爲祭田。親盡則以爲墓田。後凡正位〔二四〕、祔位，皆放此。宗子主之，以給祭用。上世初未置田，則合墓下子孫之田，計數而割之。皆立約聞官〔二五〕，不得典賣〔二六〕。

〔1—5〕具祭器。牀席〔二七〕、倚卓〔二八〕、盥盆、火爐、酒食之器，隨其合用之數，皆具貯〔二九〕於庫中而封鎖之，不得它〔三〇〕用。無庫則貯於櫃中，不可貯者，列於外門之內。

〔1—6〕主人晨謁於大門之內。主人，謂宗子主此堂之祭者。晨謁，深衣，焚香〔三一〕再拜。

〔1—7〕出入必告。主人主婦，近出，則入〔三二〕大門，瞻禮〔三三〕而行。歸亦如之。經宿而歸，則焚香再拜。遠出經旬以上，則再拜焚香，告云：「某將適某所，敢告。」又再拜而行。歸亦如之，但告云：「某今日歸自某所，敢見。」經月而歸，則開中門，立於階下，再拜，升自阼階，焚香，告畢，再拜，降復位，再拜。餘人亦然，但不開中門。

○凡主婦，謂主人之妻。

○凡升降，惟主人由阼階。主婦及餘人，雖尊長，亦由西階。

○凡拜，男子再拜，則婦人四拜〔三四〕，謂之俠〔三五〕拜。其男女相答拜，亦然。

〔1—8〕正至朔望〔三六〕則參。正至朔望，前一日，灑掃齋〔三七〕宿。厥明，夙興，開門，軸簾，每龕設新果〔三八〕一大盤於卓上，每位茶盞〔三九〕托〔四〇〕、酒盞盤各一於神主櫝前。設束茅、聚沙於香卓前，别設一卓於阼階上，置酒注〔四一〕、盞盤一於其上，酒一瓶〔四二〕於其西。盥盆、帨巾各二於阼階下東南。有臺架者在西，爲主人親屬所盥，無者在東，爲執事者所盥。巾〔四三〕皆在北。

主人以下，盛服入門就位。主人北面〔四四〕於阼階下，主婦北面於西階下。主人有母，則特位於主婦之前。主人有諸父諸兄，則特位於主人之右少前，重行西上〔四五〕。有諸母姑嫂姊，則特位於〔四六〕主婦之左少前，重行東上。諸弟在主人之右少退。子孫、外執事者，在主人之後，重行西上。主人弟之妻及諸妹在主婦之左，少退。子孫婦女、内執事者，在主婦之後，重行東上。

立定，主人盥帨。升，搢笏〔四七〕，啓櫝，奉諸考神主，置於櫝前。主婦盥帨，升，奉諸妣神主，置於考東。次出祔主亦如之。命長子長婦或長女，盥帨，升，分出諸祔主之卑者，亦如之。

皆畢，主婦以下先降，復位。主人詣香卓前，降神，搢笏〔四八〕，焚香，再拜，少退立〔四九〕。執事者盥帨，升，開瓶，實酒於注。一人奉注，詣主人之右，一人執盞盤，詣主人之左。主人跪〔五〇〕，執事者皆跪。主人受注，斟酒，反注，取盞盤奉之。左執〔五一〕盤，右執盞，酹〔五二〕於茅上，以盞盤授執事者，出笏〔五三〕。俛伏，興，少退，再拜，降，復位，與在位者皆再拜，參神。

主人升，搢笏〔五四〕，執注斟酒。先正位，次祔位，次命長子斟諸祔位之卑者。主婦升，執茶筅〔五五〕。執事者執湯瓶隨之，點茶〔五六〕如前。命長婦或長女亦如之。子婦執事者先降，復位。主人出笏，與〔五七〕主婦分立於香卓之前東、西，再拜，降，復位，與在位者皆再拜，辭神而退。

○冬至〔五八〕則祭始祖畢，行禮如上儀。

○望日不設酒〔五九〕，不出主。主人點茶，長子佐之，先降。主人立於香卓之南，再拜，乃降。餘如上儀。

○準禮，舅沒則姑老不預於祭。又曰「支子不祭」〔六〇〕，故今專以世嫡宗子夫婦爲主人主婦，其有母及諸父母兄嫂者，則設特位於前如此。

○凡言盛服者，有官，則幞頭〔六一〕、公服〔六二〕、帶〔六三〕、靴〔六四〕、笏〔六五〕。進士〔六六〕，則幞頭、襴衫〔六七〕、帶。處士〔六八〕，則幞頭、皂衫、帶。無官者，通用帽子〔六九〕、衫、帶。又不能具，則或深衣、或涼衫〔七〇〕。有官者，亦通服帽子以下，但不爲盛服。婦人則假髻〔七一〕、大衣〔七二〕、長裙〔七三〕。女在〔七四〕室者，冠子〔七五〕、背子〔七六〕。衆妾，假髻、背子。

〔1—9〕俗節〔七七〕則獻以時食。

節如清明〔七八〕、寒食、重午〔七九〕、中元〔八〇〕、重陽〔八一〕之類。凡鄉俗所尚者，食如角黍。凡其節之所尚者，薦以大盤，間以蔬果，禮如正至朔日之儀。

〔1—10〕有事則告。

如正至朔日之儀。但獻茶酒，再拜，訖，主婦先降，復位。主人立於香卓之南，祝執版立於主人之左，跪讀之，畢，興。主人再拜，降，復位。餘並同。

○告授官，祝版〔八二〕云：「維年歲月朔日，孝子某官某〔八三〕，敢昭告於皇〔八四〕某親某官封謚〔八五〕府君，皇某親某封〔八六〕某氏。某以某月某日，蒙恩授某官。奉承先訓，獲霑禄位〔八七〕。餘慶所及，不勝感慕。謹以酒果，用伸虔告。謹告。」貶降則言：「貶某官，荒墜先訓，皇〔八八〕恐無地，謹以。」後同。若弟子，則言：「某之某某」，餘同。

○告追贈〔八九〕，則止告所贈之龕。別設香卓於龕前，又設一卓於其東，置浄水、粉盞、刷子〔九〇〕、硯、墨、筆〔九一〕於其上。餘並同。但祝版云：「奉某月某日制書〔九二〕，贈皇某親某官，皇某親某封某。奉承先訓，竊位於朝。祗奉恩慶，有此褒〔九三〕贈。禄不及養，摧咽難勝。謹以。」後同。若因事特贈，則別爲文以叙其意。告畢，再拜，主人進，奉主置卓上。執事者洗去舊字，別塗以粉。俟乾，命善書者改題所贈官封，陷中不改。洗水以灑祠堂之四壁。主人奉主置故處，乃降復位。後同。

○主人生嫡長子，則滿月而見，如上儀。但不用祝。主人立於香卓之前，告曰：「某之婦某氏，以某月某日生子，名某。敢見。」告畢，立於香卓東南，西向。主婦抱子進，立〔九四〕於兩階之間，再拜。主人乃降，復位。後同。

○冠、昏則〔九五〕見本篇。

○凡言祝版者，用版長一尺高五寸，以紙書文，黏於其上〔九六〕。畢，則揭而焚之。其首尾皆如前。但於皇高祖考、皇高祖妣，自稱孝元孫；於皇曾祖考、皇曾祖妣，自稱孝曾孫；於皇祖考、皇祖妣，自稱孝孫；於皇考、皇妣，自稱孝子。有官封謚，則皆稱之；無，則以生時行第稱號加於府君之上，妣曰「某氏夫人」，凡自稱，非宗子不言「孝」。

○告事之祝，四代〔九七〕共爲一版。自稱以其最尊者爲主，止告正位，不告祔位，茶酒則并設之。

〔一一〕或有水火盜賊，則先救祠堂。遷神主、遺書，次及祭器，然後及家財。易世則改題主而遞遷之。改題遞遷禮見喪禮大祥章。大宗之家，始祖親盡則藏其主於墓所。而大宗猶主其墓田，以奉其墓祭，歲率宗人一祭之，百世不改。其第二世以下祖親盡，及小宗之家高祖親盡，則遷其主而埋之。其墓田則諸位迭掌，而歲率其子孫一祭之，亦百世不改也。

校注

〔一〕「家禮卷之一」，集注本作「文公家禮卷第一，門人秦溪楊復附注，後學復軒劉垓孫增注」，鈔配本、明刻本、公善本作「家禮第一，朱氏」，性理本作「家禮二」，其下有注云「『二』，一作『序』」，四庫本作「家禮卷一，宋朱子撰」，成書本標題脱。

〔二〕集注本作「通禮第一」。

〔三〕性理本「體」作「躰」，四庫本作「禮」。

〔四〕漢書循吏傳曰：「文翁終於蜀，吏民爲立祠堂，歲時祭祀不絶。」性理本引司馬温公語：「宋仁宗時，嘗詔聽太子少傅以上，皆立家廟，而有司終不爲之定制度。惟文潞公立廟於西京，他人皆莫之立，故今但以影堂言之。」劉垓孫引伊川先生語：「古者庶人祭於寢，士大夫祭於廟，庶人無廟，可立影堂。今文公先生乃曰『祠堂』者，蓋以伊川先生謂祭時不可用『影』，故改『影堂』曰『祠堂』。」

〔五〕禮記郊特牲：「唯社，丘乘供粢盛，所以報本反始也。」「郊之祭也，大報本反始也。」陳澔集説曰：「報者，酬之以禮；反者，追之以心。」

〔六〕禮記大傳曰：「尊祖故敬宗。」孔疏：「尊崇其祖，故敬宗子，所以敬宗子者，尊崇先祖之義也。」

〔七〕四庫本「守」訛作「首」。

〔八〕葉夢得石林燕語卷一曰：「士大夫家廟，至唐以來不復講。慶曆元年郊祀赦，聽文武官皆立廟，然朝廷未嘗討論立爲制度，無所遵守，故久之不克行。皇祐二年，初祀明堂，宋莒公爲相，乃始請下禮官定議，於是請平章事以上立四廟，東宮少保以上立三廟，而其詳皆不盡見。文潞公爲平章事，首請立廟於洛，終無所攷據，不敢輕作。至和初知長安，因得唐杜佑舊廟於曲江，猶是當時舊制，一堂四室，旁爲兩翼。嘉祐初遂倣爲之。兩廡之前，又加以門，以其東廡藏祭器，西廡藏家牒。祊在中門之右，省牲、展饌、滌濯等在中門之左。別爲外門，置庖厨於中門外之東南。堂中分四室，用晉荀安昌公故事，作神版而不爲主。唐周元陽祀録以元日、寒食、秋分、冬夏至，爲四時祭之節。前祭皆一日致齋，在洛則以是祭，或在他處則奉神板自隨，倣古諸侯載遷主之義。公元豐間始致仕歸洛，前此在洛無幾，則廟不免猶虚設，乃知古今異制，終不可盡行也。」

〔九〕説文解字𨸏部曰：「阼，主階也。」玉篇曰：「阼階，東階，所以答酢賓客。」書顧命曰：「大輅在賓階面，綴輅在阼階面。」禮記曲禮曰：「踐阼，臨祭祀。」孔疏曰：「阼，主人階也。天子祭祀升阼階。」儀禮士冠禮曰：「主人玄端爵韠，立於阼階下，直東序，西面。」鄭注曰：「阼，猶酢也。東階，所以答酢賓客也。」賈誼新書卷六禮曰：「禮，天子適諸侯之宮，諸侯不敢自阼階。阼階者，主之階也。」

〔一〇〕底本、成書本、性理本「爲」原作「立」，據他本改。

〔一一〕底本「析」原作「折」，據他本改。

〔一二〕放，仿效。廣雅釋詁三：「放，效也。」集注本作「倣」。底本下文亦或作「倣」。

〔一三〕禮記曲禮曰：「措之廟，立之主，曰『帝』。」通典卷四八天子皇后及諸侯神主引許慎五經異義曰：「主者，神象也。孝子既葬，心無所依。所以虞而立主以事之。」春秋左氏傳僖公三十三年曰：「凡君薨，卒哭而祔，祔而作主，特祀於主。」公羊傳文公二年曰：「虞主用桑，練主用栗。」何休曰：「主狀正方，穿中央，達四方。天子長尺二寸，諸侯長一尺，皆刻而謚之。」穀梁傳注疏引衛次仲曰：「右主八寸，左主七寸，廣厚三寸，右主父也，左主母也。」通典卷四八禮八引漢儀曰：「帝之主九寸，前方後圓，圍一尺。後主七寸，圍九寸。木用栗。」後漢書禮儀志曰：「桑木主尺二寸，不書謚。虞禮畢，祔於廟，如禮。」大明集禮卷四曰：「晉武帝太康中制，廟主尺二寸，後主一尺與尺二寸中間，木以栗。大唐之制，長尺二寸，上頂徑一寸八分，四廂各剡一寸一分，上下四方通孔。徑九分，玄漆匱，玄漆趺，其匱，底蓋俱方，底自下而上，蓋從上而與底齊。趺方一尺，厚三寸，皆用古尺古寸，以光漆題謚號於其背。宋承唐制，凡題主，享前一日質明，太祝以香湯浴栗主，拭以羅巾，題栗主，官捧就褥，題神主，墨書訖，以光漆重摸之。元制，世祖至元元年，命劉太保制太廟八室，神主其制並同唐宋，設祏室以安置，六年，添作木質金表牌位，置祏室前金椅上。後皆易以金主。」

〔一四〕家禮補注曰：「按朱子曰：『某嘗欲立一家廟，小五架屋，以後架作一長龕堂，以板隔截作四龕堂。堂置位牌，堂外用簾子。』此四『堂』字，恐皆當作『室』字。蓋古者堂屋五架，中脊之架曰『棟』，次棟之架曰『楣』。後楣之下，以南爲堂，以北爲室與房。今當以近北一架，爲四龕室，以前四架爲堂。張子曰：『祭堂後作一室，都藏位版，如朔望薦新，只設於室，惟分至之祭設於堂。』此之謂也。」家禮考證卷一堂欲立一家廟曰：「少牢疏云：『大夫士廟室，皆兩下五架。』……今按朱子家廟五架之制，架即桁也，即此兩下五架之制，而棟北一架通作室，以板隔截，分作四室，每室置一代位牌，室外以簾垂之也。龕，按韻書及他訓義，皆曰『塔下室』也。又見法華經，佛以右指開寶塔户，又禪書有塔户自開之説。蓋塔下有室，亦有户，有時開閉也。杜子美詩曰：『長者自布金，禪龕只晏如。』蘇子瞻詩又曰：『只有彌勒爲同龕。』僧之居室，亦以名龕也。然羅先生有『獨寐龕』，朱子亦有『寒龕獨寢人』之句，是世俗亦通以名室矣。疑其制狹小，其狀類龕者，以名之耳。分軒熊氏賦滄州精舍有『小神龕』之句。王介甫詩亦曰『妙齡終日對書龕』，謂藏書之庋閣，以板爲之。」〇新井白石按：「儀節及家禮宗並云四龕以一長卓共盛之，則似謂龕亦爲客櫝之器也。三禮詩注云：『龕，石竅穴也。』品字箋云：『釋氏以供佛及僧，只居小屋，皆謂之龕。』此則謂隔截狹小之處爲龕耳，固非蓋櫝之比。考諸本注文義甚明，竊恐儀節等書或有錯誤，因録本注於下，以備參考。……」

〔一五〕卓，几案。後作「桌」。

〔一六〕底本、性理本「合」原作「盒」，據他本改。「盒」爲後起字。以下不再出校。正韻曰：「合子，盛物器。」

〔一七〕性理本、成書本作「主式見喪礼及前圖」。

〔一八〕重刻丘閣老校正朱文公家禮宗（以下簡稱家禮宗）卷一祠堂曰：「祔，附也。謂不得專享其祭，但附之于祖，以受食而已。中庸或問云：『自吾父、祖、曾、高，謂之正統，其伯叔父祖及衆子兄弟，皆吾旁親。然此祔位，蓋指旁親之無後者言爾。若後者，其子孫自祀之，此則不祔。』」〇新井白石按：「凡祔，昭祔昭，穆祔穆，如曾祖兄弟無後者，無昭穆可祔不祭。若孫死而祖在，則祔何處？曰：按禮記，祔于曾祖龕。妻死，夫之祖母在亦然。」儀禮既夕禮曰：「明日，以其班祔。」鄭注曰：「班，次也。祔，猶屬也。」賈疏曰：「『班，次也』者，謂昭穆之次第。『祔，猶屬者』，以其孫祔於祖，孫與祖昭穆同，故以孫連屬於祖，而就祖而祭之也。」

〔一九〕性理本「櫝」訛作「讀」。

〔二〇〕性理本「遷」作「迁」。「迁」爲俗字。以下不再出校。

〔二一〕釋名釋喪制曰：「未二十而死曰殤。殤，傷也，可哀傷也。」説文歺部曰：「殤，不成人也。人年十九至十六死，爲長殤；十五至十二死，爲中殤；十一至八歲死，爲下殤。」禮記喪服鄭注曰：「殤者，男女未冠笄而死，可殤者。」

〔二二〕成書本「父」訛作「人」。

〔二三〕河南程氏遺書卷一八伊川先生語四原作：「八歲爲下殤，十四爲中殤，十九爲上殤，七歲以下爲無服之殤。無服之殤，更不祭。下殤之祭，父母主之，終父母之身。中殤之祭，兄弟子主之，終兄弟之身。上殤之祭，兄弟之主之，終兄弟之子之身。若成人而無後者，兄弟之孫主之，亦終其身。凡此，皆以義起也。」

〔二四〕位，集注本、成書本、性理同，鈔配本、明刻本、四庫本、公善本作「者」。

〔二五〕正字通耳部曰：「凡人臣奏事于朝，亦曰聞。」

〔二六〕典，猶言典當也。

〔二七〕釋名釋牀帳曰：「人所坐卧曰牀。牀，装也，所以自装載也。」古今韻會曰：「説文：『安身之几。』通俗文：『八尺曰牀。』」

〔二八〕倚卓，即椅桌。諧聲品字箋曰：「桌椅，桌几之高者。椅，人所倚坐者，此後世之借用，非古音義。桌凳高而可凭者爲几爲桌，低而可坐者爲椅爲凳。」

〔二九〕公善本「貯」作「貯」。二字同，以下不再出校。

〔三〇〕底本「它」原作「他」，據他本改。以下不再出校。

〔三一〕張載經學理窟祭祀曰：「祭則香茶，非古也。香必燔柴之意，茶用生人意事之。」朱子語類卷九〇禮七曰：「温公儀『降神』一節，亦似僭禮。大夫無灌獻，亦無焫蕭。灌獻焫蕭，乃天子諸侯禮。焫蕭欲以通陽氣，今太廟亦用之。或以爲焚香可當焫蕭。然焚香乃道家以此物氣味香而供養神明，非焫蕭之比也。」趙彦衛雲麓漫鈔卷八曰：「尚書：『至於岱宗，柴。』又：『柴望，大告武成。』柴雖祭名，考之禮，焚柴泰壇。周禮『升煙燔牲首』，則是祭前焚柴升其煙，皆求神之義，因爲祭名。後世轉文，不焚柴而燒香，當於迎神之前，用炉炭焫之。近人多崇釋氏，蓋西方出香，釋氏動輒燒香，取其清浄。故作法事，則焚香誦咒，道家亦燒香解穢，與吾教極不同。今人祀夫子，宗社稷，于迎神之後，奠幣之前，三上香，禮家無之，郡邑或用之。」葉夢得避暑録話卷上曰：「夫人神氣四體，誠不可不使潔清。孟子言：『西子蒙不潔，人皆掩鼻而過之。故雖有惡人，齋戒沐浴，可以事上帝。』此非独爲喻者設也。佛氏言衆香國，而養生煉形，亦必以香爲主。

故焚柴以事天，燔蕭以供祭祀，達神明而通幽隱，亦一道耳。」

〔三二〕底本「入」原作「人」，據他本改。

〔三三〕家禮考證卷一瞻禮曰：「瞻者，尊而仰之之謂，瞻仰而致禮也。」

〔三四〕日知録卷二八曰：「古人未有四拜之禮，唐李涪刊誤曰：『夫郊天祭地止於再拜，其禮至重，尚不可加。』今代婦謁姑章，其拜必四，詳其所自，初則再拜，次則跪獻衣服、文史，承其筐篚，則跪而受之，常於此際授受多誤，故四拜相屬耳。」大明會典卷四四曰：「稽首四拜者，百官見東宮、親王之禮。見其父母亦行四拜禮。其餘官長及親戚朋友相見，止行兩拜禮。」又曰：「臣見君行五拜禮，見親王、東宮四拜，子於父母亦四拜。」

〔三五〕底本「俠」原作「夾」，據他本改。

〔三六〕朔望之儀，自尉佗始。太平御覽卷一九四引裴淵廣州記曰：「尉佗築臺，以朔望升拜，號爲朝臺拜。」朱子語類卷八七禮四曰：「天子常朝，則服皮弁，朔旦則服玄冕。諸侯常則服玄端，朔旦則服皮弁。」釋名釋喪制曰：「朔望祭，曰殷奠，所用殷衆也。」畢沅疏曰：「大夫以上則朔望大奠，若士則朔而不望。」論語鄉黨曰：「吉月，必朝服而朝。」皇侃云：「君雖不視朔，而孔子月朔必服以朝，是我愛其禮也。」

〔三七〕底本、集注本、成書本、性理本作「齋」，鈔配本、明刻本、四庫本、公善本訛作「齊」。

〔三八〕史記叔通列傳曰：「惠帝曾春出游離宮。叔孫通曰：『古者有春嘗果，方今櫻桃熟，可獻，願陛下出，因取櫻桃獻宗廟。』上乃許之。」事物紀原卷二獻果曰：「按禮記有『天子羞含桃，薦之寢廟』，又似周制，非始於通也。」朱子語類卷九十曰：「諸家禮皆云薦新用朔，朔新如何得合，但有新即薦於廟。」

〔三九〕蔡襄茶録曰：「茶色白，宜黑盞。建安所造者，紺黑，紋如兔毫。其坯微厚，熁之久熱難冷，最爲要用。」宋徽宗大觀茶論曰：「盞色貴青黑，玉毫條達者爲上，取其煥發茶采色也。底必差深而微寬。底深則茶宜立而易於取乳，寬則運筅旋徹，不礙擊拂。然須度茶之多少，用盞之大小。盞高茶少，則掩蔽茶色；茶多盞小，則受湯不盡。盞惟熱，則茶發立耐久。」

〔四〇〕李匡乂資暇録卷下茶托子曰：「始建中蜀相崔寧之女，以茶杯無襯，病其熨指，取碟子承之。撫啜而杯傾，乃以蠟環碟子之中央，其杯遂定。即命匠以漆環代蠟，進於蜀相。蜀相奇之，爲制名，而話於賓親，人人爲便，用於世。是後傳者，更環其底，愈新其制，以至百狀焉。貞元初，青鄆油繪爲荷葉形，以襯茶碗，别爲一家之碟。今人多云托子始此，非也。蜀相即今昇平崔家，詢則知矣。」

〔四一〕資暇録卷下注子偏提曰：「元和中，酌酒猶用樽杓，所以丞相高公有斟酌之譽。雖數十人，一樽一杓，挹酒而散，乃無遺滴。居無何，稍用注子，其形若罃，而蓋、嘴、柄皆具。大和九年後，中貴人惡其名同鄭注，乃去柄安系，若茗瓶而小異，目之曰偏提。論者亦利其便，且言柄有礙而屢傾仄，今見行用。」

〔四二〕底本、集注本、成書本、性理本作「瓶」，鈔配本、明刻本、四庫本、公善本作「缾」。按二字同，以下不再出校。

〔四三〕古庶人服巾，士則冠。釋名釋首飾曰：「巾，謹也。二十成人，士冠庶人巾，當自謹修於四教也。」事物紀原卷三幅巾曰：「傅子曰：『漢末王公多重士服，以幅巾爲雅素。』則幅巾，古賤者服也，漢末始爲士人之服。袁紹戰敗，幅巾渡河是也。」

〔四四〕底本、性理本「面」原作「靣」，據他本改。按「靣」爲俗字，以下不再出校。

〔四五〕家禮補注曰：「按本注『重行西上，重行東上』，謂之重行者，若伯父與叔父，伯母與叔母，諸兄與諸弟，諸嫂與諸弟婦，子輩兄弟是也。謂之西上者，以西爲上，若伯父在叔父之左，諸兄在諸弟之左是也。謂之東上者，以東爲上，若伯母在叔母之右，諸嫂在諸弟婦之右是也。至於大祭祀，則出主於堂或於正寢，並祔位神主亦有重列者，若太伯叔祖祔於曾祖，伯叔祖祔於祖之類是也。祔正位者，考以東爲上，若太伯祖父在曾祖考之左，太叔祖父在曾祖考之右，是妣以西爲上，若太伯祖母在曾祖妣之右，太叔祖母在曾祖妣之左是也。祔側位者，以北爲上，若伯祖父在祖考之上，叔祖父在祖考之下，伯祖母在祖妣之上，叔祖母在祖妣之下是也。但神主位次，則男西女東，子孫爲次則男東女西，此陰陽之別也。」

〔四六〕成書本、性理本「於」字脱。

〔四七〕鈔配本、明刻本、四庫本、公善本「搢笏」二字脱。

〔四八〕鈔配本、明刻本、四庫本、公善本「搢笏」二字脱。

〔四九〕鈔配本、明刻本、四庫本、公善本「少退立」三字脱。

〔五〇〕釋名釋姿容曰：「跪，危也，兩膝隱地，體危倪也。跽，忌也，見所敬忌，不敢自安也。」張鼎思琅琊代醉編曰：「古者席地而坐，即今之跪也。故禮記稱跪皆曰坐。以愚意觀之，跪則兩膝用力，坐則臀近於肱。」趙與時賓退録卷七曰：「莊子云：『跪坐而進之。』則跪與坐又似有小異處。疑跪有危義，故兩膝著地，伸腰及股，而勢危者爲跪；兩膝著地，以尻著蹠而稍安者爲坐也。」

〔五一〕底本「執」原作「取」，據他本改。下「右執」同。

〔五二〕酹，説文西部曰：「餟祭也。」玉篇曰：「以酒祭地也。」廣韻曰：「以酒沃地也。」

〔五三〕鈔配本、明刻本、四庫本、公善本「以盞盤授執事者出笏」九字脱

〔五四〕鈔配本、明刻本、四庫本、公善本「搢笏」二字脱。

〔五五〕宋徽宗大观茶論曰：「茶筅，以觔竹老者爲之，身欲厚重，筅欲疏勁，本欲壯而末必眇，當如劍脊之狀。蓋身厚重，則操之有力而易於運用；筅疏勁如劍脊，則擊拂雖過而浮沫不生。」〇新井白石按：「宋時團茶盛行，茶器悉備。其後元襲胡俗，民風一變，繼之以洪武之詔，是以明世之人，但知煎葉茶，已無復爲末爲團之事，遂併其器而亡之矣，故丘氏之言如此。惟我東方文物典章，一定不易。若彼茶事，亦尚存唐、宋之舊跡，日多用煎茶，而末茶固未嘗廢也。採、藏、烹、試之具無一不備，所謂茶筅至今爲人家日用之物，其爲體制，盡如茶論所云。」

〔五六〕蔡襄茶録曰：「抄茶一錢也，先注湯調令極勻，又添入環迴擊拂，湯上盞可四分則止。」

〔五七〕鈔配本、明刻本、四庫本、公善本「出笏與」三字脱。

〔五八〕事物紀原卷一賀冬曰：「正燭寶典：『冬至陰陽百物之始，日極南影長，有履長之慶。』漢雜事曰：『冬至陽生，君子道長，故賀。』然則當是漢制也。」

〔五九〕儀禮士喪禮曰：「月半不殷奠。」鄭注曰：「殷，盛也。士月半不復如朔盛奠，下尊者。」

〔六〇〕儀禮喪服曰：「何如而可以爲人後者？支子可也。」賈疏曰：「支子，則第二以下庶子也。不言庶子，云支子者，若言庶子，妾子之稱，是以變庶言支。支者，取支條之義，不限妾子而已。」禮記曲禮曰：「支子不祭，祭必告於宗子。」

〔六一〕本草綱目幞頭曰：「襆頭，朝服也。北周武帝始用漆紗製之，至唐又有紗帽之製，逮今用之。」隋書禮儀志曰：「故事，用全幅皂而向後襆髮，俗人謂之襆頭。」又朱子語類卷九一禮八曰：「唐人襆頭，初止以紗爲之，後以其軟，遂斫木作一山子在前襯起，名曰『軍容頭』。其説以爲起於魚朝恩，一時人争傚。士大夫欲爲襆頭，則曰：『爲我斫一軍容頭來。』及朝恩被誅，人以爲語讖。其先襆頭四角有脚，兩脚繫向前，兩脚繫向後。後來遂横兩脚，以鐵綫張之。然惟人主得裹此，世所畫唐明皇已裹兩脚者，但比今甚短。後來藩鎮遂亦僭用，想得士大夫因此亦皆用之。但不知幾時展得如此長？嘗見禪家語録載唐莊宗問一僧云：『朕收中原得一寶，未有人酬賈。』僧曰：『略借陛下寶看。』莊宗以手展襆頭兩脚示之。如此，則五代時，猶是惟人君得裹兩脚者，然皆莫可考也。」

〔六二〕朱子語録卷九一雜儀曰：「今之上領公服，乃夷狄戎服。自五胡之末，流入中國。至隋煬帝時，巡遊無度，乃令百官戎服從駕，而以紫、緋、緑三色爲九品之别。本非先王法服，亦非當時朝祭正服。今雜用之，亦以其便於事而不能改耳。若唯朝服祭服之法，參取唐公服之制，以爲便服，亦庶幾乎。」又曰：「今之公服，皆古之戎服。古公服是法服。朱衣皂緣冠，則三公用貂蟬，御史用獬。在衣之上則係帶，帶劍之類六七件。」宋史輿服志曰：「凡朝服謂之具服，公服從省，今謂之常服。……其制，曲領大袖，下施横襴，革以束帶，襆頭，烏皮鞾。」

〔六三〕事物紀原卷三腰帶曰：「實録曰：『自古皆有革帶及插垂頭。至秦二世，始名腰帶。唐高祖令向下插垂頭，取順下之義，名鉈尾。上元元年，自三品官至庶人，各有等制，以金石、犀銀、鍮鉐、銅鐵爲飾，自十三銙至六銙。』筆談曰：『自北齊全用胡服，韘韄帶所垂，蓋欲以佩帶弓劍、帉帨、筭囊、刀礪之類，後世去韘韄，猶存其環，環所以銜韘韄，如馬鞦根，即今帶銙也，天子必以十三環爲節。唐開元之後，帶鉤尚穿帶本爲孔，本朝加順折也。』」

〔六四〕古今注曰：「釋名曰：『本胡服，趙武靈王所作。』實録曰：『胡履也。趙武靈王好胡服，常短靿，以黄皮爲之，後漸以長靿，軍戎通服。唐馬周殺其靿，加以靴氈。開元中，裴叔通以羊爲之，隱麖，加以帶子裝束。』夢溪筆談曰：『中國衣冠，自北齊以來，乃全用胡服。窄袖、緋緑短衣、長靿靴、有蹀躞帶，皆胡服也。』續事始曰：『故事，胡虜之服，不許著入殿省，至馬周加飾，乃許也。』釋名曰：『古有舄履而無靴，靴字不見于經，至趙武靈王始服。』」〇新井白石按：「靴，又作鞾。靿音麖。音韻：束縛之義也。」

〔六五〕唐會要輿服志下曰：「武德四年八月十六日，詔五品以上執象笏，以下執竹木笏。舊制，三品以下，前挫後直，五品以上，前挫後屈。武德以來，一例上圓下方，其日敕，凡笏，周制七。周禮：『諸侯以象，大夫以魚須文竹。』晉宋以來，謂之手板。自西魏後，五品以上，通用象牙；六品以下，兼用竹木。近唯尚書郎執笏，公卿但以手板。後周保定四年，百官始執笏。至晉宣時，内外婦人執笏，其拜俯伏興俱執之。」朱子語類卷九一雜儀曰：「今官員執笏，最無道理。笏者，只是君前記事，恐事多，須以紙粘笏上，記其頭緒。或在君前不可以手指人物，便用笏指之。此笏常插在腰間，不執在手中。夫子『攝齊升堂』，何曾手中有笏？攝齊者，畏謹，恐上階時踏著裳，有顛仆之患。執圭者，圭自是贄見之物，只是捧至君前，不是如執笏。」

〔六六〕禮記王制曰：「大樂正論造士之秀者，以告於王，而升諸司馬，曰進士。」王定保唐摭言卷一述進士上篇曰：「進士，隋大業中所置也。如侯君素、孫伏伽，皆隋之進士也明矣。然彰於武德而甲於貞觀。蓋文皇帝修文偃武，天贊神授，嘗私幸端門，見新進士綴行而出，喜曰：『天下英雄入吾彀中矣！』若乃光宅四夷，垂祚三百，何莫繇斯之道者也。」通典卷一五選舉三曰：「每歲仲冬，郡縣館監課試其成者，長吏會屬僚，設賓主，陳俎豆，備管絃，牲用少牢，行鄉飲酒禮，歌鹿鳴之詩，徵耆艾、叙少長而觀焉。既餞，而與計偕。其不在館學而舉者，謂之鄉貢。」家禮考證卷一進士曰：「其不在館學而得者，謂之『鄉貢進士』，得第也謂之『前進士』。宋因唐制，故應舉者爲『進士』。」

〔六七〕新唐書卷二四車服志曰：「是時，士人以棠苎襴衫爲上服。中書令馬周上議：『禮無服衫之文，三代之制有深衣。請加襴、袖、褾、襈，爲士人上服。』」事物紀原卷三襴衫曰：「馬周以三代布深衣，因於其下著襴及裾，名曰襴衫，以爲上士之服。今舉子所衣者，襴衫之始也。」宋史輿服志曰：「襴衫，以白細布爲之，圓領大袖，下施横襴爲裳，腰間有辟積，進士及國子生、州縣生服之。」

〔六八〕荀子非二十子曰：「古之所謂處士者，德盛者也。」史記殷本紀曰：「伊尹處士，湯使人聘迎之，五反然後肯往從湯，言素王及九主之事。湯舉任以國政。」漢書異姓諸侯王表：「秦既稱帝，患周之敗，以爲起於處士横議。」顔師古注曰：「處士謂不官於朝而居家者也。」事物紀原卷三處士曰：「宋朝有冲晦處士李退夫，在慶曆皇祐之間也。」

〔六九〕通典卷五七禮十七曰：「上古穴居野處，衣毛帽皮，以此而言，不施衣冠明矣。玄中記云：『旬始作帽。』周成王問周公曰：『舜之冠何如焉？』曰：『古之人上有帽而句領。』或云：『帽名猶冠也，義取於加覆其首，本纚也。古者冠下有纚，以繒爲之。後世施幘於冠，因裁纚爲帽。自乘輿宴居，下至庶人無爵者，皆得服之。』宋制，黑帽，綴紫褾，褾以繒爲之，長四寸，廣一寸，後制高屋，白紗帽。隋文帝開皇初，嘗著烏紗帽，自朝貴已下，至於冗吏，通著入朝。後復制白紗高屋帽，接賓客則服之。大業中，令五品以上通服朱紫，是以烏紗帽漸廢，貴賤通服折上巾。」吴處厚青箱雜記卷二曰：「天聖以前，烏幘唯用光紗，自後始用南紗。迨熙寧中，復稍稍用光紗矣。」

〔七〇〕夢溪筆談卷二故事二曰：「近歲京師士人朝服乘馬，以黲衣蒙之，謂之『涼衫』，亦古遺法也。」韓元吉桐陰舊話曰：「京師朝例，公服乘馬，因中官及班行製褐紬爲衫者，施於公服之上，號『涼衫』。」家禮考證曰：「朱子曰：若紫衫涼衫，便可懷袖間去見人，又費輕。如帽帶皂衫，是多少費窮，秀才如何得許多錢，然則涼衫，服之簡便而費輕者。」故紹興末，詔用朱熹言，罷紫衫，以涼衫視事。至乾道初年，禮部侍郎王曮又以涼衫純素，似凶服，奏請除乘馬道途許服外，餘不得服。自後涼衫只用爲凶服。

〔七一〕事物紀原卷三特髻曰：「燧人始爲髻，至周王后首服爲副編。鄭云：『三輔謂之假髻，今特髻其遺事也。』北堂書鈔卷一三五引晉中興書曰：「晉太元中，王公婦女，必緩鬢傾髻以爲盛飾，用髮既多，不可恒戴，乃先於木及籠上裝之，名曰『假髻』。」

〔七二〕集注本「大衣」訛作「太衫」。事物紀原卷三大衣曰：「商周之代，内外命婦服諸翟。唐則裙襦大袖爲禮衣，開元中，婦見舅姑，戴步摇、插翠釵，今大衣之制，蓋起於此。實録：『大袖在背子下，身與衫子齊而袖大，以爲禮服。』疑即此也。」輟耕録卷十一賢孝曰：「國朝婦人禮服，韃靼曰袍，漢人曰團衫，南人曰大衣，無貴賤皆如之。」

〔七三〕事物紀原卷三長裙曰：「實録曰：『隋煬帝作長裙，十二破名仙裙。』今大衣中有之，隋制也。」

〔七四〕四庫本「在」訛作「有」。

〔七五〕事物紀原卷三長裙曰：「實録曰：『爰自黄帝制爲冠冕，而婦人者之首飾服無文，至周始有不過副笄而已，漢宫掖承恩者，始賜碧或緋芙蓉冠子，則其物自漢始矣。』」

〔七六〕事物紀原卷三揹子曰：「實録曰：『秦二世詔衫子上朝服加背子，其制袖短於衫，身與衫齊而大袖。今又長與裙齊，而袖纔寬於衫，蓋自秦始也。』」又半臂：「實録曰：『隋大業中，内官多服半臂，除却長袖也。唐高祖減其袖，謂之半臂，今背子也。江淮之間，或曰綽子，士人競服，隋始制之也。』」新井白石按：「圖會別有『褙子』者，曰即今之披風也。」朱子語類卷九一雜儀曰：「背子本婢妾之服。以其行直主母之背，故名『背子』。後來習俗相承，遂爲男女辨貴賤之服。」

〔七七〕何孟春餘冬序録卷三外篇曰：「俗節之祭，非古禮。然漢唐以來，士庶不能廢。朱子謂韓魏公處得好，謂之節祠，殺於正祭，遂還依而行之。其門人記：『朔旦家廟用酒菓，望旦用茶，重午、中元、九日之類，皆名俗節。大祭時，每位用四味，請出木主，俗節小祭，只就家廟，止二味。朔旦及俗節，酒止一上，斟一盃。』晦庵所謂依韓公而行之者，大略其此類也歟。南軒張敬夫廢俗節之祭，晦庵問：『於端午能不食粽乎？重陽能不飲茱萸酒乎？不祭而自享，於汝安乎？』陳淳問行時祭則俗節如何，曰：『某家且兩存之。』問莫簡於時祭否，曰：『是要得不行，須是自家亦不飲酒始得。』此晦庵不敢死其親之心也。他日，淳問先生除夜有祭否，曰：『無祭。』春惟今人家歲除，必宗族咸來宴會，或當房妻子上壽爲樂。其鄰里親識，亦預有饋獻之儀，而祖先乃寂寂焉。其心亦烏能自安乎？淳嘗記先生依婺源舊俗，歲暮二十六日，烹豕一，祭家先，就中堂二鼓行禮，次日召諸生餕焉。又記先生以歲前二十六日夜祭，先生云『是家間從來如此』。則晦庵於歲除無祭，除夜豈得獨不飲酒不爲樂哉？殆以前此已曾有祭故耳。」

〔七八〕孟元老東京夢華録卷七清明節曰：「寒食第三節，即清明日矣。凡新墳皆用此日拜掃。都城人出郊。禁中前半月發宮人車馬朝陵，宗室南班近親，亦分遣詣諸陵墳享祀，從人皆紫衫、白絹三角子、青行纏，皆係官給。節日亦禁中出車馬，詣奉先寺道者院祀諸宮人墳，莫非金裝紺幰，錦額珠簾，繡扇雙遮，紗籠前導。

士庶闐塞諸門，紙馬鋪皆於當街用紙袞疊成樓閣之狀。四野如市，往往就芳樹之下，或園囿之間，羅列杯盤，互相勸酬。都城之歌兒舞女，遍滿園亭，抵暮而歸。」

〔七九〕宗懍荆楚歲時記端午條曰：「京師人以五月一日爲端一，二日端二，三日端三，四日端四，五日端五，亦謂之端午，又謂之端陽。」家禮考證卷一重午曰：「提要録：『五月五日午時，爲天中節。』按重午者，取月午時午之義。」

〔八〇〕東京夢華録卷八中元節曰：「中元日，備素食，以供養先祖。城外有墳者，即往拜掃。禁中亦出車馬，詣道院謁墳，本院官給祠部十道，設大會，焚錢山，祭車陣亡殁，設孤魂之道場。」朱子語類卷九十禮七曰：「韓魏公家……七月十五日用浮屠，某不用耳。」

〔八一〕藝文類聚卷四九月九日曰：「風土記：『九月九日，律中無射而數九，俗尚此日，折茱萸房以插頭，言辟除惡氣而禦初寒。』……魏文帝與鍾繇書曰：『歲往月來，忽復九月九日，九爲陽數，而日月並應，俗嘉其名以爲宜於長久，故以燕享高會。』」

〔八二〕新唐書禮樂二：「祝版，其長一尺一分，廣八寸，厚二分，其木梓楸。」家禮宗曰：「祝版稍高亦不妨。太小，則字多恐不堪書也。」○新井白石按：「祝版，高厚與家禮不合，集禮又載元制攝祀祝版，長二尺四寸，闊一尺二寸，則時制各異耳。」

〔八三〕鈔配本、明刻本、四庫本、公善本「孝子某官某」作「子孝某某官某」。

〔八四〕底本、性理本、成書本「皇」原作「故」，據他本改。家禮儀節卷八：「按家禮舊本於高曾祖考上加皇字，大德年間省部禁止，改爲顯字。」下同，不再出校。

〔八五〕謚，韻會曰：「説文：『行之跡也。』增韻：『誄行立號，以易名也。』」汲冢周書謚法解曰：「維周公旦、太公望，開嗣王業，攻於牧野之中，終葬，乃制謚叙法，大行受大名，細行受細名，行出於己，名生於人。」穀梁傳桓公十年曰：「昔武王崩，周公制謚法，大行受大名，小行受小名，所以勸善而懲惡。」禮記檀弓曰：「死謚，周道也。」孔疏：「殷以上有生號，仍爲死後之稱，周則死後別立謚。」周禮春官大史曰：「小喪賜謚。」疏：「賜謚之制實始於周也。」〇新井白石按：「本注有官封謚，則皆書之，言男子稱官，婦人稱封也。與考證以封謚爲如某國某公之類者義異。」

〔八六〕史記絳侯周勃世家索隱引姚氏按：「楚漢春秋高祖封負爲鳴雌亭侯，是知婦人亦有封邑。」愛日齋叢抄卷五一：「班書云『高后嘗以蕭相國夫人同爲酇侯』……呂后四年，封呂嬃爲臨光侯，亦先封功臣妻矣。自許負之封及酇侯夫人，夫疑先漢婦人封邑之始。」

〔八七〕霑，同「沾」。禄位，俸給與爵次，泛指官位。

〔八八〕底本「皇」原作「惶」，據他本改。

〔八九〕事物紀原卷二追贈曰：「自武王克商，追王太王王季，故後代有追謚追尊之典。兩漢逮今，人臣亦有追贈之制。漢書張賀傳：『及帝即位，追思賀封恩德侯。』此則追封之始也。」後漢書公孫述傳：「初，常少、張隆勸述降，不從，並以憂死。帝下詔追贈少爲太常，隆爲光禄勳，以禮改葬之。」

〔九〇〕家禮考證曰：「刷子，一名蓲子，所用以刮紙者。」

〔九一〕底本、性理本、成書本「墨筆」原作「筆墨」，據他本改。

〔九二〕洪遵翰苑群書卷一收李肇翰林志曰：「制書，行大典，賞罰，授大官爵，釐革舊政，赦宥降虜，則用之。」楊文公談苑學士草文條曰：「拜免公王、將相、妃主，曰制。」

〔九三〕底本「褒」作「封」，據他本改。底本欄外所附校記云「『封』，一作『褒』」。

〔九四〕四庫本「立」訛作「見」。

〔九五〕底本、集注本、性理本、成書本作「則」，鈔配本、明刻本、四庫本、公善本作「別」。

〔九六〕性理本「上」作「主」。

〔九七〕底本、集注本、性理本、成書本作「代」，鈔配本、明刻本、四庫本、公善本作「龕」。四代，高、曾、祖、父。河南程氏遺書卷二二上伊川先生語七曰：「有問程子曰：『今人不祭高祖，如何？』曰：『高祖自有服，不祭甚非，某家却祭高祖。』又曰：『自天子至於庶人，五服未嘗異，皆至高祖。服既如是，祭祀亦須如是。其疏數之節未有可考，但其理必如此。七廟、五廟亦只是祭及高祖。大夫、士雖或三廟、二廟、一廟，或祭寢廟，則雖異亦不害祭及高祖。若止祭禰，是爲知母而不知父，禽獸道也。祭禰不及祖，非人道也。』」文集卷三〇答汪尚書論家廟曰：「今以祭法考之，雖未見祭必及高祖之文，然有月祭享嘗之别，則古者祭祀以遠近爲疏數亦可見矣。禮家又言，大夫有事，省於其君，於祫及其高祖，此則可爲三廟而祭及高祖之驗。」○新井白石按：「朱子曰而今祭四代已爲僭，又曰德厚者流光，德薄者流卑。故古者大夫以下極於三廟，而於祫及其高祖。今用先儒之説，通祭高祖，已為過矣。此説与家禮不合，蓋前後所見不同耳。然而朱子又謂此古禮所無，創自伊川，所以使人盡孝教追遠之義，則亦不以祭四代爲罪也。」

深衣制度〔一〕

此章本在冠禮之後。今以前章已有其文，又平日之常服，故次前章。

〔2—1〕裁用白細布〔二〕，度用指尺。中指中節〔三〕爲寸。

〔2—2〕衣全四幅，其長過脇，下屬於裳。用布二幅，中屈，下垂。前後共爲四幅，如今之直領衫，但不裁破腋下。其下過脇而屬於裳處，約圍七尺二寸，每幅屬裳三幅。

〔2—3〕裳交解十二幅，上屬於衣，其長及踝〔四〕。用布六幅。每幅裁爲二幅，一頭廣，一頭狹，狹頭當廣頭之半。以狹頭向上而連〔五〕其縫，以屬於衣。其屬衣處，約圍七尺二寸，每三幅屬衣一幅，其下邊及踝處約圍丈四尺四寸。

〔2—4〕圓袂，用布二幅，各中屈之，如衣之長。屬於衣之左右，而縫合〔六〕其下以爲袂〔七〕。其本之廣，如衣之長，而漸圓殺之以至袂口，則其徑一尺二寸。

〔2—5〕方領〔八〕，兩襟相掩，衽在腋下，則兩領之會自方。

〔2—6〕曲裾，用布一幅。如裳之長。交解裁之，如裳之制。但以廣頭向上，布邊向外，左掩其右，交映垂之，如燕尾狀。又稍裁其内旁大〔九〕半之下，令漸如魚腹，而末爲〔一〇〕鳥喙，内向綴於裳之右旁。禮記：「深衣續衽鉤邊。」鄭注：「鉤邊，如〔一一〕今曲裾。」〔一二〕

〔2—7〕黑緣〔一三〕，緣用黑繒，領表裏各二寸。袂口裳邊表裏各一寸半。袂口，布外別此緣之廣。

〔2—8〕大帶〔一四〕，帶用白繒。廣四寸，夾縫之。其長圍腰而結於前，再繚之爲兩耳，乃垂其餘爲紳，下與裳齊，以黑繒飾其紳。復以五采〔一五〕條廣三分，約其相結之處，長與紳齊。

〔2—9〕緇冠，糊紙爲之。武〔一六〕高寸許，廣三寸，袤四寸。上爲五梁，廣如武之袤而長八寸，跨頂前後，下著於武。屈其兩端各半寸，自外向内而黑漆之。武之兩旁，半寸之上，竅以受笄〔一七〕。笄用齒骨，凡白物。

〔2—10〕幅巾，用黑繒六尺許，中屈之。右邊就屈處爲横輒，左邊反屈之。自輒左四五寸間，斜縫〔一八〕向左，圓曲而下，遂循左邊，至於兩末。復反所縫餘繒，使之向裏。以輒當額前裹之。至兩鬢〔一九〕旁，各綴一帶，廣二寸，長二尺，自巾外過頂〔二〇〕後，相結而垂之。

〔2—11〕黑履。白絇繶純綦〔二一〕。

校注

〔一〕禮記深衣鄭注曰：「名曰深衣者，謂連衣裳而純之以采也。」孔疏：「凡深衣，皆用諸侯、大夫、士夕時所著之服。」又深衣曰：「古者深衣，蓋有制度，以應規矩繩權衡。……規矩取其無私，繩取其直，權衡取其平，故先王貴之。」

〔二〕家禮考證卷三白細布曰：「小爾雅：『麻紵葛曰布。』然此專指麻也。」朱子語類卷八七禮四曰：「深衣用虔布，但而今虔布亦未依法。當先有事其縷，無事其布。方未經布時，先研其縷，非織了後研也。」

〔三〕家禮補注曰：「度，謂尺寸之數，度用指尺者，蓋大指與食指兩步爲尺，中指中節一距爲寸。」家禮考證卷三度用指尺曰：「按此説亦自矛盾，凡人之手指雖各有長短，然今試以兩指兩步爲尺，而中指中節十寸相準，則兩步之長尺有四寸矣。若用兩步之尺，則四尺四寸之長爲六尺一寸六分，不亦太長乎？本注既云中指中節，則不必更言兩指也。」

〔四〕字彙曰：「脛兩旁内外曰踝也。」説文足部曰：「踝，足踝也。從足，果聲。謂足左右隆然圓起者。」禮記深衣曰：「負繩及踝以應直。」鄭注曰：「踝，跟也。」釋名釋形體曰：「踝，踊也。居足兩旁，磽确然也。亦因其形踝踝然也。」

〔五〕底本、集注本、性理本、成書本作「連」，鈔配本、明刻本、四庫本、公善本作「聯」。

〔六〕底本「縫合」訛作「合縫」，據他本改。底本欄外所附校記云「『合縫』，一作『縫合』」。

〔七〕家禮附注曰：「楊復曰：『左右袂，各用布一幅屬於衣。』又按深衣篇云：『袂之長短反屈之及肘。』夫袂之長短，以反屈及肘爲準，則未嘗以一幅爲拘。」家禮補注曰：「袂，袖也。用布二幅，長四尺四寸，各中屈之爲二尺二寸，屬於衣之左右。兩腋之餘及袂，皆反屈寸餘，而合縫之，其本之廣如衣之長二尺二寸，而漸圓殺之，以至袂口。則其徑一尺二寸，兩腋之餘三寸，續以二尺二寸幅之，袖則二尺有五寸也。内除衣袂續處、合縫及袂口反屈各寸許，則二尺二寸也。蓋袂之前後長四尺二寸，廣二尺二寸，如月之半圓，合左右袂，如月之全圓也。」

〔八〕家禮補注曰：「衣之兩肩上各裁入三寸，而反摺之，就綴於兩襟上，左右相會，其形自方，非別有所謂領也。蓋袂圓在外，領方在內，有錢圓合方之象。一說裁入反摺，即剪去之，別用布一條。自項後摺轉向前，綴兩襟上，左右齊反摺之長，表裏各二寸，除反屈。禮記所謂袷二寸是也。」家禮考證卷二方領曰：「按補注前一說，即丘氏所稱臆說無據者。」

〔九〕底本、集注本、四庫本作「大」，他本作「太」。

〔一〇〕底本「爲」訛作「如」，據他本改。

〔一一〕集注本、性理本、成書本「如」作「若」。

〔一二〕鈔配本、明刻本、四庫本、公善本「禮記深衣續衽鉤邊鄭注鉤邊如今曲裾」一句脱。

〔一三〕禮記深衣鄭注曰：「純，謂緣之也。緣袂，謂其口也。」孔疏曰：「經言『純袂』，是緣其袂口也，非是口外更有緣也。」

〔一四〕禮記集説深衣引劉氏曰：「此不言帶之制，玉藻云『士練帶率下辟』等，皆言朝祭服之帶也。朱子深衣帶，蓋亦仿佛玉藻之文，但禪複異耳。」家禮補注曰：「古者深衣不綴小帶，當要中惟束以大帶而已。」

〔一五〕底本「采」作「彩」，據他本改。

〔一六〕禮記雜記曰：「大白冠、緇布之冠，皆不蕤，委武，玄、縞而後蕤。」鄭注曰：「秦人曰委，齊東曰武。」字彙：「冠卷曰武。禮玉藻：『縞冠玄武，居冠屬武。』陳氏曰：『足在體之下曰武，緌在冠之下亦曰武。』」蔡邕獨斷曰：「武冠，或曰繁冠，今謂之大冠，武官服之。」

〔一七〕格致鏡原卷五五：「説文：『笄，簪也。』其端刻雞形，而士以骨爲之，大夫以象爲之，綏以紘繫笄，順頤下而結之。」玉篇竹部曰：「婦人之笄，則今之簪也。」

〔一八〕成書本「縫」作「繒」。

〔一九〕底本、性理本、成書本作「鬢」，集注本作「耳」，鈔配本、明刻本、四庫本、公善本作「髻」。

〔二〇〕底本「頂」訛作「項」，據他本改。

〔二一〕家禮增注曰：「屨之有絇，謂屨頭以絛爲鼻，或用繒一寸屈之爲絇，所以受繫穿貫者也。繶謂履縫中紃，以白絲爲下緣，故謂之繶。純者，飾也。綦屬於跟，所以繫履者也。」家禮補注：「愚謂履者有鉤，用白絲條，二條爲雙鼻，或用繒一寸屨頭，然後綴雙鼻於履頭，所以受綦穿貫也。」家禮考證卷二繶謂至之繶曰：「雜記：『紃以五采。』注：『紃施諸縫中，若今時絛。』内則疏：『組紃俱爲絛也，編絲爲之。』」

司馬氏居家雜儀

此章本在昏禮之後。今按此乃家居平日之事，所以正倫理，篤恩愛者，其本皆在於此。必能行此〔一〕，然後其儀章度數有可觀焉。不然，則節文雖具，而本實無取，君子所不貴也。故亦列於首篇，使覽者知所先焉。

〔3—1〕**凡爲家長，必謹守禮法，以御群子弟及家衆。**分之以職，謂使之掌倉廩、廐庫、庖厨、舍業、田園之類。**授之以事，**謂朝夕所幹及非常之事。**而責其成功，制財用之節，**

量入以爲出，稱家之有無，以給上下之衣食及吉凶之費，皆有品節，而莫不均一。裁省冗費，禁止奢華，常須稍存贏餘，以備不虞。

〔3—2〕凡諸卑幼，事無大小，毋得專行，必咨禀於家長。易曰：「家人有嚴君焉，父母之謂也。」〔二〕安有嚴君在上，而其下敢直行自恣不顧者乎？雖非父母，當時爲家長者，亦當咨禀而行之，則號令出於一人，家政始可得而治矣。

〔3—3〕凡爲子、爲婦者，毋得蓄私財，俸禄及田宅所入，盡歸之父母舅姑。當用則請而用之，不敢私假，不敢私與。内則曰：「子婦無私貨，無私蓄〔三〕，無私器，不敢私假，不敢私與。婦或賜之飲食、衣服、布帛、佩帨、茝蘭，則受而獻諸舅姑。舅姑受之則喜，如新受賜。若反賜之，則辭；不得命，如更受賜，藏之以待乏。」〔四〕鄭康成曰：「待舅姑之乏也。不得命者，不見許也。」又曰：「婦若有私親兄弟，將與之，則必復請其故賜，而後〔五〕與之。」〔六〕夫人子之身，父母之身也。身且不敢自有，況敢有私財〔七〕乎？若父子異財，互相假借，則是有子富而父母貧者，父母飢而子飽者。賈誼所謂「借父耰鉏，慮有德色，母取箕箒，立而誶語」。不孝不義，孰甚於此！茝，昌改切〔八〕。耰，音憂。誶，音碎。

〔3—4〕凡子事父母，孫事祖父母同。婦事舅姑，孫婦亦同，天欲明，咸起盥，音管，洗手也。漱櫛〔九〕，阻瑟切，梳頭也。總，所以束髮。今之頭巾。具冠帶。丈夫帽子、衫、帶，婦人冠

子、背子。

〔3—5〕昧爽〔一〇〕，謂天明暗相交之際〔一一〕。適父母舅姑之所，省問。丈夫唱喏〔一二〕，婦人道萬福。仍問侍者：「夜來安否？何如？」侍者曰：「安。」乃退。其或不安節，則侍者以告。此即禮之晨省也。

〔3—6〕父母舅姑起，子供藥物。藥物乃關身之切務，人子當親自檢數調煮供進，不可但委婢僕。脱若有誤，即其禍不測。

〔3—7〕婦具晨羞。俗謂點心。易曰：「在中饋。」詩云：「惟酒食是議。」〔一三〕凡烹調飲膳，婦人之職也。近年婦女驕倨，皆不肯入庖厨。今縱不親執刀匕，亦當檢校監視，務令精潔。

〔3—8〕供具畢，乃退，各從其事。將食，婦請所欲於家長，謂父母舅姑，或當時家長也。卑幼各不得恣所欲，退具而供〔一四〕之。尊長舉筯，子婦乃各退就食。丈夫婦人各設食於他所，依長幼而坐。其飲食，必均一。幼子又食於他所，亦依長幼席地而坐。男坐於左，女坐於右。及夕食亦如之。既夜，父母舅姑將寢，則安置而退，丈夫唱喏，婦女道安置。此即禮之昏定也。

〔3—9〕居閑〔一五〕無事，則侍於父母舅姑之所，容貌必恭，執事必謹，言語應對，必

下氣怡聲。出入起居，必謹扶衛之。不敢涕唾喧呼於父母舅姑之側。父母舅姑不命之坐，不敢坐。不命之退，不敢退。

〔3—10〕凡子受父母之命，必籍記而佩之，時省而速行之。事畢則返命焉。或所命有不可行者，則和色柔聲，具是非利害而白之，待父母之許，然後改之。若不許，苟於事無大害者，亦當曲從。若以父母之命爲非而直行己志，雖所執皆是，猶爲不順之子，况未必是乎！

〔3—11〕凡父母有過，下氣怡色，柔聲以諫。諫若不入，起敬起孝。悦則復諫；不悦，與其得罪於鄉黨州閭，寧熟諫。父母怒，不悦〔一六〕而撻之流血，不敢疾怨，起敬起孝。

〔3—12〕凡爲人子弟者，不敢以貴富〔一七〕加於父兄宗族。加，謂恃其富貴，不率卑幼之禮。

〔3—13〕凡爲人子者，出〔一八〕必告，反必面。有賓客，不敢坐於正廳，有賓客，坐於書院。無書院，則坐於廳之旁側。升降不敢由東階，上下馬不敢當廳。凡事不敢自擬於其父。

〔3—14〕凡父母舅姑〔一九〕有疾，子婦無故不離側。親調嘗藥餌而供之。父母有疾，子色不滿容。不戲笑，不宴遊，舍置餘事，專以迎醫檢方合藥爲務。疾已，復初。

顔氏家訓曰：「父母有疾，子拜醫以求藥。」蓋以醫者親之存亡所繫，豈可傲忽也〔二〇〕。

〔3—15〕凡子事父母，父母所愛，亦當愛之。所敬，亦當敬之。至於犬馬盡然，而況於人乎？

〔3—16〕凡子事父母，樂其心，不違其志，樂其耳目，安其寢處，以其飲食忠養之。幼事長，賤事貴，皆倣此。

〔3—17〕凡子婦未敬未孝，不可遽有憎疾，姑教之。若不可教，然後怒之。若不可怒，然後笞之。屢笞而終不改，子放婦出，然亦不明言其犯禮也。子甚宜其妻，父母不悅，出。子不宜其妻，父母曰：「是善事我。」子行夫婦之禮焉，没身不衰。

〔3—18〕凡爲宮室，必辨内外，深宮固門。内外不共井，不共浴堂〔二一〕，不共廁。男治外事，女治内事。男子晝無故不處〔二二〕私室，婦人無故不窺中門。男子夜行以燭。婦人有故出中門，必擁蔽其面。如蓋頭、面帽之類。男僕非有繕修及有大故，謂水火盜賊之類。不入中門，入中門，婦人必避之，不可避，亦謂如水火盜賊之類。亦必以袖

遮其面。女僕無故不出中門，有故出中門，亦必擁蔽其面。雖小婢亦然。鈴下蒼頭，但主通内外之言，傳致内外之物，毋得輒升堂室入庖厨〔二三〕。

〔3—19〕凡卑幼於尊長，晨亦省問，夜亦安置，丈夫唱喏〔二四〕，婦人道「萬福」安置。坐而尊長過之則起。出遇尊長於塗則下馬。不見尊長，經再宿以上則再拜，五宿以上則四拜。賀冬至正旦，六拜；朔望，四拜。凡拜數，或尊長臨時減而止之，則從尊長之命。

〔3—20〕吾家同居宗族衆多，冬至〔二五〕朔望，聚於堂上，此假設南面之堂。若宅舍異制，臨時從宜。丈夫處左，西上；婦人處右，東上，左右，謂家長之左右。皆北向，共爲一列，各以長幼爲序。婦以夫之長幼爲序，不以身之長幼爲序。共拜家長畢，長兄立於門之左，長姊立於門之右，皆南向。諸弟妹以次拜訖，各就列。丈夫西上，婦人東上，共受卑幼拜。以宗族多，若人人致拜則不勝煩勞，故同列共受之。受拜訖，先退。後輩立，受拜於門東西，如前輩之儀。若卑幼自遠方至，見尊長，遇尊長三人以上同處者，先共再拜，叙寒暄，問起居訖，又三再拜而止。晨夜唱喏〔二六〕：「萬福安置」。若尊長三人以上同處，亦三而止，皆〔二七〕所以避煩也。

〔3—21〕凡受女壻及外甥拜，立而扶之。扶，謂搊策。外孫則立而受之可也。

〔3—22〕凡節序及非時家宴，上壽〔二八〕於家長。卑幼盛服序立，如朔望之儀。先再拜，子弟之最長者一人，進立於家長之前，幼者一人搢笏，執酒盞，立於其左，一人搢笏，執酒注，立於其右。長者搢笏，跪，斟酒，祝曰：「伏願某官，備膺五福〔二九〕，保族宜家。」尊長飲畢，授幼者盞注，反其故處。長者出笏，俛伏興，退，與卑幼皆再拜。家長命諸卑幼坐，皆再拜而坐，家長命侍者徧酢〔三〇〕諸卑幼，諸卑幼皆起，序〔三一〕立如前，俱再拜就坐。飲訖，家長命易服，皆退易便服，還復就坐。

〔3—23〕凡子始生，若爲之求乳母，必擇良家婦人稍温謹者，乳母不良，非惟敗亂家法，兼令所飼之子性行亦類之。子能食，飼之教以右手。子能言，教之自名及唱喏、萬福安置。稍有知，則教之以恭敬尊長。有不識尊卑長幼者，則嚴訶禁〔三二〕之。古有胎教，况於已生。子始生未有知，固舉以禮，况於已有知。孔子曰：「幼成若天性，習慣如自然。」〔三三〕顔氏家訓曰：「教婦初來，教子嬰孩。」〔三四〕故於其始有知，不可不使之知尊卑長幼之禮。若侮詈父母、毆擊兄姊，父母不加〔三五〕訶禁，反笑而獎之，彼既未辨好惡，謂禮當然，及其既長，習以成性，乃怒而禁之，不可復制。於是父疾其子，子怨其父，殘忍悖逆，無所不至。蓋父母無深識遠慮，不能

防微杜漸，溺於小慈，養成其惡故也。

〔3—24〕六歲，教之數，謂一十百千萬。與方名，謂東、西、南、北。男子始習書字，女子始習女工之小者。

〔3—25〕七歲，男女不同席、不共食，始誦〔三六〕孝經、論語，雖女子亦宜誦之。自七歲以下謂之孺子，早寢晏起，食無時。

〔3—26〕八歲，出入門户及即席飲食，必後長者。始教之以廉〔三七〕讓，男子誦尚書，女子不出中門。

〔3—27〕九歲，男子誦春秋及諸史，始爲之講解〔三八〕，使曉義理。女子亦爲之講解論語、孝經及列女傳、女戒之類，略曉大意。古之賢女，無不觀圖史以自鑒，如曹大家之徒，皆精通經術，議論明正。今人或教女子以作歌詩、執俗樂，殊非所宜也。

〔3—28〕十歲，男子出就外傅，居宿於外，讀〔三九〕詩、禮，傅爲之講解，使知仁義禮智信，自是以往，可以讀孟、荀、揚子〔四〇〕，博觀群書。凡所讀書，必擇其精要者而讀之。如禮記學記、大學、中庸、樂記之類。他書倣此。其異端非聖賢之書，傳宜禁之，勿使妄觀以惑亂其志。觀書皆通，始可學文辭。女子則教以婉娩娩，音晚。婉娩，柔順貌。聽

從，及女工之大者。女工，謂蠶桑織績裁縫及爲飲膳。不惟正是婦人之職，兼欲使之知衣食所來之艱難，不敢恣爲奢麗。至於纂組華巧之物，亦不必習也。

〔3—29〕未冠笄者，質明而起，總角，靧靧，音悔，洗面也。面，以見尊長、佐長者。供養祭祀，則佐執酒食。若既冠笄，則皆責以成人之禮，不得復言童幼矣。

〔3—30〕凡内外僕妾，雞初鳴咸起，櫛總，盥漱，衣服。男僕灑掃廳事〔四一〕及庭，鈴下蒼頭灑掃中庭。女僕灑掃室堂〔四二〕，設倚卓，陳盥漱櫛靧之具。主父〔四三〕、主母既起，則拂牀襞襞，音壁，疊衣也。衾，侍立左右，以備使令，退而具飲食。得間則浣濯紉縫，先公後私。及夜則復拂牀展衾。當晝，内外僕妾，惟主人之命，各從其事，以供百役。

〔3—31〕凡女僕，同輩謂兄弟所使。謂長者爲姊，後輩謂諸子舍所使〔四四〕。謂前輩爲姨。内則云：「雖婢妾，衣服飲食必後長者。」鄭康成曰：「人貴賤不可以無禮。」故使之序長幼。務相雍睦，其有鬬争者，主父、主母聞之即呵禁之，不止即杖之，理曲者杖多。一止，一不止，獨杖不止者。

〔3—32〕凡男僕，有忠信可任者重其禄，能幹家事次之。其專務欺詐，背公徇私，

屢爲盜竊，弄權犯上者，逐之。

〔3—33〕凡女僕，年滿不願留者，縱之。勤舊少過者，資而嫁之。其兩面二舌，飾虚造讒，離間骨肉者，逐之。屢爲盜竊者，逐之。放蕩不謹者，逐之。有離叛之志者，逐之。

家禮卷之一畢〔四五〕

校注

〔一〕底本「此」訛作「之」，據他本改。

〔二〕周易程氏傳卷三家人注曰：「家人之道，必有所尊嚴而君長者，謂父母也。雖一家之小，無尊嚴則孝敬衰，無君長則法度廢。有嚴君而後家道正，家者國之則也。」

〔三〕底本、四庫本、成書本、性理本作「蓄」，鈔配本、集注本、明刻本、公善本作「畜」。

〔四〕禮記内則鄭注曰：「家事統於尊也。」孔疏曰：「此一節論婦事舅姑之禮，並明冢婦介婦相與之節，又明婦有私親賜之美物當獻於舅姑也。」

〔五〕集注本、鈔配本、公善本「後」作「后」。

〔六〕禮記內則孔疏曰：「以下文云『婦若有私親兄弟，將賜之』，此云『或賜之』，獻諸舅姑，故知私親兄弟賜也。雖藏之以待舅姑之乏，若舅姑不乏，私親兄弟既貧，將欲以物與之，不敢別請其財，則必於舅姑處復請其故賜所藏之物。舅姑既許，然後取而與之。」

〔七〕底本、成書本、性理本「私財」訛作「財帛」，據他本改。

〔八〕成書本「切」作「反」。

〔九〕說文木部曰：「櫛，梳枇之總名也。」禮記內則曰：「櫛縰笄總。」釋名釋首飾曰：「梳，言其齒疏也。枇，言其細相比也。禮，男女不同巾櫛，是枇因梳而制也。」

〔一〇〕尚書牧誓蔡沈集傳曰：「昧者，晦也；爽者，明也。昧爽云者，欲明未明之時也。」

〔一一〕底本「相交之際」訛作「交際之时」，據他本改。

〔一二〕餘冬序録曰：「揖，相傳曰唱喏。想古人相揖，必作此声，不默然於參會間也。唱喏者，引氣之聲也。宋人記虜庭事實云：『相揖而不作聲，名曰啞揖。不如是者，爲山野之人，不知禮法，衆所嗤笑。』契丹人交手於胸前，亦不作聲，是謂相揖。』宋人以爲怪，即宋以前人，中國之揖，作聲可知。今日承元之後，揖不作聲久矣。而其名唱喏，獨存官府，升堂公坐，輿皂排衙，獨引聲稱揖，豈非唱喏之謂歟？此固有本也。」陸游老學庵筆記：「古所謂揖，但舉手而已。今所謂諾，乃始於江左諸王。方其時，惟王氏子弟爲之。故支道林入東見王子猷兄弟還，人問諸王何如，答曰：『見一群白項鳥，但聞啞啞聲。』即今諾也。」品字箋曰：「古人謂長揖爲唱喏。唱，聲之長；喏，辭之敬也。」玉篇口部曰：「喏，敬言。」

〔一三〕易家人：「六二，無攸遂，在中饋，貞吉。」程氏傳曰：「六二以陰柔之才而居柔，不能治於家者也，故無攸遂，無所爲而可也。夫以英雄之才，尚有溺情愛而不能自守者，况柔弱之人其能勝妻子之情乎？如二之才，若爲婦人之道則其正也，以柔順處中正，婦人之道也，故在中饋則得其正而吉也。婦人居中而主饋者也，故云中饋。」烈女傳母儀傳第十篇鄒孟軻母曰：「易曰：『在中饋，攸遂。』詩曰：『無非無儀，惟酒食是議。』以言婦人無擅制之義，而有三從之道也。故年少則從乎父母，出嫁則從乎夫，夫死則從乎子，禮也。今子成人也，而我老矣。子行乎子義，吾行乎吾禮。」

〔一四〕底本、集注本、成書本、性理本作「供」，鈔配本、明刻本、四庫本、公善本作「共」。

〔一五〕居閑，平居無事。

〔一六〕底本、集注本、成書本、性理本、四庫本作「悦」，鈔配本、明刻本、公善本作「説」。

〔一七〕集注本「貴富」作「富貴」。

〔一八〕明刻本「出」訛作「也」。

〔一九〕公善本「姑」訛作「始」。

〔二〇〕顔氏家訓風操曰：「父母疾篤，醫雖賤雖少，則涕泣而拜之，以求哀也。」書儀引此句曰：「顔氏家訓曰：『父母有疾，子拜醫以求藥。』蓋以醫者親之存亡所繫，豈可傲忽也。」

〔二一〕底本、集注本、成書本、性理本作「堂」，鈔配本、明刻本、四庫本、公善本作「室」。

〔二二〕底本「處」訛作「居」，據他本改。

〔二三〕底本「庖厨」二字原作小字，據他本改。

〔二四〕成書本「喏」訛作「若」。

〔二五〕明刻本、四庫本、公善本「至」訛作「正」。

〔二六〕性理本「喏」訛作「若」。

〔二七〕底本、成書本、性理本「皆」字脱，據他本補。

〔二八〕史記劉敬叔孫通列傳曰：「至禮畢，復置法酒。諸侍坐殿上皆伏抑首，以尊卑次起上壽。」漢書高帝紀上曰：「莊入爲壽。」顔師古注曰：「凡言爲壽者，謂進爵於尊者，而獻無疆之壽。」後漢書明帝紀曰：「公卿百官以帝威德懷遠，祥物顯應，乃並集朝堂，奉觴上壽。」陳書侯安都傳曰：「明日，安都坐於御坐，賓客居群臣位，稱觴上壽。」北史周宗室曰：「每四時伏臘，武帝率諸親戚，行家人禮，稱觴上壽，榮貴之極，振古未聞。」

〔二九〕尚書洪範曰：「五福，一曰壽，二曰富，三曰康寧，四曰攸好德，五曰考終命。」蔡沈集傳曰：「人有壽而後能享諸福，故壽先之；富者有廩禄也；康寧者無患難也；攸好德者樂其道也；考終命者順受其正也。以福之急緩爲先後。」桓譚新論辨惑第十三：「五福：壽、富、貴、安樂、子孫衆多。」

〔三〇〕易繫辭曰：「是故可與酬酢，可與祐神矣。」詩小雅瓠葉曰：「君子有酒，酌言酢之。」傳曰：「酢，報也。」韻會曰：「古作醋，今文作酢。蒼頡篇：『主答客曰酬。客報主人曰酢。』」説文酉部曰：「醶也。」徐注曰：「今人以此爲酬酢字，反以醋爲酢字，時俗相承之變也。」

〔三一〕底本、性理本「序」作「叙」，據他本改。

〔三二〕底本、性理本「訶」訛作「呵」，據他本改。

〔三三〕大戴禮記解詁卷三保傳第四十八曰：「孔子曰：『少成若天性，习貫之爲常。』盧注云：『言人性本或有所不能，少教成之，若天性自然也。』周書曰：『習之爲常，自氣血始。』」六書證僞曰：「貫，別作慣、摜。」

〔三四〕見顏氏家訓卷一教子。

〔三五〕底本、性理本「加」訛作「知」，據他本改。

〔三六〕底本「誦」作「讀」，據他本改。

〔三七〕底本、性理本「廉」作「謙」，據他本改。

〔三八〕底本「解」作「説」，據他本改。

〔三九〕鈔配本「讀」作「誦」。

〔四〇〕底本、性理本作「揚子」，他本作「楊子」。

〔四一〕集韻曰：「古者治官處，謂之聽广事。後語省，直曰聽，故加广。」增韻曰：「聽事，言受事察訟於是。漢晉皆作聽，六朝以來，乃始加广。」

〔四二〕底本欄外所附校記云「『堂室』，一作『室堂』」。按，禮記內則曰：「凡內外，雞初鳴，咸盥漱，衣服，斂枕簟，灑掃室堂及庭，布席，各從其事。」據改。

〔四三〕底本、性理本「父」訛作「婦」，據他本改。

〔四四〕鈔配本「謂諸子舍所使」訛作「謂子舍諸所使」。

〔四五〕底本作「家禮卷之一畢」，集注本作「右通禮附注凡十一條」，鈔配本、明刻本、公善本作「家禮卷一終」，四庫本作「家禮卷一」，成書本、性理本脱。

家禮卷之二〔一〕

冠禮〔二〕

冠〔三〕

〔1—1〕男子年十五至二十，皆可冠。司馬公〔四〕曰：「古者二十而冠，所以〔五〕責成人之禮。蓋將責爲人子、爲人弟、爲人臣、爲人少者之行於其人，故其禮不可以不重也。近世以來，人情輕薄，過十歲而總角者少矣。彼責以四者之行，豈知之哉？往往自幼至長，愚騃若〔六〕一，由不知成人之道故也！今雖未能遽革，且自十五以上，俟其能通孝經、論語，粗知禮義，然後冠之，其亦可也。」

〔1—2〕必父母無期以上喪，始可行之。大功未葬，亦不可行。

〔1—3〕前期三日〔七〕，主人告於祠堂。古禮筮日〔八〕，今不能然。但正月内擇一日可也。

主人，謂冠者之祖父，自爲繼高祖之宗子者。若非宗子，則必繼高祖之宗子主之。有故，則命其次宗子，若其父自主之。告禮，見祠堂章。祝版前同，但云：「某之子某，若某之某親之子某，年漸長成，將以某月某日加冠於其首。謹以。」後同。若族人以宗子之命自冠其子，其祝版亦以宗子爲主，曰：「使介子某。」〔九〕

○若宗子已孤而自冠，則亦自爲主人。祝版前同，但云：「某將以某月某日加冠於首，謹以。」後同。

〔1—4〕**戒賓**〔一〇〕。古禮筮賓〔一一〕，今不能然。但擇朋友賢而有禮者一人可也。是日，主人深衣詣其門所，戒者出見，如常儀。啜茶畢，戒者起，言曰：「某有子某，若某之〔一二〕某親有子某，將加冠於其首，願吾子〔一三〕之教之也。」對曰：「某不敏，恐不能供事，以病〔一四〕吾子。敢辭。」戒者曰：「願吾子之終教之也。」對曰：「吾子重有命，某敢不從。」地遠，則書初請之辭爲書，遣子弟致之所。戒者辭，使者固請，乃許而復書曰：「吾子有命，某敢不從。」

○若宗子自冠，則戒辭但曰：「某將加冠於首」。後同。

〔1—5〕**前一日，宿賓**〔一五〕。遣子弟，以書致辭曰：「來日，某將加冠於子某，若某親某子〔一六〕某之首。吾子將蒞〔一七〕之，敢宿。某上某人。」答書曰：「某敢不夙興，某上某人。」

○若宗子自冠，則辭之所改，如其戒賓。

〔1—6〕陳設。設盥帨於廳事，如祠堂之儀。以帟幕爲房〔一八〕於廳事之東北〔一九〕。或廳事無兩階〔二〇〕，則以堊畫而分之。後〔二一〕放此。

〔1—7〕厥明，夙興〔二二〕，陳冠服。有官者，公服、帶、靴、笏；無官者，襴衫、帶、靴，通用皂衫〔二三〕、深衣、大帶、履〔二四〕、櫛、巾、掠〔二五〕，皆以〔二六〕卓子陳於房中，東領，北上。酒注、盞盤亦以卓子陳於服北。幞頭、帽子、冠并〔二七〕巾，各以一盤盛之，蒙以帕，以卓子陳於西階下。執事者一人守之。長子則布席於阼階上之東少北，西向。衆子則少西，南向。

○宗子自冠，則如長子之席，少南。

〔1—8〕主人以下序立。主人以下，盛服就位。主人阼階下，少東，西向。子弟、親戚、童〔二八〕僕在其後，重行西向北上。擇子弟親戚習禮者一人爲儐〔二九〕，立於門外西向。將冠者，雙紒〔三〇〕，四襆〔三一〕衫、勒帛、采屐，在房中南面〔三二〕。若非宗子之子，則其父立於主人之右，尊則少進，卑則少退。

○宗子自冠，則服如將冠者，而就主人之位。

〔1—9〕賓至，主人迎入〔三三〕升堂。賓自擇其子弟親戚習禮者爲贊〔三四〕。冠者俱盛服至門外，東面立。贊者在右，少退。儐者入告主人。主人出門左，西向再拜，賓答拜。主人揖贊者，贊者報揖。主人遂揖而行。賓、贊從之，入門分庭而行，揖讓而至階，又揖讓而升。主人由阼階先

升，少東，西向。賓由西階繼升，少西，東向。贊者盥帨，由西階升，立於房中，西向。儐者筵於東序〔三五〕少北，西面。將冠者出房，南面。

○若非宗子之子，則其父〔三六〕從出。迎賓入，從主人，後賓而升，立於主人之右，如前。

〔1—10〕**賓揖將冠者就席，爲加冠巾。冠者適房，服深衣，納履，出。**賓揖將冠者，出房〔三七〕，立於席右，向席。贊者取櫛巾掠，置於席左，興，立於將冠者之左。賓揖將冠者，即席西向跪〔三八〕。贊者即席，如其向跪，爲之櫛〔三九〕，合紒，施掠。賓乃降〔四〇〕，主人亦降。賓盥畢，主人揖升，復位。執事者以冠巾盤進。賓降一等〔四一〕，受冠笄，執之正容，徐詣將冠者前向之，祝曰：「吉月令日，始加元服。棄爾幼志，順爾成德。壽考維祺，以介景福。」〔四二〕乃跪加之。贊者以巾跪進。賓受，加之，興，復位，揖。冠者適房，釋四䙆衫，服深衣，加大帶，納履，出房，正容南向，立良久。

○若宗子自冠，則賓揖之就席，賓降盥畢，主人不降。餘並同。

〔1—11〕**再加帽子。服皂衫，革帶，繫鞋**〔四三〕。賓揖冠者，即席跪。執事者以帽子盤進。賓降二等受之，執以詣冠者前，祝之曰：「吉月令辰，乃申爾服。謹爾威儀，淑慎爾德。眉壽永年，享受遐福。」〔四四〕乃跪加之，興，復位，揖。冠者適房，釋深衣，服皂衫，革帶，繫鞋〔四五〕，出房立。

〔1—12〕**三加幞頭。公服，革帶，納靴，執笏，若襴衫，納靴。**禮如再加，惟執事者以幞頭盤進。賓降，没階受之。祝辭曰：「以歲之正，以月之令，咸加爾服。兄弟具在，以成厥德。黃耇

無疆，受天之慶。」贊者徹帽，賓乃加幞頭。執事者受帽，徹櫛，入於房。餘並同。

〔1—13〕乃醮。長子，則儐者改席於堂中間少西，南向。衆子則仍故席。贊者酌酒於房中，出房立於冠者之左。賓揖冠者，就席右，南向。乃取酒，詣〔四六〕席前北向，祝之曰：「旨酒既清，嘉薦芬〔四七〕芳。拜受祭之，以定爾祥。承天之休，壽考不忘。」冠者再拜，升席，南向，受盞。賓復位，東向答拜。冠者進席前，跪，祭酒，興，就席末，跪，啐酒〔四八〕，興，降席，授〔四九〕贊者盞，南向再拜。賓東向答拜。冠者遂拜贊者。贊者賓左，東向，少退答拜。

〔1—14〕賓字〔五〇〕冠者。賓降階，東向。主人降階，西向。冠者降自西階少東，南向。賓字之曰：「禮儀既備，令月吉日。昭告爾字，爰字孔嘉。髦士攸〔五一〕宜，宜之於嘏。永受保之，曰伯某父。」仲、叔、季，唯所當。冠者對曰：「某雖不敏，敢不夙夜祗奉。」賓或別作辭，命以字之之意亦可。

〔1—15〕出就次。賓請退。主人請禮賓。賓出就次。

〔1—16〕主人以冠者見於祠堂。如祠堂章内生子而見之儀。但改告辭曰：「某之子某，若某親某之子某，今日冠畢，敢見。」冠者進立於兩階間，再拜。餘並同。

○若宗子自冠，則改辭曰：「某今日冠畢，敢見。」遂再拜，降復位，餘並同。

○若冠者私室有曾祖〔五二〕、祖以下祠堂，則各因其宗子而見；自爲繼曾祖以下之宗則自見。

〔1—17〕冠者見於尊長。父母，堂中南面坐。諸叔父兄，在東序。諸叔父，南向。諸兄，西

向。諸婦女，在西序。諸叔母姑，南向。諸姊嫂，東向。冠者北向拜父母，父母爲之起。同居有尊長，則父母以冠者詣其室拜之，尊長爲之起。還就東西序，每列再拜應答，拜者答拜〔五三〕。若非宗子之子，則先見宗子及諸尊於父者於堂，乃就私室見於父母及餘親。

○若宗子自冠，有母則見於母如儀。族人宗之者皆來見於堂上。宗子西向拜其尊長，每列再拜，受卑幼者拜。

〔1—18〕乃禮賓。主人以酒饌延賓及儐贊者。酬〔五四〕之以幣而拜謝之。幣多少隨宜，賓贊有差。

〔1—19〕冠者遂出，見於鄉先生及父之執友〔五五〕。冠者拜，先生執友皆答拜。若有誨之，則對如對賓之辭，且拜之。先生執友不答拜。

校注

〔一〕底本作「家禮卷之二」，集注本作「文公家禮卷第二　門人楊復、劉垓孫集注」，鈔配本、明刻本、公善本作「家禮第二」，四庫本作「家禮卷二」，成書本、性理本標題脱。

〔二〕集注本作「冠禮第二」。

〔三〕白虎通德論紼冕曰：「所以有冠者何？冠者，帣也，所以帣持其髮者也。人懷五常，莫不貴德，示成禮有修飾文章，故制冠以飾首，別成人也。」家禮補注曰：「今按儀禮所存者，惟士冠禮。自士以上，有大夫、諸侯、天子冠禮，見於家語冠頌、大戴公冠，與禮記特牲、玉藻者，雖遺文斷缺不全，而大概亦可考。如趙文子冠，則大夫禮也；曾襄公、邾隱公冠，則諸侯禮也；周成王冠，則天子禮也；大夫無冠禮。古者五十而後爵，何大夫冠禮之有？其冠也，則服士服行士禮而已。始冠緇布冠，自諸侯下達，諸侯始加緇布冠，繢緌，其服玄端，再加皮弁，三加玄冕。天子始冠，加玄冠朱組纓，再加皮弁，三加袞冕。又君冠必以祼享之禮行之，以金石樂節之，以先君之祧處之。又諸侯禮賓，以三獻之禮，其酧賓，則束帛乘馬。詳見於儀禮經傳通解。」

〔四〕底本、性理本「司馬公」作「司馬温公」，「温」字據他本删。下同，不再出校。

〔五〕底本、性理本「所以」原作「所以皆」，「皆」字據他本删。

〔六〕集注本「若」作「如」。

〔七〕儀禮士冠禮曰：「前期三日，筮賓，如求日之儀。」鄭注曰：「前期三日，空二日也。」

〔八〕儀禮士冠禮曰：「筮於廟門。」鄭注曰：「筮者，以蓍問日吉凶於易也。冠必筮日於廟門者，重以成人之禮，成子孫也。」賈疏曰：「不筮月者，夏小正曰：『二月綏多士女，冠子娶妻時也。』既有常月，故不筮也。」家禮考證卷四古禮筮日曰：「按此則古人二月冠子，而今家禮用正月者，疑取首月之義也。」

〔九〕禮記曾子問曰：「孝子某，使介子某，執其常事。」孔疏曰：「介子，謂庶子，爲大夫者。介，副也。某，是庶子名也。今云『介子某』者，庶子卑賤之稱，介是副貳之義。」

〔一〇〕儀禮士冠禮曰：「主人戒賓。」鄭注曰：「戒，警也，告也。賓，主人之僚友。古者有吉事，則樂與賢者歡成之；有凶事，則欲與賢者哀戚之。今將冠子，故就告僚友使來。」

〔一一〕儀禮士冠禮鄭注曰：「筮賓，筮其可使冠子者，賢者恒吉。冠義曰：『古者冠禮筮日筮賓，所以敬冠事也。』」賈疏曰：「筮賓者，謂於僚友衆士之中，筮取吉者爲加冠之正賓。」儀禮經傳通解卷一士冠禮第一曰：「朱子曰：『前已廣戒衆賓，此又擇其賢者筮之。吉，則宿之以爲正賓；不吉，則仍爲衆賓，不嫌於預戒也。』」〇新井白石按：「此古禮戒賓、筮賓各爲一事。家禮從簡，但預擇其可使冠子者，自往請之，以爲戒賓也。」

〔一二〕性理本「之」訛作「子」。

〔一三〕儀禮士冠禮鄭注曰：「吾子，相親之辭。吾，我也。子，男子之美稱。」

〔一四〕儀禮士冠禮鄭注曰：「病，猶辱也。」

〔一五〕儀禮士冠禮鄭注曰：「宿，進也。宿者必先戒，戒不必宿。其不宿者爲衆賓。或悉來或否。」家禮補注曰：「宿賓者，是隔宿戒之。上戒賓是親往，此宿賓是遣子弟。俗言爲覆請也。」

〔一六〕底本欄外所附校記云「『某』『子』間疑脱『之』字」。

〔一七〕底本作「菘」，鈔配本、集注本、明刻本、四庫本、公善本作「湓」，性理本作「莅」。按三字同。

〔一八〕釋名釋牀帳：「小幕曰帟。」禮記内則孔疏引崔靈恩曰：「宫室之制，中央爲正室，正室左右爲房。」書儀卷二冠儀曰：「廳事無兩階，則分其中央，以東者爲阼階，西者爲後賓階。無室無房，則暫以帟幕截其北爲室，其東北爲房。此皆據廳堂南向者言之。」

〔一九〕底本、集注本、成書本、性理本、明刻本、四庫本作「東北」，鈔配本、公善本作「南北」。

〔二〇〕底本、集注本、成書本、性理本、明刻本、四庫本作「兩階」，鈔配本、公善本作「西階」。

〔二一〕底本「後」作「后」，據他本改。下同，不再出校。

〔二二〕底本、集注本、成書本、性理本作「夙興」，鈔配本、明刻本、四庫本、公善本作「宿興」。

〔二三〕家禮考證卷一皂衫曰：「皂衫，猶言黑衫。鄭司農曰：『皂，柞栗之屬。』黄氏曰：『柞實，即橡也。其房可以染黑，故謂之皂斗，俗因謂黑爲皂也。』朱子曰：『涅黑土，染皂物也。蓋二物皆可以染皂也。』按襴衫、皂衫，皆一時士大夫之常服，而以爲進士、處士之别，又後冠禮再加用皂衫，三加用襴衫，則其服之輕重，亦必有差矣。」

〔二四〕事物紀原卷三履舄曰：「世本曰：『于則作扉履。』宋衷曰：『黄帝臣。草曰扉，麻皮曰履。』實録曰：『三代皆以皮爲之，單底曰履，復底曰舄。』古今注曰：『舄以木置履下，乾腊不畏泥濕。履，乃屨之不帶者。蓋祭服謂之舄，朝服謂之履。周禮屨人有赤黑二舄，素葛命功等四屨，亦通名耳。』續事始曰：『宋元嘉元年，始有鳳頭履，故今人亦有鳳頭鞋也。』」

〔二五〕米芾畫史曰：「耆舊言，士子國初皆頂鹿皮冠，弁遺制也。更無頭巾，掠子必帶篦，所以裹帽則必用篦子約髮。客至，即言容梳裹，乃去皮冠，梳髮角加後，以入襆頭巾子中，篦約髮，乃出。客去復如是。其後方有絲絹作掠子，掠起髮，頂帽出入，不敢使尊者見。既歸，於門背取下掠子，篦約髮訖，乃敢入。恐尊者令免帽見之，爲大不謹也。」

〔二六〕底本、成書本、性理本「以」字原脱，據他本補。底本欄外所附校記云「『皆』『卓』之間疑脱『以』字」。

〔二七〕底本、成書本、性理本「并」訛作「筓」，據他本改。

〔二八〕底本、性理本「童」原作「僮」，據他本改。

〔二九〕説文人部曰：「儐，導也。」周禮秋官司儀曰：「掌九儀之賓客擯相之禮。」儀禮士相見禮鄭注曰：「出接賓曰擯，入贊禮曰相。」

〔三〇〕集韻霽韻：「紒，束髮也。」即束髮爲髻。

〔三一〕集韻霽韻：「[衤癸]，衣裾分也。」

〔三二〕明刻本、四庫本「面」作「向」。以下「東面」「西面」皆同，不再出校。

〔三三〕集注本「入」作「立」。

〔三四〕儀禮士冠禮鄭注曰：「贊冠者，佐賓爲冠事者。」書大禹謨曰：「益贊于禹曰。」傳：「贊，佐也。」

〔三五〕序，正屋兩側東西厢房，廊廡。

〔三六〕性理本「父」訛作「受」。

〔三七〕集注本「出房」二字脱。

〔三八〕鈔配本、公善本「跪」字脱。

〔三九〕底本、集注本、成書本、性理本作「爲之櫛」，鈔配本、明刻本、四庫本、公善本作「進爲之櫛」。

〔四〇〕底本、集注本、成書本、性理本作「賓乃降」，明刻本、四庫本作「賓降」，鈔配本、公善本作「乃降」。

〔四一〕儀禮士冠禮曰：「賓筵前坐，正纚，興，降西階一等。執冠者昇一等，東面授賓。」鄭注曰：「降，下也。下一等，升一等，則中等相授。」

〔四二〕儀禮士冠禮文。下引皆同。底本「維」作「惟」，據他本改。

〔四三〕事物紀原卷三鞋曰：「古者草謂之屨，皮謂之履。實録曰：『鞾，夏商皆以草爲之，周以麻，晉永嘉中以絲。或云：馬周始以麻爲之，名鞋也。』」

〔四四〕慎，鈔配本避諱作「順」，集注本作「俶」。性理本「永」訛作「求」。底本、成書本、性理本作「遐福」，集注本作「斯服」，鈔配本、明刻本、四庫本、公善本作「胡福」。

〔四五〕家禮考證卷四帽子至繫鞋曰：「按初加用履，再加用鞋。今考訓義，兩字皆通用釋，恐其制未必相遠也。然而其用有初加再加之異者，蓋履無繫而鞋有繫，則疑有綦有絇，以寓戒之之意，故爲重也。又按『綦屨』注，朱子曰：『綦，鞋口帶也。』是屨即鞋也。」

〔四六〕底本、成書本、性理本「詣」訛作「就」，據他本改。

〔四七〕底本「令」訛作「芬」，據他本改。

〔四八〕禮記雜記曰：「衆賓、兄弟則皆啐之。」鄭注曰：「嚌、啐，皆嘗也。嚌至齒，啐入口。」二程遺書卷一八伊川先生語四曰：「問：『既奠之酒，何以置之？』曰：『古者灌以降神，故以茅縮酌，謂求神於陰陽有無之間，故酒必灌於地。若謂奠酒，則安置在此。今人以澆在地上，甚非也。既獻，則撤去可也。』」

〔四九〕集注本「授」作「受」。

〔五〇〕禮記冠義曰：「已冠而字，成人之道也。」家禮宗曰：「古人生子，三月而名，故封人宜稱名，不可稱字，以棄父命。年二十加冠於首，始字之。字之尊其名也。」

〔五一〕底本「攸」作「所」，據他本改。

〔五二〕集注本「曾祖」作「曾祖位」。

〔五三〕底本、成書本、性理本「答」後脱「拜」字，據他本補。

〔五四〕底本、成書本、性理本「醐」訛作「酧」，據他本改。下同，不再出校。

〔五五〕鄉先生，禮記集説冠義曰：「鄉之年德俱高者，或致仕之人也。」父之執友，禮記曲禮曰：「見父之執，不謂之進不敢進，不謂之退不敢退，不問不敢對，此孝子之行也。」孔疏：「父之執，謂執友與父同志者也。」

笄

〔2—1〕女子許嫁，笄〔一〕。年十五，雖未許嫁亦笄。

〔2—2〕母爲主。宗子主婦則於〔二〕中堂。非宗子而與宗子同居，則於私室。與宗子不同居，則如上儀。

〔2—3〕前期三日，戒賓。一日宿賓。賓亦擇親姻〔三〕婦女之賢而有禮者爲之。以牋紙書其辭，使人致之。辭如冠禮，但「子」作「女」，「冠」作「笄」，「吾子」作「某親」或「某封」。○凡婦人自稱於己之尊長則曰兒，卑幼則以屬於夫黨。尊長則曰新婦，卑幼則曰老婦，非親戚而往來者各以其黨爲稱。後放此〔四〕。

〔2—4〕陳設。如冠禮，但於中堂布席如衆子之位。

〔2—5〕厥明，陳服，如冠禮。但用背子、冠笄。

〔2—6〕序立。主婦如主人之位。將笄者，雙紒、衫子，房中南面。

〔2—7〕賓至，主婦迎入升堂。如冠禮，但不用贊者。主婦升自阼階。

〔2—8〕賓爲將笄者加冠笄〔五〕，適房服背子。略如冠禮，但祝用始加之辭，不能則省。

〔2—9〕乃醮，如冠禮，辭亦同。

〔2—10〕乃字。如冠禮，但改祝辭「髦士」爲「女士」。

〔2—11〕乃禮賓，皆如冠儀。

家禮卷之二畢〔六〕

校注

〔一〕家禮補注曰：「笄，簪也。婦不冠，以簪固髻而已。」家禮宗卷一笄曰：「十五許嫁而笄，則主婦及女賓爲笄禮，主婦爲之著笄，而女賓以醴禮之也。未許而笄，則婦人禮之。無女，賓不備禮也。」

〔二〕四庫本「於」訛作「其」。

〔三〕家禮考證卷四親姻曰：「親，謂己之親；姻，謂夫之親。爾雅：壻之黨爲姻兄弟。」

〔四〕鈔配本「放」作「倣」。底本欄外所附校記云「『後』下有『皆』字」。

〔五〕家禮考證卷四冠笄曰：「今按：笄禮而曰冠笄，婦人不冠，不知冠字何義。或曰：冠如冠禮之冠，謂所冠之笄。然文義未穩。愚謂婦人亦有所著者，如副次謂之冠，蓋冠而笄之也。」○新井白石按：「此據朱子『婦人不戴冠』之説而言也，如古禮婦人不冠，亦有副次之類，況又後世既有花冠、珠冠之制，烏待不隨俗而用之哉？且本注所云，蓋指假髻爲冠耳。又按『盛服』條下，謂女在室則冠，子則冠子，亦似可用。」

〔六〕底本作「家禮卷之二畢」，集注本作「右冠禮附注凡九條」，鈔配本、明刻本、公善本作「家禮卷二終」，四庫本作「家禮卷二」，成書本、性理本脱。

家禮卷之三〔一〕

昏禮〔二〕

議昏〔三〕

〔1—1〕男子年十六至三十，女子年十四至二十，司馬公曰：「古者男三十而娶，女二十而嫁。今令文，男年十五，女年十三以上，並聽昏嫁〔四〕。今爲此説，所以參古今之道，酌禮令之中，順天地之理，合人情之宜也。」〔五〕

〔1—2〕身及主昏者無期〔六〕以上喪，乃可成昏。大功未葬，亦不〔七〕可主昏。

○凡主昏，如冠禮主人之法，但宗子自昏則以族人之長爲主。

〔1—3〕必先使媒氏往來通言〔八〕，俟女氏許之，然後納采。司馬公曰：「凡議昏姻，當先察其壻與婦之性行及家法何如，勿苟慕其富貴。壻苟賢矣，今雖貧賤，安知異時不富貴乎？苟

爲不肖，今雖富盛〔九〕，安知異時不貧賤乎？婦者，家之所由盛衰也。苟慕其一時之富貴而娶之，彼挾其富貴，鮮有不輕其夫而傲其舅姑，養成驕妬之性，異日爲患，庸有極乎？借使因婦〔一〇〕財以致富，依婦勢以取貴，苟有丈夫之志氣者，能無媿乎？又世俗好於襁褓〔一一〕童幼之時，輕許爲昏，亦有指腹爲昏者〔一二〕，及其既長，或不肖無賴〔一三〕，或身有惡疾，或家貧凍餒，或喪服相仍，或從宦遠方，遂至棄信負約，速獄致訟〔一四〕者多是矣。先祖太尉〔一五〕嘗曰：『吾家男女，必俟既長，然後議昏。既通書，不數月必成昏，故終身無此悔，乃子孫所當法也。』」

校注

〔一〕底本作「家禮卷之三」，集注本作「文公家禮卷第三　門人楊復劉垓孫集注」，鈔配本、明刻本、公善本作「家禮第三」，四庫本作「家禮卷三」，成書本、性理本標題脱。

〔二〕集注本作「昏禮第三」。毛詩正義卷二之五摽有梅引禮文王世子曰：「文王十五生武王，武王有兄伯邑考，故知人君早昏，所以重繼嗣。」儀禮士昏禮鄭注：「士娶妻之禮，以昏爲期，因而名焉。必以昏者，陽往而陰來，日入三商爲昏。」譙周古史考曰：「伏羲制嫁娶，以儷皮爲禮，是昏禮所起也。」儀禮經傳通解士昏禮第三曰：「今按周禮媒氏：『凡男女自成名以上，皆書年月日名焉。令男三十而娶，女二十而嫁。』又按孔子曰：『霜降逆女，冰泮殺止。』媒氏又言仲春之月，令會男女，此昏禮之大期也。」家禮考證卷五昏禮引儀禮疏曰：「男曰昏，女曰姻者，義取壻昏時而往娶，女則因之而來。及其親，則女氏稱昏，男氏稱姻，義取送女者昏時往男家，因得見之故也。」

〔三〕家禮宗卷二議昏引陳止齋曰：「毛詩序以摽有梅爲男女及時。是説也，聖人之慮天下也。血氣既動，難盡自撿，情竇既開，奚顧禮義？故昏欲及時者，所以全節行於未破之日也。」

〔四〕新井白石按：「本注作『今世人男年十五、女年十三以上，並聽昏嫁。』而餘注所引，『男年』之下脱『十五女年』四字矣。一本作『男年十六、女年十四』者，誤。若使令文已如其説，則所謂令爲此説者，果何謂耶？又按本注『世人』二字，恐傳寫之訛。考證亦云：『令文，指當時法令之文。』則當作令文爲是。」

〔五〕書儀原作：「禮蓋言其極至者，謂男不過三十，女不過二十耳，過此則爲失時矣。今令文，凡男年十五，女年十三以上，並聽昏嫁。蓋以世俗早婚之弊，不可猝革，又或孤弱無人可依，故順人情，立此制，使不麗於刑耳。若欲參古今之道，酌禮令之中，順天地之理，合人情之宜，則若此之説當矣。」

〔六〕期，期服，服喪一年。墨子公孟：「伯父、叔父、兄弟，期。」

〔七〕集注本「不」作「未」。

〔八〕家禮宗卷二議昏引大明律卷六户律三云：「凡男女定昏之初，若有殘疾、老幼、庶出、過房、乞養者，務要兩家明白通知，各從所願，寫立昏書，依禮聘嫁。故今之議昏者，必先使媒氏往來通言有草帖，定帖以爲證據，雖欲負約，不可得矣。」

〔九〕集注本「盛」作「貴」。

〔一〇〕性理本「婦」訛作「父」。

〔一一〕史記魯周公世家曰：「武王既崩，成王少，在强葆中。」索隱曰：「强葆，即『繈褓』。古字少，假借用之。」正義曰：「強闊八寸，長八尺，用約小兒於背負行。葆，小兒被也。」

〔一二〕家禮考證卷五指腹爲婚曰：「兩家方孕子而預約，或生男生女，則當與爲昏也。」

〔一三〕説文解字注曰：「江淮之間，謂小兒多詐狡獪爲亡賴。按，今人云無賴者，謂其無衣食致然耳。方言云：『賴，讎也。南楚之外曰賴。』賴，取也。」

〔一四〕四庫本「致」作「至」。逮，招致。玉篇辵部：「逮，召也。」周禮秋官司寇鄭注曰：「訟，謂以財貨相告者；獄，謂相告以罪名者。」

〔一五〕家禮考證卷五先祖太尉曰：「按温公世系，公曾祖名政，長子曰炳，炳二子浩、沂，沂生里，里生宏，宏生林，次子曰炫，炫生池，池生光。又按温公葬説云：『昔者吾諸祖之葬也，家甚貧不能具棺槨，自太尉公以下，始有棺槨云云。』則『先祖太尉』云者，疑指政而言也。」

納采

納其采擇之禮，即今世俗所謂「言定」也。

〔2—1〕主人具書。主人即主昏者。書用牋紙〔一〕，如世俗之禮。若族人之子，則其父具書，告於宗子。

〔2—2〕夙興，奉以告於〔二〕祠堂。如告冠儀。其祝版前同，但云：「某之子某，若某之某親之子某，年已長成，未有伉儷，已議娶某官某郡姓名之女。今日納采，不勝感愴，謹以。」後同。

○若宗子自昏則自告。

〔2—3〕乃使子弟爲使者如〔三〕女氏。女氏主人出見使者。使者盛服如女氏。女氏亦宗子爲主人〔四〕，盛服出見使者。非宗子之女，則其父位於主人之右，尊則少進，卑則少退。啜茶畢，使者起致辭曰：「吾子有惠，貺室某也〔五〕，某之某親某官，有先人〔六〕之禮，使某請納采。」從者〔七〕以書進，使者以書授主人。主人對曰：「某之子若妹姪孫惷愚，又弗能教。吾子命之，某不敢辭。」北向再拜。使者避不答拜。使者請退，俟命出就次。若許嫁者於主人爲姑姊，則不云「惷愚又弗能教」，餘辭並同。

〔2—4〕遂奉書以告於祠堂。如壻家之儀，祝版前同，但云：「某之第幾女，若某親某之第幾女〔八〕，年漸長成，已許嫁某官某郡姓名之子若某親某，今日納采，不勝感愴，謹以。」後同。

〔2—5〕出，以復書授使者，遂禮之。主人出，延使者升堂，授以復書。使者受之，請退。主人請禮賓，乃以酒饌禮使者。使者至是，始與主人交拜揖，如常日賓客之禮，其從亦禮者之別室，皆酬以幣。

〔2—6〕使者復命壻氏，主人復以告於祠堂。不用祝。

校注

〔一〕牋，同箋。夢溪筆談卷二二謬誤曰：「予出使淮南時，見有重載入汴者，求得其籍，言『兩浙牋紙三暖船』，他物稱是。」古今事物考卷八牋紙曰：「石季龍寫詔用五色紙，蓋箋紙之制也。」

〔二〕底本、成書本、性理本「於」字脱，據他本補。

〔三〕爾雅釋詁曰：「如，往也。」

〔四〕底本、性理本原作「主主人」，「主」字據他本删。

〔五〕四庫本「皃」訛作「祝」。底本欄外所附校記云「『也』當作『男』」。

〔六〕吴枋宜齋野乘先子先君先人曰：「今人稱先子、先君、先人爲父，然不獨父也，祖宗皆可。」

〔七〕性理本「者」訛作「言」。

〔八〕底本、成書本「若某親某之第幾女」脱，據他本補。底本欄外所附校記云「若某親某之第幾女」。

納幣

古禮有問名、納吉。今不能盡用，止用納采、納幣，以從簡便。

〔3—1〕納幣。幣用色繒〔一〕。貧富隨宜，少不過兩，多不踰十。今人更〔二〕用釵〔三〕釧〔四〕羊酒果實之屬〔五〕亦可。

〔3—2〕具書，遣使如女氏。女氏受書，復書，禮賓。使者復命。並同納采之儀。

禮如納采，但不告廟。使者致辭，改「采」爲「幣」。從者以書幣進，使者以書授主人。主人對曰：「吾子順先典，貺某重禮，某不敢辭，敢不承命？」乃受書。執事者受幣，主人再拜。使者避之，復進請命。主人授以復書。餘並同。

校注

〔一〕儀禮士昏禮曰：「納徵，玄纁束帛、儷皮，如納吉禮。」鄭注曰：「徵，成也。使使者納幣以成昏禮。用玄纁者，象陰陽備也。束帛，十端也。周禮曰：『凡嫁子、娶妻，入幣純帛，無過五兩。』」賈疏曰：「鄭注周禮曰相納幣用緇，婦人陰也。凡於娶禮，必用其類。五兩，十端也。必言兩者，欲得其配合之名，十象五行十日相成也。彼據庶人空用緇色無纁，故鄭云用緇婦人陰，此玄纁俱有，故云象陰陽備也。『玄纁束帛』者，合言之陽奇陰偶，三玄二纁也。」禮記雜記曰：「納幣一束，束五兩，兩五尋。」鄭注云：「納幣，謂昏禮納徵也。十个爲束，貴成數。兩兩者合其卷，是謂五兩。八尺曰尋，五兩五尋，則每卷二丈也。合之則四十尺。今謂之匹，猶匹偶之云與。」朱子語類卷八九禮六曰：「『古人納幣五兩，只五匹耳。恐太簡，難行否？』曰：『計繁簡，則是以利言矣。且吾儕無望於復古，則風俗更教誰變？』曰：『温公用鹿皮，如何？』曰：『大節是了，小小不能皆然，亦没緊要。』」家禮考證卷五幣用色繒曰：「此少不過兩謂二匹，非五兩之兩，多不踰十。謂十匹，非十端之十，然必言兩，必言十者，亦取此義也。」

〔二〕四庫本「更」作「便」。

〔三〕馬縞中華古今注釵子曰：「釵子，蓋古笄之遺象也。至秦穆公以象牙爲之，敬王以玳瑁爲之，始皇又金銀作鳳頭，以玳瑁爲脚，號曰鳳釵。」

〔四〕董斯張廣博物志卷三八服飾曰：「環臂謂之釧。後漢孫程十九人立順帝有功，各賜金釧指環，則釧之起漢已有之也。」正字通曰：「古男女同用，今惟女飾有之。」张邦基墨莊漫録曰：「唐文宗問宰臣金條脱何物，宰臣未對。文宗曰：『古詩輕衫穩條脱，即今臂釧也。』別作玔。」

〔五〕底本「屬」訛作「類」，據他本改。底本欄外所附校記云「『類』，一作『屬』」。

親迎

〔4—1〕前期一日，女氏使人張陳其壻之室。世俗謂之鋪房。然所張陳者，但氊褥、帳幔、帷幙應用之物，其衣服鎖〔一〕之篋笥〔二〕，不必陳也。

○司馬公曰：「文中子〔三〕曰：『昏娶而論財，夷虜〔四〕之道也。』夫昏姻者，所以合二姓之好，上以事宗廟〔五〕，下以繼後世也。今世俗之貪鄙者，將娶婦，先問資裝之厚薄；將嫁女，先問聘財之多少。至於立契約云『某物若干，某物若干』，以求售其女者。亦有既嫁而復欺紿〔六〕負約者。是乃駔〔七〕儈賣婢鬻奴之法，豈得謂之士大夫昏姻哉？其舅姑既被欺紿，則殘虐其婦，以攄其忿〔八〕。由是愛其女者，務厚其資裝以悦其舅姑者，殊不知彼貪鄙之人不可盈厭，資裝既竭，則安用汝女哉？於是質其女〔九〕以責貨於女氏，貨有盡而責無窮，故昏姻之家往往終爲仇讐矣。是以世俗生男則喜，生女則戚，至有不舉其女者，用此故也。然則議昏姻有及於財者，皆勿與爲昏姻可也。」

〔4—2〕厥明，壻家設位於室中。設倚卓子〔一〇〕兩位，東西相向。蔬果、盤盞、匕〔一一〕筯如賓客之禮，酒壺在東位之後。又以卓子置合巹〔一二〕一於其南，又南北設二盥盆勺於室東隅。又〔一三〕設酒壺、盞注於室外或别室，以飲從者。

○巹音謹，以小匏一判而兩之〔一四〕。

〔4—3〕女家設次於外。○初昏，壻盛服。世俗新壻帶花勝〔一五〕以擁蔽其面〔一六〕，殊失丈夫之容體，勿用可也。

〔4—4〕主人告於祠堂。如納采儀。祝版前同，但云：「某之子某若某親之子某，將以今日親迎〔一七〕於某官某郡某氏，不勝感愴，謹以。」後同。

○若宗子自昏，則自告。

〔4—5〕遂醮其子而命之迎。先以卓子設酒注盤盞於堂上。主人盛服坐於堂之東序，西向。設壻席於其西北，南向。壻升自西階，立於席西，南向。贊者取盞斟酒，執之詣壻席前。壻再拜升席，南向，受盞，跪，祭酒，興，就席末，跪，啐酒，興，降席西〔一八〕，授贊者盞。又再拜，進詣父坐前，東向跪。父命之曰：「往迎爾相，承我宗事。勉率以敬，若則有常。」壻曰：「諾，惟恐不堪，不敢忘命。」俛伏，興，出。非宗子之子，則宗子告於祠堂，而其父醮於私室如儀。但改宗事爲家事。

○若宗子已孤而自昏，則不用此禮。

〔4—6〕壻出，乘馬。以二燭前導。

〔4—7〕至女家，俟於次。壻下馬，於大門外入俟於次。

〔4—8〕女家主人告於祠堂。如納采儀，祝版前同，但云：「某之第幾女若某親某之第幾女，將以今日歸於某官某郡姓名，不勝感愴，僅以。」後同。

〔4—9〕遂醮其女而命之。女盛飾，姆〔一九〕相之，立於室外，南向。父坐東序，西向。母坐西序，東向。設女席於母之東北，南向。贊者醮以酒，如壻禮。姆導女出於母左。父起命之曰：「敬之戒之，夙夜無違爾〔二〇〕舅姑之命。」母送至西階上，爲之整冠斂帔〔二一〕，命之曰：「勉之敬之，夙夜無違爾閨門〔二二〕之禮。」諸母〔二三〕、姑、嫂、姊送至於中門之内，爲之整裙衫，申以父母之命曰：「謹聽爾父母之言，夙夜無愆。」非宗子之女，則宗子告於祠堂，而其父醮於私室如儀。

〔4—10〕主人出迎，壻入奠鴈〔二四〕。主人迎壻於門外，揖讓以入。壻執鴈以從，至於廳事。主人升自阼階，立，西向。壻升自西階，北向跪，置鴈於地。主人侍者受之。壻俛伏，興，再拜。主人不答拜。若族人之女，則其父從主人出迎，立於其右，尊則少進，卑則少退。

○凡贄用生鴈，左首以生色繒交絡之〔二五〕。無則刻木爲之。取其順陰陽往〔二六〕來之義。程子曰：「取其不再偶也。」

〔4—11〕姆奉女出登車〔二七〕。姆奉女出中門。壻揖之，降自西階，主人不降。壻遂出，女從之。壻舉轎簾以俟。姆辭曰：「未教，不足與爲禮也。」女乃登車。

〔4—12〕壻乘馬，先婦車〔二八〕。婦車亦以二燭前導。

〔4—13〕至其家，導婦以入。壻至家，立於廳事，俟婦下車，揖之〔二九〕，導以入〔三〇〕。

〔4—14〕壻婦交拜〔三一〕。婦從者布壻席於東方，壻從者布婦席於西方。壻盥於南，婦從者沃之，進帨。婦盥於北，壻從者沃之，進帨。壻揖婦〔三二〕，就席。婦拜，壻答拜。

〔4—15〕就坐，飲食畢，壻出。壻揖婦，就坐。壻東婦西。從者斟酒設饌。壻婦祭酒，舉殽〔三三〕。又斟酒，壻揖婦，舉飲，不祭無殽。又取巹，分置壻婦之前〔三四〕，斟酒，壻揖婦舉飲，不祭無殽。壻出就他室。姆與婦留室中。徹饌置室外設席。壻從者餕〔三五〕婦之餘，婦從者餕壻之餘。

〔4—16〕復入，脱服，燭出。壻脱服，婦從者受之。婦脱服，壻從者〔三六〕受之。

○司馬公曰：「古詩云：『結髮爲夫婦。』言自少〔三七〕年束髮即爲夫婦。猶李廣〔三八〕言『結髮與匈奴戰也』。今世俗昏姻，乃有『結髮』之禮〔三九〕，謬誤可笑，勿用可也。」

〔4—17〕主人禮賓〔四〇〕。男賓於外廳，女賓於中堂。古禮明日饗從者〔四一〕，今從俗〔四二〕。

校注

〔一〕鈔配本、成書本、明刻本、四庫本、公善本「鎖」作「鏁」。按二字同，以下不再出校。

〔二〕禮記曲禮曰：「苞苴、簞笥。」鄭注曰：「圜曰簞，方曰笥。」儀禮大射儀曰：「小射正奉決、拾以笥。」鄭注：「笥，萑葦器。」禮記學記曰：「入學鼓篋，孫其業也。」鄭注曰：「鼓篋，擊鼓警衆，乃發篋，出所治經業也。」

〔三〕萬姓統譜曰：「王通，字仲淹，龍門人。幼篤學，慨然有濟蒼生之志，詣長安，奏太平十二策，不見用。退居河汾教授，仿古作經，又寫中説以擬論語。大業初徵不至，及卒，門人謚曰文中子。」

〔四〕説文大部曰：「夷，从大，从弓，東方之人也。」字彙申集曰：「北狄曰虜，以其習尚虜掠也。」

〔五〕孝經感應章『敬事宗廟』疏曰：「謂蒸嘗以時，疏數合禮。」

〔六〕紿，通「詒」，欺騙。説文解字注：「紿，古多假爲詒字。」

〔七〕四庫本「駔」訛作「狙」。説文馬部：「駔，壯馬也。」玉篇曰：「駿馬也。」魏都賦曰：「冀馬填厩而駔駿。」注：「駔，壯也。」漢書貨殖傳曰：「子貸金錢千貫，節駔儈。」顏師古曰：「儈者，合會二家交易者也。駔者，其首率也。」新論因顯曰：「故若物無所以因，良馬勞於駔闠，美材朽於幽谷。」吴曾能改齋漫録辨誤曰：「劉貢父詩話謂：『今之謂駔儈爲牙，謂之互郎，主互市事也。』」

〔八〕底本「忿」訛作「怨」，據他本改。

〔九〕成書本「女」訛作「母」。

〔一〇〕四庫本「子」訛作「於」。

〔一一〕底本「匕」訛作「七」，據他本改。

〔一二〕禮記昏義曰：「婦至，壻揖婦以入，共牢而食，合巹而酳，所以合體同尊卑，以親之也。」孔疏曰：「巹謂半瓢，以一瓠分爲兩瓢，謂之巹。壻之與婦各執一片以酳。」又曰：「共牢而食，共一牲牢而同食，不異牲。」○新井白石按：「儀禮注：酳，漱也。酳之言演也、安也。漱所以潔口，且演安其所食。」禮記集説氏曰義引方氏曰：「共牢則不異牲，合巹則不異爵，合巹有合體之義，共牢有同尊卑之義。體合則尊卑同，同尊卑則相親而不相離矣。」

〔一三〕明刻本、四庫本「又」訛作「右」。

〔一四〕家禮考證引禮記郊特牲曰：「器用陶匏，尚禮然也。注曰：『此謂太古之禮器。』疏曰：『共牢之時，外但用陶匏而已，三王作牢用陶匏，言太古無共牢之禮，三王之世作之，而用太古之器，重夫婦之始也。唐虞以上曰太古。』程復心曰：『半用爲瓢，全用爲匏。』」

〔一五〕續漢書輿服志曰：「太后入廟，戴花勝上爲鳳凰，爵以翡翠爲毛羽，下有玉珠垂，黄金鑷左右各一横簪之。」司馬相如大人賦曰：「吾乃今日睹西王母，皤然白首。戴勝而穴處兮，亦幸有三足烏爲之使；必長生若此而不死兮，雖濟萬世不足以喜。」漢書卷五七司馬相如傳顔師古注曰：「勝，婦人首飾也，漢代謂之華勝。」○新井白石按：「花勝，言人形容正等，一人着之則勝也。」荆楚歲時記注曰：「華勝起於晉代，見賈充李夫人典戒，雲『像瑞圖金勝之形，又取像西王母正月七日戴勝見武帝於承華殿也。』」

〔一六〕底本、成書本、性理本「以擁蔽其面」前脱「以」字，據他本補。

〔一七〕新井白石按：「迎，去聲。」二程遺書卷二二上伊川語録曰：「先儒説親迎甚可笑，且如秦君娶於楚，豈可越國親迎耶？所謂親迎者，迎於舘耳。」家禮宗曰：「若遠或就婦家，近處設一舘，却從婦家迎至舘行禮。或婦家就壻家近處設館，壻從館中迎回家成禮。」

〔一八〕底本、集注本、成書本、性理本作「降席西」，明刻本、四庫本作「降席」，鈔配本、公善本作「降西」。

〔一九〕儀禮士昏禮曰：「姆纚、笄、宵衣，在其右。」鄭注曰：「姆，婦人年五十無子，出而不復嫁，能以婦道教人者，若今時乳母矣。」禮記內則曰：「妻將生子，及月辰，居側室。夫使人日再問之，作而自問之，妻不敢見，使姆衣服而對。」

〔二〇〕底本、集注本、成書本、性理本「爾」字原脱，據他本補。

〔二一〕集注本「冠」作「裙」。釋名釋衣服：「帔，披也。披之肩背，不及下也。」

〔二二〕閨門，意指家庭。禮記樂記曰：「在閨門之内，父子兄弟同聽之，則莫不和親。」周書孝義列傳曰：「與弟榮先，復相友愛，閨門之中，怡怡如也。」

〔二三〕禮記曲禮上曰：「諸母不漱裳。」鄭注曰：「諸母，庶母也。」孔疏曰：「諸母，謂父之諸妾有子者。」家禮考證曰：「禮作庶母，諸父之妾也。」

〔二四〕儀禮士昏禮曰：「納采用雁。」鄭注曰：「用雁爲摯者，取其順陰陽往來。」賈疏曰：「昏禮有六，五禮用雁：納采、問名、納吉、請期、親迎是也。……順陰陽往來者，雁木落南翔，冰泮北徂，夫爲陽，婦爲陰，今用雁者，亦取婦人從夫之意。」

〔二五〕禮記曲禮曰：「執禽者左首。」孔疏曰：「左，陽也；首，亦陽也。左首，謂横捧之也。」曲禮又曰：「飾羔雁者以繢。」鄭注曰：「繢，畫也。」孔疏曰：「飾，覆也。畫布爲雲氣，以覆羔雁爲飾，以相見也。」儀禮士相見禮曰：「大夫相見以雁，飾之以布，維之以索。」鄭注曰：「飾之以布，謂裁縫衣其身也。維，謂繫聯其足。」家禮考證卷五凡贄用生雁至交絡之曰：「生如所謂生絹，生絹之生，生色繒未熟而染之者。必用生者，贄生之義。必用色者，疑亦以繢之義，即所謂攝盛者，不言其色者，皆可用也。」

〔二六〕底本「往」訛作「結」，據他本改。

〔二七〕家禮宗卷二姆奉女登車曰：「女蒙頭出中門，壻降自西階，主人不降，擯使各退大門外，母爲女整冠而命之，庶母及門内申以父母之命，壻遂出，女從之。壻舉簥以俟，女乃登簥。」〇新井白石按：「此條儀節，家禮宗所録與今本不同，備載於後。壻揖新人行。（俟新人行至階，舉手三揖，遜讓新人，請行，新人三揖而辭，乃先降自西階行。）壻御婦車，（新人隨壻後，同姆，到車前端拱立。）壻授綏，姆辭不受。（壻御車者親而下之也。綏，所挽上車之索。授姆，而姆不受者，亦謙也。壻少避俟姆，姆致辭曰。）未教不足以爲禮，請升車。（女登車隨壻馬而行。〇按古禮，用方丈竹簞，以蔽車蓋，婦人亦乘車，故家禮每以車言。今俗男易以馬，女易以簥，故曰举簾以俟女云。）」

〔二八〕家禮宗曰：「車隨壻，馬不可隔遠。」

〔二九〕新井白石按：「壻至家立於廳事，以俟婦車。請下車，婦車至，壻請婦下車云云。」馮善家禮集説婿乘馬先婦車曰：「揖者，手著胸也，恐非所謂唱喏。況女嫁有帕蒙頭，此時壻豈宜遽然先揖？況剛柔之義，正始之道，不可苟也。」家禮宗曰：「按儀注，國朝駙馬親迎公主，皆無揖禮，況常人乎？」

〔三〇〕家禮補注曰：「愚謂壻往婦家後，若富家當有『會親』一節。壻家主人先一日致書於婦父，至家，以禮款之。男屬親皆至，主婦先一日致書於婦母，至家，以禮款之。女屬親皆至，如俗稱爲『坐筵』，斯時昏禮已畢，用樂可也。婦家不必行。」

〔三一〕家禮宗卷二壻婦交拜引昏禮注云：「壻爲婦舉蒙頭，男女東西相向交拜，婦當如男子拜。○古者男再拜，女四拜，謂之俠拜，凡相見皆然。今日若行之，則爲男受女之禮矣。大明會典云『壻婦皆再拜』，宜從會典，或皆四拜亦可。」朱子語類卷八九禮六曰：「叔器問：『昏禮，温公儀婦先拜夫，程儀夫先拜婦。或以爲妻者齊也，當齊拜。何者爲是？』曰：『古者婦人與男子爲禮，皆俠拜，每拜以二爲禮。昏禮，婦先二拜，夫答一拜；婦又二拜，夫又答一拜。』」家禮宗曰：「今按，疑亦齊拜之義也。」

〔三二〕家禮考證卷五不祭無殽曰：「按禮，則壻婦受爵，皆與贊者相拜，無壻婦自相拜飲之文。程子曰：『昏禮，亦曰贊者，進爵姆助婦舉而已。』今家禮壻揖婦者，導飲之義耳。婦起答拜者，恐非。」

〔三三〕四書章句集注論語集注鄉黨第十曰：「古人飲食，每種各出少許，置之豆間之地。」新井白石按：「古人席地而坐，置豆於地，故置祭物於豆間之地，然有版以盛之，酒則直頃之於地也。以祭先代始爲飲食之人，不忘本也。○今按，舉，如禮舉肺之舉，謂舉而祭之也。殽，解其骨肉，使可食者。春秋傳：『宴有折俎是也。禮，三飯，卒食。贊洗爵，酌酳主人，主人拜受，贊答拜。』又曰：『贊以肝從，皆振祭，嚌肝，卒爵，皆拜。』今家禮去『三飯』之文，從簡也。祭酒，即所謂拜受皆祭者是也。舉殽，即所謂以肝從，皆振祭者是也。獨『嚌肝卒爵』一條，家禮無舉飲之文，蓋文不具也。或曰丘氏儀節亦無此條，疑奠爵不舉者，非是。」

〔三四〕底本「前」訛作「間」，據他本改。

〔三五〕古今韻會舉要震韻：「餕，食人之餘曰餕。」。

〔三六〕書儀曰：「從者皆以其家女僕爲之。女從者沃壻盥於南，壻從者沃女盥於北，夫婦始接情，有廉耻從者，交導其志。」

〔三七〕底本、明刻本、四庫本作「少」，他本作「小」。

〔三八〕萬姓統譜曰：「成紀人。其先李信，秦代爲將軍，廣世受封。文帝時，擊匈奴，以功爲散騎常侍。數從獵，格殺猛獸。文帝曰：『惜廣不逢時，令當高祖世，萬户侯豈足道哉？』歷上谷、隴西、北地、雁門、雲中太守，武帝時爲北平太守，匈奴畏之，號『飛將軍』。」

〔三九〕家禮補注曰：「按韻府續編：『今世昏禮有『結髮』一事，取夫與婦髮，合而結之。古無有也。』伊川程氏曰：『昏禮結髮，甚無意義，欲去久矣。』不知言結髮爲夫婦，只是少年也。如結髮事，李廣結髮與匈奴戰，豈謂合髮？然伊川既言非義，欲訂正之，而至今未能革，豈非習俗之未易遽革之歟？」

〔四〇〕家禮補注曰：「賓，則從者。」

〔四一〕鈔配本、明刻本、四庫本、公善本「古禮明日饗從者，今從俗」一句脱，集注本作「古禮明日饗送者，今從俗」。

〔四二〕家禮宗曰：「古禮，明日饗從者。今亦從俗無害。」儀禮士昏禮曰：「舅饗送者以一獻之禮，酬以束錦。姑饗婦人送者，酬以束錦。」鄭注曰：「送者，女家有司也。婦人送者，隸子弟之妻妾。」賈疏曰：「大夫亦遣臣送之，士無臣，故知有司送之也。」又曰：「左氏傳云『士有隸子弟』。士卑無臣，自以其子弟爲僕隸，並己之子弟之妻妾，但尊無送卑。故知婦人送者是隸子弟之妻妾也。」○新井白石按：「考證曰：有司主人之吏，所自辟除府史以下也。又按本注『主人禮賓』下分注曰：男賓於外廳，女賓於中堂。古禮，『明日饗從者』，今從俗，據此則禮賓與饗從者，惟是一事。故家禮補注亦云賓則從者。而丘氏分爲兩節，其所謂禮賓者，蓋是日内外親屬畢聚，故於昏儀既成之後，饗以酒饌。猶冠禮，禮賓之儀也。」

婦見舅姑〔一〕

〔5—1〕明日夙興，婦見於舅姑。婦夙興，盛服俟見。舅姑坐於堂上，東西相向〔二〕，各置卓子於前。家人男女少於舅姑者，立於兩序，如冠禮之叙。婦進立於阼階下，北面拜舅，升，奠贄幣〔三〕於卓子上〔四〕。舅撫〔五〕之，侍者以入。婦降，又拜畢，詣西階下，北面拜姑，升，奠贄幣，姑舉〔六〕以授侍者。婦降又拜〔七〕。

○若非宗子之子而與宗子同居，則先行此禮於舅姑之私室。與宗子不同居，則如上儀。

〔5—2〕舅姑禮之。如父母醮女之儀。

〔5—3〕婦見於諸尊長〔八〕。婦既受禮，降自西階。同居有尊於舅姑者，則舅姑以婦見於其室，如見舅姑之禮。還拜諸尊長於兩序，如冠禮無贄。小郎小姑〔九〕皆相拜。非宗子之子而與宗子同居，則既受禮，詣其堂上拜之，如舅姑禮，而還見於兩序。其宗子及尊長不同居，則廟見而後往〔一〇〕。

〔5—4〕若冢婦則饋於舅姑〔一一〕。是日食時，婦家具盛饌酒壺，婦從者設蔬果卓子於堂上舅姑之前。設盥盆〔一二〕於阼階東南，帨架在東。舅姑就坐，婦盥，升自西階，洗盞斟酒，置舅卓子上。降，俟舅飲畢，又拜。遂獻姑，進酒，姑受飲畢，婦降拜。遂執饌，升，薦於舅姑之前，侍立姑

後，以俟卒食，徹飯〔一三〕。侍者徹餘饌〔一四〕，分置别室。婦就餕姑之餘，婦從者餕舅之餘，壻從者又餕婦之餘。非宗子之子，則於私室如儀。

〔5—5〕舅姑饗之。如禮婦之儀。禮畢，舅姑先〔一五〕降自西階，婦降自阼階。

校注

〔一〕新井白石按：「家禮宗此條移在『復入脱服燭出』之前。」家禮宗卷二婦見舅姑曰：「舊禮，親迎之明日行之，今移在此，删去『明日夙興』四字，壻婦同見，儀節隨宜。○禮無『子婦同見廟』『同見舅姑』之文，今時俗如此行，若太拘於古禮，則有未可以人情論之。子婦同拜亦何害？且父母爲之娶妻，不拜父母，其子之心安乎？蓋祭祀祖考妣，尚有主人主婦同饋奠之禮，禮本人情，若新昏子婦，同拜廟拜親未爲過也。○馮氏曰：『是日親族皆在，而中堂又在禮賓，壻婦豈宜散衣出燭如就寢者？當從鄉俗，合巹畢，壻婦出行禮可也。固知昏禮，上以事家廟，下以繼後世成爲重。故未成婦不可見舅姑。愚以爲，入門即是成婦矣。禮故不可循，俗亦不可泥古，若按旧禮行之，則男女昏姻，而子無拜父母之時，何歟？』」

〔二〕家禮考證卷五舅姑至東西相向曰：「按禮，舅席在阼西面，姑席在房户之西南面。今家禮舅姑東西相向，非古也。」

〔三〕家禮增注曰：「贄幣，量婦家貧富，或絹帛、或鞋襪、或手帕隨宜，不拘多少。○壻婦奠幣，幣畢，舅命侍者酌酒賜之，壻婦跪受，姑亦然，隨意訓戒之，使之知禮，自此以後皆定晨省，不可驕縱，所謂教婦初来。」家禮考證卷五舅撫之至姑舉以授侍者曰：「按男女之贄不同。何氏曰：禮，婦見舅以棗栗爲贄，見姑以腵脩爲贄，棗栗取其早自謹敬，腵脩取其斷斷自脩，然則婦人之贄，其取義亦深。而家禮用幣，非古人之意，恐或從俗而然也。」

〔四〕底本、集注本、成書本、性理本作「卓子上」，鈔配本、明刻本、四庫本、公善本作「卓上」。

〔五〕底本、集注本、成書本、性理本、明刻本、四庫本作「撫」，鈔配本、公善本作「授」。

〔六〕儀禮士昏禮賈疏曰：「舅直撫之而已，姑則親舉之。」

〔七〕家禮考證卷五舅撫之至姑舉以授侍者曰：「士昏禮曰：『婦見於舅，進拜奠贄，舅答拜，婦還又拜。見於姑，進拜奠贄，姑举以與拜』云云。其下無『婦又拜』之文，婦人與丈夫爲禮則俠拜，婦人之於婦人，雖姑之尊，亦再拜而止也。今家禮於舅姑皆俠拜，蓋古人以爲男女相與之禮，而後世遂以爲婦人之定禮歟。○丘氏拜例，男子亦四拜，恐非家禮意耳。」

〔八〕李涪李氏刊誤卷下拜客曰：「婚期云：來日婦於庭拜舅姑，次謁夫之長屬中外故舊。皆當婦禮，即通謂之客，故有拜客之名。今代非親非舊，皆列坐而覿婦容，豈其宜哉？」

〔九〕家禮考證卷五小郎小姑曰：「按晉書：王澄，衍之弟也。衍妻郭性貪鄙，欲令婢路上擔糞，澄年十四，諫郭以爲不可。郭大怒，謂澄曰：『昔夫人臨終，以小郎囑新婦，不以新婦囑小郎。』因捉衣裾，將杖之。又，晉列女傳：謝道蘊，王凝之之妻也。凝之弟獻之嘗與賓客談議，詞理將屈，道蘊遣婢白獻之曰：『欲爲小郎解圍。』衍妻謂衍弟澄爲小郎，王凝之妻謂凝之弟獻之爲小郎。是小郎者，夫之弟也。玉臺新詠焦仲卿詩：『新婦初來時，小姑如我長。』又李太白棄婦詞：『回頭語小姑，莫嫁如兄夫。』謂夫小姑之兄。是小姑者，夫之妹也。」

〔一〇〕新井白石按：「家禮宗此條移在『壻婦交拜』之前。」朱子語類卷八九禮六曰：「司馬禮云：『親迎，奠鴈，見主昏者即出。』不先見妻父母者，以婦未見舅姑也。是古禮如此。伊川却教拜了，又入堂拜大男小女，這不是。伊川云：『壻迎婦既至，即揖入內，次日見舅姑，三月而廟見。』是古禮。司馬禮却說，婦入門即拜影堂，這又不是。古人初未成婦，次日方見舅姑。蓋先得於夫，方可見舅姑；到兩三月得舅姑意了，舅姑方令見祖廟。某思量，今亦不能三月之久，亦須第二日見舅姑，第三日廟見，乃安。亦當行親迎之禮。古者天子必無親至后家之禮。今妻家遠，要行禮，一則令妻家就近處設一處，却就彼往迎歸館成禮；一則妻家出至一處，壻即就彼迎歸自成禮。」家禮宗卷二廟見曰：「古者三月而後廟見，今以其太遠，改用三日，既爲婦便當廟見，必待三月之久，何耶？朱子曰：『三月而後事定，三月以前，恐更有可去等事，至三月不可去則爲婦定矣，故三月而後廟見。』」

〔一一〕儀禮士昏禮鄭注曰：「饋者，婦道既成，成以孝養。」家禮宗卷二若冢婦則饋於舅姑曰：「若婦家貧，及不曉此禮者，壻家自備。若非冢婦，則婦家不饋。今親王昏禮第三日，妃詣帝君前捧膳，不云冢婦、介婦也。且子婦新昏，正要使之知事親敬長之禮，何有冢婦介婦之別乎？若介婦不饋，適足以長其驕慢之氣，此不可泥古，但於饋時使弟奉酒於兄，介婦奉酒於冢婦，以爲別可也。」

〔一二〕底本、集注本、性理本、成書本作「盆」，鈔配本、明刻本、四庫本、公善本作「盤」。

〔一三〕集注本「飯」作「饌」。

〔一四〕底本、性理本脱「饌」字，據他本補。

〔一五〕公善本「先」字脱。

廟見

〔6—1〕三日，主人以婦見於祠堂。古者三月而廟見。今以其太遠，改用三日。如子冠而見之儀。但告辭曰：「子某之婦某氏敢見。」餘並同。

壻見婦之父母〔一〕

〔7—1〕明日，壻往見婦之父母。婦父迎送揖讓，如客〔二〕禮。拜即跪而扶之。入見婦母，婦母闔門左扉，立於門内，壻拜於門外，皆有幣。婦父非宗子，即先見宗子夫婦，不用幣，如上儀。然後見婦之父母。

〔7—2〕次見父〔三〕黨諸親。不用幣，婦女相見如上儀。

〔7—3〕婦家禮壻，如常儀。親迎之夕，不當見婦母及諸親及設酒饌。以婦未見舅姑故也。

家禮卷之三畢〔四〕

校注

〔一〕鄭氏家禮曰：「壻婦同往婦家，行謁見之禮。雖非古禮，頗合人情，宜從之。」○既見婦之父母，婦先歸，壻獨留，見婦黨諸親。

〔二〕底本欄外所附校記云「『客』一作『賓』」。

〔三〕集注本、鈔配本、成書本、明刻本、性理本、四庫本、公善本「父」作「婦」。

〔四〕底本作「家禮卷之三畢」，集注本作「右昏禮附注凡十三條」，鈔配本、公善本作「家禮卷三終」，明刻本作「終」，四庫本作「家禮卷三」，成書本、性理本脱。

家禮卷之四〔一〕

喪禮〔二〕

初終〔三〕

〔1—1〕疾病〔四〕，

〔1—2〕遷居正寢。凡疾病，遷居正寢〔五〕。内外安静，以俟氣絶〔六〕。男子不絶於婦人之手，婦人不絶於男子之手〔七〕。

〔1—3〕既絶，乃哭〔八〕。

〔1—4〕復〔九〕。侍者一人，以死者之上服嘗經衣者，左執領，右執要〔一〇〕。升屋，中霤〔一一〕，北面。招以衣，三呼曰：「某人，復。」〔一二〕畢，卷衣，降，覆尸上。男女哭擗〔一三〕無數。上服，謂有官則公服〔一四〕。無官，則襴衫〔一五〕、皂衫〔一六〕、深衣。婦人，大袖背子。呼某人者，從生時之號。

〔1—5〕立喪主，凡主人謂長子〔一七〕。無，則長孫承重〔一八〕，以奉饋奠。其與賓客爲禮，則同居之親且尊者主之〔一九〕。

〔1—6〕主婦，謂亡者之妻。無，則主喪者之妻〔二〇〕。

〔1—7〕護喪〔二一〕，以子弟知禮能幹者爲之，凡喪事皆禀之。

〔1—8〕司書〔二二〕，

〔1—9〕司貨〔二三〕。以子弟或吏〔二四〕僕爲之。

〔1—10〕乃易服〔二五〕，不食。妻子、婦妾皆去冠及上服，被髮〔二六〕。男子扱上衽〔二七〕，徒跣。餘有服者，皆去華飾。爲人後者，爲本生父母及女子已嫁者，皆不被髮、徒跣。諸子三日不食；期九月之喪，三不食；五月、三月之喪，再不食。親戚鄰里，爲糜粥以食之，尊長强之，少食可也〔二八〕。扱上衽，謂插衣前襟之帶。華飾，謂錦繡、紅紫、金玉、珠翠之類。

〔1—11〕治棺〔二九〕。護喪命匠擇木爲棺，油杉〔三〇〕爲上，柏〔三一〕次之，土杉〔三二〕爲下。其制方直，頭大足下，僅取容身，勿令高大及爲虚簷高足。内外皆用灰漆〔三三〕。内仍用瀝青〔三四〕溶瀉，厚半寸以上，煉熟秫米灰鋪其底〔三五〕，厚四寸許。加七星板〔三六〕。底四隅各釘大鐵環，動則以大索貫而舉之。司馬公曰：「棺欲厚。然太厚則重而難以致遠。又不必高大占地，使壙中寬，易致摧毁，宜深戒之。椁〔三七〕雖聖人所制，自古用之，然板木歲久，終歸腐爛，徒使壙中寬大不能牢固，不

若不用之爲愈也。孔子葬鯉，有棺而無椁。又許貧者還葬而無椁。今不欲用，非爲貧也，乃欲保安亡者耳。」〔三八〕程子曰：「雜書有『松脂入地千年爲伏苓〔三九〕，萬年爲琥珀〔四〇〕』之説。蓋物莫久於此，故以塗棺，古人已有用之者。」〔四一〕

〔1—12〕訃〔四二〕告於親戚僚友〔四三〕。護喪、司書爲之發書。若無，則主〔四四〕自訃親戚，不訃僚友，自餘書問悉停，以書來弔〔四五〕者，並須卒哭後答之。

校注

〔一〕底本作「家禮卷之四」，集注本作「文公家禮卷第四」，鈔配本作「家禮」，性理本作「家禮三」，四庫本作「家禮卷四」，明刻本、公善本作「家禮第四」，成書本標題脱。

〔二〕集注本作「喪禮第四」，他本作「喪禮」。

〔三〕按金長生喪禮備要，初終之具，有新衣、新綿、衾、上服、角柶、几、侍者。凡疾終，皆閉門掩户，外人不入。丈夫婦人各齊於正寢北牖東首，養者男子、婦人皆朝服齊親，飲藥子先嘗之。儀禮士喪禮賈疏曰：「論始死招魂、綴足、設奠、帷堂之事。」

〔四〕疾病，重病也。禮記喪大記曰：「疾病，外内皆掃，自潔清也。」外内皆掃，疾甚必有問疾之賓來，故須外内皆掃，使其潔浄也。

〔五〕古禮遷居正寢。禮記喪大記曰：「君、夫人卒於路寢。大夫、世婦卒於適寢。」鄭注曰：「言死者必皆於正處也。寢、室通耳，其尊者所不燕焉。君謂之路寢，大夫謂之適寢，士或謂之適室。」按高寢者，始封君之寢也，繼體君世世不可居高祖之寢，故有高寢；路寢，正寢也，王之正殿所在，以治事；小寢，燕寢也，以燕息。依昭穆例，則大夫、士一寢，大夫、世婦卒於適寢。士、士之妻皆死於寢。按品官喪禮，有疾則居正寢，女則居内寢，古有堂寢之别，即前堂後寢。正寢即儀禮士喪禮所謂適室，遷於北牖下。儀禮士昏禮曰：「席於户牖間。」鄭注：「室户西，牖東，南面位。」賈疏：「禮子、禮婦、禮客賓，皆於此尊之，故也。」

〔六〕禮記檀弓曰：「夫子之病革矣，不可以變。」革，疾甚；變，動也，蓋疾病最忌喧擾。書儀卷五初終曰：「喧嘩奔走，固病者所惡也。悲哀哭泣，傷病者心，叫呼憾悴，尤爲不可。使病者驚怛摇頓而死，皆未免爲不終天年。故不若安恬静默，以待其氣息自盡，爲最善也。」

〔七〕禮記喪大記曰：「男子不死於婦人之手，婦人不死於男子之手。」鄭注：「君子重終，爲其相褻。」按古制，御者四人，皆坐持體，使不能轉側，男死則侍者爲男子，女死則侍者爲女子，並死其手，如魯僖公薨於小寢，春秋譏其近女室，蓋君子重終，爲其相褻。

〔八〕書儀此條作「既絶，諸子啼，兄弟親戚侍者皆哭」。按古有撤褻衣、加新、廢牀、寢地諸儀節。廢牀，乃去死時所卧之床。寢地，古時或有此禮文，而事理未安，亦未必通行，古今異宜，自不當拘泥。又屬纊之禮，用棉置死者鼻下，棉不動則氣乃絶。禮記喪大記曰：「屬纊以俟氣絶。」鄭注：「纊，今之新綿，易動摇，置口鼻之上以爲候。」金長生喪禮備要曰：「纊，即新棉。將屬纊，皆言人之將死。」

〔九〕復，招魂。按古禮，復者爲君之近臣，有司招魂復魄，命士與不命士皆一人。所復之衣，君以卷（衮），夫人以屈狄，大夫以玄赬，世婦以襢衣，士以爵弁，士妻以税衣。開元禮復於正寢，復者常服。

〔一〇〕要，同腰。

〔一一〕底本、成書本、性理本原作「自前榮升屋，中霤」，「自前榮」據他本删。中霤，即屋室中央。公羊傳哀公六年曰：「於是使力士舉巨囊，而至於中霤。」徐彦疏引庾蔚曰：「複，地上累土；穴則穿地也。複穴皆開其上，取明，故雨霤之，是以因名中室爲中霤也。」又楚辭九嘆曰：「㓨讒賊於中廇兮，選呂管於榛薄。」王注：「中廇，室中央也。」中屋，屋脊是也。人死則魂升於天，故升於高處。北面，因人死之陰，故北面求之。象陰幽之意。儀禮既夕禮賈疏：「云『招而左』者，招魂所以求生，左陽，陽主生也，故用左。」

〔一二〕儀禮士喪禮曰：「升自前東榮，中屋，北面招以衣，曰：『臯，某復。』三降衣於前，受用篋，升自阼階，以衣尸。復者降自後西榮。」○按，三呼而止，以衣投於前，承之以篋，升自阼階，入以覆尸。復者撤舍西北扉，降自後西霤。寢衣不以襲。禮記喪大記曰：「男子稱名，婦人稱字。」書儀卷五復曰：「今但稱官封，或依常時所稱可也。」

〔一三〕擗，捶胸。踴，以脚頓地，哀甚。禮記喪大記曰：「始卒，主人啼，兄弟哭。」孝經喪親章第十八「擗踴哭泣，哀以送之，卜其宅兆而安厝之，爲之宗廟，以鬼享之。春秋祭祀，以時思之。生事愛敬，死事哀戚，生民之本盡矣，死生之義備矣，孝子之事親終矣。君子之于親喪固所以自盡也，不可不勉。」書儀卷五初終曰：「諸子啼，兄弟親戚侍者皆哭，各盡哀，止哭。此合一家男女，言服重者近前，服輕者漸後，雖極遽，男女之位，不可以混。」擗踴哀喪故事，見於典籍者繁多。高子臯執親之喪也，泣血三年。王褒葬其父，廬於墓側，墓前有數柏樹，褒涕泣所著之樹，樹色慘悴，與餘樹不同。李涵爲河北宣慰使，會丁母憂，起復本官而行，每州縣郵驛公事之外，未嘗啓口，蔬飯飲水，席地而息，使還，請罷官，終喪制。何琦遭母憂，停柩在殯，爲鄰火所逼，烟焰已交，家乏僮役，計無從出，乃匍匐棺所，號哭而已，俄而風止火息，堂屋一間乃免。郭全幼喪母，哀戚如成人，及壯，父庭玉又卒，居廬三載，啜粥面墨。故情之所極，流於自然，安用文其不及，率天下以失真也。

〔一四〕詳見通禮〔1—8〕條下「公服」注。

〔一五〕詳見通禮〔1—8〕條下「襴衫」注。

〔一六〕皂，柞栗之屬，色黑。衫，秦始皇以布開袴，名曰衫，即皂衫。皂衫，謂黑色短袖單衣。襴衫、皂衫，皆一時士大夫之常服，而以爲進士、處士之别也。又冠禮再加用皂衫，三加用襴衫，其服之輕重，必有差别。故宋史輿服志曰：「進士則襆頭、襴衫、帶；處士則襆頭、皂衫、帶。無官者通用帽子、衫、帶。」

〔一七〕禮記奔喪曰：「凡喪，父在，父爲主。」鄭注：「以賓客爲禮，宜使尊者，言子有妻、子喪則其父爲主。父没，兄弟同居，各主其喪。」各爲其妻、子主喪，此言父没，同居，各主之，當知父在同居，則父主之。親同，長者主之；不同，親者主之。此言同父母喪者，則推長子爲主，若昆弟喪，亦推長者爲主。又家禮會通曰：「無則族人主之，無則鄰里主之。」〇按喪主，謂死者之嫡長子，即正妻之長子。古者喪無二主，爲嫡長子一人是喪主。宜主饋奠者，衆子雖多，不立。古者禮有主賓之主，有主奠之主。因進飲食，故謂。

〔一八〕按，長孫承重者，即古禮長孫承重，嫡子之長子謂之嫡孫，以其父爲嫡子，故名其子爲嫡孫，若衆子之長子，其父謂之衆子，而其子則不可稱嫡長孫。若無長孫，則以嫡次攝，若無適次，則以庶長攝，皆服斬衰三年，以此推衍。

〔一九〕喪必有主。禮記喪大記曰：「喪有無後，無無主。」謂死者無子，寧可不立後，不可無主喪之人。可無後，不可無主，蓋喪主重矣。禮記曾子問曰：「大功之喪，可以與於饋奠之事乎？孔子曰：『豈大功耳，自斬衰以下皆可，禮也。』」此處言宜主饋奠者，乃朱子以爲先饋奠而後禮賓，明言主饋奠重於主賓客。○按周制，祭成喪者必有尸，尸必以孫，君子抱孫不抱子，此言孫可以爲王父尸，而子不可以爲父尸。詩小雅曰：「孝孫徂位，工祝致告。神具醉止，皇尸載起。」即孫爲王父主喪。蓋昭穆之制，祖孫共昭穆而父子異昭穆。

〔二〇〕禮記檀弓孔疏曰：「主婦，亡者之妻。」無，則主喪者之妻。父喪，嫡母爲主婦，如嫡母歿，則喪主之妻主之。

〔二一〕護喪，謂董治一切喪事，以族房老成知禮有能者爲之。如贊祝司賓、司書、司貨各執事之類。吴荣光吾學録卷十七喪禮門三曰：「護喪爲家長或兄弟知禮能幹者爲之，凡喪事皆禀之。」金鐘厚家禮集考曰：「護喪以子弟知禮能幹者爲之，凡喪事皆禀之。親友或鄉鄰中素習禮者爲相禮，喪事皆聽之處分，而以護喪助焉。祝則以親戚爲之，家禮在襲奠條而不爲表出，泛見於節目間而已。祝明於喪禮後治事，於主人者不可以不預爲擇定。」書儀考異曰：「若主人未成服不出，則護喪代主人受弔拜賓及受賻襚。古禮，初喪主人常在尸側，唯君命出，出而遇賓則拜。」

〔二二〕司書，謂治訃書啓，及一切來往親賓請書、回書等事，以子弟書法敏捷，長於應接者爲之。吴榮光吾學録卷十七喪禮門三曰：「司書以弟若姪爲之，並兼司貨之職。」王心敬四禮寧儉編曰：「司書以子弟或親族使人多，字體端楷者爲之，記弔客、答帖柬。司貨謂董理喪事需用之物，乃親友吊奠賻儀并所答賓客帛物，以熟習人情，善于酬酢者爲之。」書儀考異曰：「司書以子弟或吏人能書禮者爲之，掌糾書疏之事。」

〔二三〕家禮會通卷四立喪主護喪注曰：「司書司貨須擇公直不貪子弟一人爲之，管一應財穀出入知數者，又則一人接待賓客者，無則護喪兼之。」○按，古禮無「司貨」之職，家禮別設之，以子弟或吏僕掌之，以度支財貨出入及親賓奠賻之數。書儀考異曰：「司貨以子弟或吏僕可委信者爲之，掌糾貨賄之事，置曆以謹其出入，親賓有賻襚則書於别曆，收之以待喪用，其衣服不以襲斂。」

〔二四〕底本、性理本「吏」字原作「使」，據他本改。

〔二五〕内外改著素服，齊衰以下丈夫素服，婦人去首飾。妻、子婦、妾皆去冠，及上衣，上衣謂衫帶背子之類。

〔二六〕被髮，將髮披散。被髮非古禮，自開元禮始，妻妾亦被髮徒跣。毛奇齡喪禮吾説曰：「喪中凡有事，袒免，則冠在所必去，而隨去隨著，至於髮則始終不解，即括髮而非解髮、披髮。」王復禮家禮辨定曰：「唐開元禮，始死，有男子被髮之語。而宋宗之，至今不改，然此爲禮家最所禁者。」

〔二七〕扱衽，謂插衣襟於帶。禮記曲禮曰：「苞屨、扱衽、厭冠，不入公門。」陳澔集説曰：「扱衽，以深衣前衽扱之於帶也。蓋親初死時，孝子以號踴履踐爲妨，故扱之也。」問喪曰：「親始死，雞斯，徒跣，扱上衽。」鄭注：「親，父母也。『雞斯』，當爲『笄纚』聲之誤。親始死去冠，二日乃去笄纚，括髮也。今時始喪者邪巾貊頭，笄纚之存象也。徒，猶空也。上衽，深衣之裳前。」

〔二八〕朱子小學卷七嘉言曰：「凡居父母之喪者，大祥之前皆未可食肉飲酒。若有疾暫須飲食，疾止亦當復初。必若素食不能下咽，久而羸憊恐成疾者，可以肉汁及脯醢或肉少許，助其滋味，不可恣食珍羞盛饌及與人宴樂。是則雖被衰麻，其實不行喪也。唯五十以上，血氣既衰，必資酒肉扶養者，則不必然耳。」家禮會通卷四易服不食曰：「諸子三日不食，期年九月之喪，三餐不食，五月三月之喪，兩餐不食。人三日不食則死，但孝子死其親，不忍食之，而親戚鄰里必爲其具糜粥，饋送以食之。猶不忍食，尊長勸之後稍食可也。」

〔二九〕荀子禮論曰：「天子棺槨十重，諸侯五重，大夫三重，士再重。」禮記檀弓曰：「天子之棺四重，水兕革棺被之，其厚三寸；杝棺（椑棺）一；梓棺（屬與大棺）二；四者皆周。」鄭注：「尚深邃也，諸公三重，諸侯再重，大夫一重，士不重。以水牛、兕牛之革以爲棺被。革各厚三寸，合六寸也。此爲一重。」孔疏：「水牛、兕牛皮二物爲一重也；又杝爲第二重也；又屬爲第三重也；又大棺爲第四重也；四重凡五物也。以次而差之，上公三重，則去水牛，餘兕、杝、屬、大棺也。侯、伯、子、男再重，又去兕，餘杝、屬、大棺。大夫一重，又去杝，餘屬、大棺也。士不重，又去屬，唯單用大棺也。」

〔三〇〕爾雅釋木郭注云：「煔，似松，生江南。可以爲船及棺材，作柱埋之不腐。又人家常用作桶板，甚耐水。」李時珍本草綱目曰：「杉木葉硬，微扁如刺，結實如楓實，江南人以驚蟄前後取枝插種，出倭國者謂倭木。有斑紋如雉者，謂之野雞斑，作棺尤貴。其木不生白蟻，燒灰最發火藥。」

〔三一〕柏，常綠喬木，葉鱗片狀，結球果，有「扁柏」「側柏」「圓柏」「羅漢柏」等，木質堅硬，紋理致密。說文木部曰：「柏，鞠也。」爾雅釋木曰：「柏，椈。」說文解字注曰：「按椈者鞠之俗。柏，古多假借爲伯仲之伯，促迫之迫。從木。白聲。」論語子罕曰：「歲寒，然後知松柏之後凋也。」郎瑛七修續稿卷六事物類曰：「咸陽人發東漢時墓，柏棺尚在。又其寺完地而得古棺，裹以柏木；某地修城得古柏，堅潤如新。」陶弘景名醫別録曰：「柏，實生太山山谷，柏葉尤良，四時各依方而采，陰乾。」又曰：「處處有柏，當以太山爲佳爾，並忌取塚墓上者，其葉以秋夏采者良。」本草綱目曰：「按，魏子才六書精緼云：『萬木皆向陽，而柏獨西指。蓋陰木而有貞德者，故字從白。白者，西方也。』陸佃埤雅云：『柏之指西，猶鍼之指南也。柏有數種，入藥惟取葉扁而側生者，故曰側柏。』」

〔三二〕土杉，今名羅漢松，又名百日青，材質堅硬，富含油脂，耐水濕。

〔三三〕說文桼部曰：「木汁可以髹物。」毛詩多識卷三椅桐梓漆曰：「漆樹高二三丈餘，皮白，葉似椿樗，花似槐，子若牛柰，木心黄，六七月間用刀割皮取汁爲漆。」

〔三四〕底本、成書本、性理本作「瀝青」，他本作「瀝清」。古以松脂爲瀝清。

〔三五〕底本、成書本、性理本「煉熟秫米灰鋪其底」前衍一「以」字，據他本删。秫米灰，即糯米灰也，可殺蟲。用器煉熟，或熾炭燒之，令色黑，作屑。八九斗或六七斗隨棺高下增減。無秫，則代以炭灰並篩下，所以鋪棺底者。說文禾部曰：「秫，稷之黏者也。」爾雅釋草曰：「衆，秫。」疏：「衆一名秫，謂黏粟也。」段玉裁説文解字注引程瑶田九穀攷曰：「稷，北方謂之高粱，或謂之紅粱，其粘者黄白二種。所謂秫也，秫爲黏稷。」

〔三六〕底本、集注本、性理本作「板」，成書本、鈔配本、明刻本、四庫本、公善本作「版」。顔氏家訓終制曰：「吾當松棺二寸，衣帽已外，一不得自隨，床上唯施七星板。」易復：「反復其道，七日來復，天行也」，故言七。書舜典：「在璿、璣，玉衡，以齊七政。」孔疏：「七政，謂日月與五星也。」史記天官書曰：「北斗七星，所謂『璿璣玉衡，以齊七政。』」司馬貞索隱引春秋運斗樞曰：「斗，第一天樞，第二旋，第三璣，第四權，第五玉衡，第六開陽，第七摇光。第一至第四爲魁，第五至第七爲標，合而爲斗。」按，七星板棺中所用墊尸之板。此板之設，隋、唐有之。鑿孔大如錢，斜鑿梘槽一道，使七孔相聯貫，其木用杉，不必過厚。七星板之法，用板一塊可容棺中，鑿七孔，殮時用牙灰厚鋪棺底，加沙紙，安板，鋪褥。馮善家禮集説注：「先作木框尸牀如棺底，大足高三四寸，面上不用木條，用板一片，嵌牀上，木框内板穿北斗七星穴。」又曹斯棟稗販卷八曰：「棺中藉幹者爲七星板，蔡補軒謂即左傳楄柎。愚案：楄柎，棺中笭牀也，顔氏家訓云云，則楄柎又似藉以安版之物。」

〔三七〕唐韻、正韻，古博切。集韻、韻會光鑊切，音郭。或作槨。禮記檀弓曰：「棺周于衣，椁周于棺。」「桓司馬爲石椁，三年不成。」左傳定公元年曰：「魏舒卒于甯，范獻子去其柏椁。」

〔三八〕論語先進曰：「顔淵死，顔路請子之車以爲之椁。子曰：『才不才，亦各言其子也。鯉也死，有棺而無椁。吾不徒行以爲之椁。以吾從大夫之後，不可徒行也。』」論語集注卷六先進第十一朱注曰：「鯉，孔子之子伯魚也，先夫子卒。言鯉之才雖不及顔淵，然已與顔路以父視之，則皆子也。」

〔三九〕底本、成書本、性理本「伏苓」原作「茯苓」，據他本改。

〔四〇〕古稱「瑿」或「遺玉」。陶弘景名醫別録曰：「舊説松脂淪入地千年所化。今燒之，亦作松氣，亦有中有一蜂形，色如生者。」又本草綱目卷三七木部曰：「虎死則精魄入地化爲石。此物狀似之，故謂之虎魄，俗文從玉，以其類玉也，梵書謂之阿濕摩揭婆。」

〔四一〕成書本「古人已有用之者」後衍一「言」字。本句語出河南程氏文集卷一〇記葬用柏棺事：「吾自少時，謀葬曾祖虞部已下，積年累歲，精意思索，欲知何物能後骨而朽。後聞咸陽原上有人發東漢時墓，柏棺尚在。又韓修王城圮，得古柏木，皆堅潤如新。諺有松千柏萬之説，於是知柏最可以久。然意猶未已，因觀雜書有『松脂入地，千年爲茯苓，萬年爲琥珀』之説。疑物莫久於此，遂以柏爲棺，而塗以松脂，特出臆計，非有稽也。不數月，嵩山法王寺下鄉民，穿地得古棺，裹以松脂，乃知古人已用之矣。」程子所謂雜書者，乃博物志，其卷四神仙傳曰：「松柏脂入地千年化為茯苓，茯苓化為琥珀。琥珀一名江珠。今泰山出茯苓而無琥珀，益州永昌出琥珀而無茯苓。」本草綱目卷三七木部曰：「茯苓，史記龜策傳作『茯靈』，蓋松之神靈之氣，伏結而成，故謂之茯靈茯神也。仙經言茯靈大如拳者，佩之，令百鬼消滅，則神靈之氣，亦可徵矣。俗作『苓』者，傳寫之訛爾。下有茯靈，上有菟絲，故又名茯兔，或云其形如兔，故名亦通。」〇楊復附注曰：「高氏曰：『伊川先生謂棺之合縫，以松脂塗之，則縫固而木堅。』注云：『松脂與木性相入，而又利水，蓋今人所謂瀝清者是也。須以少蚌粉、黃蠟、清油合煎之，乃可用。不然則裂矣。其棺槨之間，亦宜以此灌之。』胡泳曰：『松脂塗縫之説，未然。先生葬時，蔡氏兄弟主用松脂，嘗問：『用黃臘、麻油否？』答云：『用油臘，則松脂不得全其性矣。』此言有理，但彭止堂作訓蒙，云：『灌以松脂，宜於北方；江南用之，適爲蟻房。』彭必有攷，更詳之。」

〔四二〕儀禮既夕禮曰：「赴曰：『君之臣某死。』赴母、妻、長子則曰：『君之臣某之某死。』」禮記檀弓曰：「父兄命赴者。」孔疏曰：「復後之事，赴謂死者生時於他人有恩識者。今死，則其家宜使人往相訃告也。士喪禮則孝子自命赴者，若大夫以上，則父兄命之也。何以然？尊許其病深，故使人代命之也。」儀禮士喪禮賈疏曰：「乃赴於君，云死當有恩，是以下有吊及贈襚之事。」

〔四三〕書儀卷五訃告曰：「若無護喪及司書，則主人自赴親戚，不赴僚友。」

〔四四〕底本、成書本、性理本、明刻本、四庫本「主」原作「主人」，「人」據鈔配本、集注本、公善本删。

〔四五〕吊，字彙：「字俗弔。」説文人部：「問終也。」吊者，至也。詩云：「神之弔矣。」文心雕龍哀吊第十三曰：「言神至也。君子令終定謚，事極理哀，故賓之慰主，以至到爲言也。」

沐浴、襲、奠、爲位、飯含

〔2—1〕執事者設幃〔一〕及牀。

〔2—2〕遷尸〔二〕，掘坎。執事者以幃障〔三〕卧内。侍者設牀於尸牀前，縱置之。施簀〔四〕，去薦〔五〕。設席枕，遷尸其上，南首，覆以衾〔六〕。掘坎於屏處潔地。

〔2—3〕陳襲衣〔七〕。以卓子陳於堂前東壁下，西領，南上。幅巾〔八〕一。充耳〔九〕二，用白纊，如棗核大，所以塞耳者也。幎目〔一〇〕，帛方尺二寸，所以覆面者也。握手，用帛，長尺二寸〔一一〕，廣五寸，所以裹手者也。深衣一，大帶〔一二〕一，履〔一三〕二〔一四〕，袍襖〔一五〕、汗衫〔一六〕、袴襪〔一七〕、勒帛、裹肚〔一八〕之類。隨所用之多少〔一九〕。

〔2—4〕沐浴、飯含之具。以卓子陳於堂前西壁下，南上。錢三，實於小箱。米二升，以新水淅令精，實於盌〔二〇〕。櫛一，沐巾一，浴巾二，上下體各用其一也。一沐上，一浴下。

〔2—5〕乃沐浴〔二一〕。侍者以湯入。主人以下皆出帷〔二二〕外，北面。侍者沐髮，櫛之。晞以巾〔二三〕，撮爲髻。抗衾而浴，拭以巾，剪爪。并〔二四〕沐浴餘水、巾櫛〔二五〕，棄於坎而埋之。

〔2—6〕襲〔二六〕。侍者設〔二七〕襲牀於幃外，施薦、席、褥、枕，先置大帶、深衣、袍襖、汗衫、袴襪、勒帛、裹肚之類於其上，遂舉以入，置浴牀之西，遷尸其上〔二八〕，悉去病時衣及復衣，易以新衣，但未

著〔二九〕幅巾、深衣、履。

〔2—7〕徙尸牀，置堂中間。卑幼，則各於室中間。餘言堂者〔三〇〕，放此。

〔2—8〕乃設奠。執事者以卓子置脯醢〔三一〕，升自阼階。祝盥手，洗盞斟酒，奠於尸東，當肩，巾之。

○祝以親戚爲之。

〔2—9〕主人以下，爲位而哭〔三二〕。主人坐於床東，奠北。衆男應服三年者坐其下，皆藉〔三三〕以藁〔三四〕。同姓期功以下，各以服次，坐於其後，皆西面〔三五〕南上。尊行以長幼坐於牀東北壁下，南向西上，藉以席薦。主婦、衆婦女坐於牀西，藉以藁。同姓婦女，以服爲次，坐於其後，皆東向南上。尊行以長幼坐於牀西北壁下，南向東上，藉以席薦。妾婢立於婦女之後。别設幃以障内外。異姓之親〔三六〕，丈夫坐於帷外之東，北向西上；婦人坐於帷外之西，北向東上。皆藉以席，以服爲行，無服在後。

○若内喪，則同姓丈夫尊卑坐於帷外之東，北向西上；異姓丈夫坐於幃外之西，北向東上。

○三年之喪，夜則寢於尸旁，藉藁枕塊。病羸〔三七〕者，藉以草薦可也。期以下，寢於側近，男女異室，外親歸家可也。

〔2—10〕乃飯含〔三八〕。主人哭盡哀，左袒〔三九〕，自前扱於腰之右。盥手，執箱以入。侍者一

人，插匙於米盌，執以從，置於尸西。徹枕，以幎巾入，覆面〔四〇〕。主人就尸東，由足而西，牀上坐，東面舉巾。以匙抄〔四一〕米，實於尸口之右，並實一錢。又於左、於中，亦如之。主人襲所袒衣，復位。

〔2—11〕侍者卒襲〔四二〕，覆以衾。加幅巾，充耳，設幎目，納履，乃襲深衣，結大帶，設握手〔四三〕，乃覆以衾。

校注

〔一〕執事者設幃，新井白石按曰：「古之幃堂者，以尸未襲斂，不欲人褻之，故幃也。既小斂，則徹幃，今人徹於入棺之後，以內外既，故徹。」

〔二〕尸，陳也。人死未殯斂，陳之於牀，故曰尸。釋名釋喪制曰：「尸，舒也，骨節舒解，不復能自勝斂也。」

〔三〕底本、鈔配本、成書本、性理本、公善本作「幃障」，集注本、明刻本、四庫本作「幃幛」。

〔四〕簀，說文竹部：「牀棧也，又謂之笫。齊、魯之間謂之簀，陳、楚之間或謂之笫」。

〔五〕薦，說文廌部曰：「獸之所食艸。」即草席也。凡親地者謂之筵，加於筵者謂之席。席即因也，重於筵也。

〔六〕衾，說文謂大被；釋名謂其下廣大，如廣受人也。遷於席枕，南向。古者明堂朝廟南向，太祖南面而坐，左昭右穆，以示其尊。又禮記禮運曰：「死者北首，生者南鄉。」孔疏：「體魄降入於地爲陰，故死者北首，歸陰之義。死者即歸陰，則生者南鄉歸陽也。」

〔七〕禮記檀弓曰：「始死，羔裘、玄冠者，易之而已。」此條據死者而言。鄭注生者亦須撤舊衣加新朝服，若此，與「易服」條牴牾。○襲，復衣也。向去其衣，復著之，故謂之襲。

〔八〕幅巾制如暖帽，以代古之掩也。劉璋補注曰：「古者人死不冠，但以帛裹其首，謂之掩。儀禮士喪禮：『掩，練帛廣終幅，長五尺，析其末。』注：『掩，裹首也。析其末，爲將結於頤下，又還結於項中。』蓋以襲斂，主於保庇肌體，貴於柔軟緊實，冠則磊嵬難安。況今幞頭，以鐵爲脚，長三四尺，帽用漆紗爲之，上有虛簷，置於棺中，何由安帖？莫若襲以常服，上加幅巾、深衣、大帶及履，既合於古，又便於事。幅巾，所以當掩也，其制如今之暖帽。深衣、帶、履，自有制度。若無深衣帶履，止用衫勒帛鞋亦可。其幞頭、腰帶、靴、笏，俟葬時安於棺上可也。」

〔九〕儀禮士喪禮曰：「瑱，用白纊。」賈疏：「記云『瑱，塞耳』，詩云『充耳』，充即塞也。生時人君用玉，臣用象。今死者直用纊塞耳而已。」説文玉部曰：「瑱，以玉充耳也。从玉，真聲。」詩國風君子偕老曰：「玉之瑱也，象之揥也。」瑱或从耳作⿰真耳。

〔一〇〕底本欄外所附校記云「『幎目』，覆面者也」。呂氏春秋知化曰：「夫差誅子胥。居數年，越報吳，殘其國，絶其世，滅其社稷，夷其宗廟，夫差身爲擒。夫差將死，曰：『死者如有知也，吾何面以見子胥於地下？』乃爲幎以冒面死。」此幎目之始也。

〔一一〕成書本「長尺二寸」訛作「長二寸」，「尺」字脱。

〔一二〕禮服所用腰帶，有革帶、大帶之分。大帶加於革帶上，白絲布爲之，繫於腰間，下垂者謂紳。禮記深衣曰：「帶，下毋厭髀，上毋厭脅，當無骨者。」説文巾部曰：「帶，紳也。男子鞶帶，婦人帶絲。」又云：「紳，大帶也。」「鞶，大帶也。」鞶帶即革帶。儀禮士喪禮鄭注：「緇帶，黑繒之帶。」賈疏：「士唯有此一帶而已。但生時著服不重各設帶，此襲時三服俱著共一帶爲異也。」

〔一三〕爾雅釋言曰：「履，禮也。」注：「禮可以履行也。」釋名釋衣服曰：「履，飾足以爲禮也。」廣韻曰：「草曰扉，麻曰屨，皮曰履，黄帝臣於則造。」説文履部曰：「足所依也。」段注：「履依疊韻。古曰屨，今曰履；古曰履，今曰鞵。名之隨時不同者也。引伸之訓踐。」

〔一四〕集注本「二」作「一」。

〔一五〕禮記喪大記鄭注：「袍，褻衣，必有以表之乃成稱也。」禮記玉藻鄭注：「纊，謂今之新綿也。緼，謂今纊及舊絮也。」襖，謂有棉者。隋、唐爲官定常服。新唐書車服志曰：「袍襖之制，三品以上服綾，以鶻銜瑞草，鴈銜綬帶及雙孔雀。」

〔一六〕中華古今注曰：「蓋三代之襯衣也。禮曰中單。漢高祖與楚交戰，歸帳中，汗透，遂改名汗衫。至今亦有中單，但不緶而不開。」本草綱目卷三八服器部曰：「古者短襦爲衫。今謂長衣，亦曰衫矣。王叡炙轂子云：『漢王與項羽戰，汗透中單，改名汗衫。』劉熙釋名云：『汗衣，詩謂之澤，受汗澤也，或曰鄙袒，或曰羞袒，用六尺裁，足覆胸背，言羞鄙於袒，故衣此爾。又前當胸，後當背，故曰裲襠。』」裲襠，背心之謂。

〔一七〕底本、集注本、成書本、性理本作「襪」，鈔配本、明刻本、四庫本、公善本作「韤」。袴，古今之裳也。襪，自三代有之，謂之角襪。中華古今注曰：「周武王以布爲之，名曰褶。敬王以繒爲之，名曰袴。但不縫口而已，庶人衣服也。至漢章帝時，以綾爲之，加下緣，名曰口。」趙翼陔餘叢考卷三三襪膝褲曰：「俗以男子足衣爲襪，女子足衣爲膝褲。古時則女子亦稱襪，男子亦稱膝褲。然今俗襪有底，而膝褲無底，形製各別。

按炙轂子曰：『三代謂之角襪，前後兩隻相成，中心繫帶。』則古時襪之制，正與今膝褲同，豈古之所謂襪，本如今膝褲之制，後人改爲有底，遂分其名，而一則稱襪，一則稱膝褲耶？」

〔一八〕方以智通雅卷三七衣服佩飾曰：「繡袍肚，即勒帛腰圍也。宋大卿監以下，不給錦袍者，加以黄綾繡袍肚，即包肚也。勒帛者，以帛勒腰也。」金長生喪禮備要曰：「勒帛者，向見漢人以布三四尺，裹足至膝，縛繞袴管者，疑是此物。裹肚者，如今包裹腹腰之物。」

〔一九〕此言「幅巾一」至「隨用之多少」爲襲具。〇握手用熟絹二幅，各長尺二，廣五寸，以裹手，兩端各有繫。儀禮士喪禮曰：「握手，用玄，纁裏，長尺二寸，廣五寸，牢中旁寸，著，組繫。」賈疏：「名此衣爲握，以其在手，故言握手，不謂以手握之爲握手。」家禮附注曰：「儀禮士喪禮，襲三稱，衣單復具曰稱。三稱者，爵弁服、皮弁服、褖衣。設冒櫜之。」〇按古者士襲衣三稱，大夫五稱，諸侯七稱，公九稱。小斂，尊卑通用十九稱。大斂，士三十稱，大夫五十稱，君百稱，此非貧者所辦也。

〔二〇〕盌，説文皿部：「小盂也。」後作「碗」。

〔二一〕儀禮士喪禮：「主人皆出，户外北面。」鄭注：「象平生沐浴倮裎，子孫不在旁，主人出而襢策。」按，前期設釜於西墻下，煮潘及水。又設二盆，以俟沐浴時候盛潘及水。故侍者將潘及水各盛於盆以入。或男用至親子弟，女用至親女眷。

〔二二〕底本「帷」原作「幃」，據他本改。下同，不再出校。

〔二三〕晞，乾也，謂以巾乾髮。用組乃施笄，女喪亦用組笄，落髮盛於囊，俟大斂納於棺。儀禮士喪禮曰：「鬠笄用桑，長四寸，纋中。」賈疏：「凡笄有二種，一是安髮之笄，男子、婦人俱有，即此笄是也。一是爲冠笄、皮弁笄，爵弁笄，唯男子有而婦人無也。」以水，母喪則內御者浴。

〔二四〕底本、成書本、性理本、明刻本、四庫本「并」原作「其」，據鈔配本、集注本、公善本改。

〔二五〕底本、成書本、性理本「巾櫛」前衍一「并」字，據他本改。

〔二六〕說文解字注曰：「小斂大斂之前衣死者謂之襲。儀禮士喪禮『乃襲三稱』注曰：『遷尸於襲上而衣之。凡衣死者，左衽不紐。』按禮記喪大記：『小斂大斂，祭服不倒，皆左衽結絞不紐，襲亦左衽不紐也。』儀禮士喪禮：『襲衣有爵弁服，皮弁服，褖衣。』」金長生喪禮備要曰：「覆以衾，侍者徹浴牀。若兩臂辟戾不得穿袖，遷尸于襲上之時，令腰正在衣領上，共舉尸漸漸下之，而納手于袖，或使兩人共執衣領，由尸下而上，以受納于棺。」

〔二七〕底本、成書本、性理本「侍者設」原作「侍者別設」，「別」據他本刪。

〔二八〕底本、成書本、性理本作「遷尸於其上」，「於」據他本刪。

〔二九〕底本、集注本、成書本、性理本作「著」，鈔配本、明刻本、四庫本、公善本作「着」。按二字通，以下不再出校。

〔三〇〕底本、成書本、性理本「餘言堂者」原作「餘言在堂者」，「在」據他本刪。

〔三一〕脯，說文肉部「肉乾也」，玉篇「臘也」。禮記內則曰：「牛脩，鹿脯，田豕脯，麋脯，麕脯。」醢，說文酉部「肉醬也」，廣雅「醢，醬也」。大雅「醓醢以薦」，疏曰：「醢，肉汁也。」周禮天官曰：「醢人掌四豆之實，醓醢、蠃醢、蠯醢、蜃蚳醢、兔醢、魚醢、鴈醢。」鄭注：「作醢及臡者，必先膊乾其肉，乃後莝之，雜以粱麴及鹽，漬以美酒，塗置甀中，百日則成。」禮記曲禮曰：「毋歠醢。」孔疏：「醢，肉醬也。醬宜鹹，客若歠之，則是醬淡也。」

〔三二〕開元禮曰：「喪主於床東，服三年之男子於其下。男子易以白布衣，被髮，徒跣。婦人青縑衣，被髮，不徒跣。女子子亦然。」

〔三三〕底本「藉」原作「籍」，據他本改。按二字通，以下不再出校。

〔三四〕底本、集注本作「藁」，他本作「稾」。正字通：「木枯也。」荀子正名篇注曰：「以藁爲席，貧賤人之居也。」家禮考證卷六爲位而哭曰：「藉藁，按禮注篇『藁曰苫』，此不編者，故但曰藁而已，藉以席薦者，或薦或席，以服之輕重而不同也。」

〔三五〕底本、成書本、性理本「西面」原作「西向」，據他本改。

〔三六〕指姻親。詩伐木孔疏：「異姓，王舅之親。」

〔三七〕底本、成書本、性理本「病羸」原作「羸病」，據他本改。

〔三八〕用米貝實尸口，弗忍虛之意。家禮增注曰：「所以飯含者，檀弓云『不忍其口之虛』，故用此美潔之口以實之。」儀禮士喪禮曰：「主人由足西，床上坐，東面。祝又受米，奠于貝北。」賈疏：「祝入，當牖北面，是由尸首，故受主人貝奠之，並受米奠於尸西，故主人空手由足過，以其口實，不可由足，恐褻之故也。」即儀禮士喪禮左扱米。或云初飯含。

〔三九〕凡禮事，皆左袒。袒出上衣之左袖，以左袖插入前襟之右，或袒所有衣服之左袖，而出左臂。説文：「袒，衣縫解也。」儀禮覲禮曰：「乃右肉袒於廟門之東。乃入門右，北面立，告聽事。」鄭注：「右肉袒者，刑宜施於右也。凡以禮事者左袒。入更從右者，臣益純也。」賈疏：「凡以禮事者左袒，左袒者，無問吉凶禮，皆袒左。知者，士喪禮云：『主人出南面，左袒，扱諸面之右。』檀弓云：『延陵季子葬其子於嬴、博之間，葬訖，左袒。』故云『凡』以該之。」

〔四〇〕底本、成書本、性理本原作「徹枕，以幎巾入，覆面」，集注本作「徹枕，以幎巾覆面」，鈔配本、明刻本、四庫本、公善本作「以幎巾入，徹枕，覆面」。

〔四一〕正字通手部曰：「抄同鈔，以匕抄取粒物也。」杜甫詩云：「飯抄雲子白，瓜嚼水精寒。」韓愈詩曰：「匙抄爛飯穩送之。」蓋此意。尸南首，云右口之右，即口東邊也。家禮考證卷六盥手至以入曰：「禮盥于盆上，洗貝執以入，今家禮但曰執箱以入，無洗錢之文。錢乃轉貨之物，豈可不洗？恐文不具也。」

〔四二〕新井白石曰：「卒襲，復哭位。或問襲斂而無婦人禮儀，何也？曰可以類推，先襲以常服，裹以綿物，次加禮服，大帶即履，凡備用大物，不用寶環首飾，所以杜盜心、免發掘之禍也。」

〔四三〕底本「設握手」原作「設握手巾」，「巾」字衍，據他本删。

靈座、魂帛、銘旌

〔3—1〕置靈座，設魂帛〔一〕。設椸〔二〕於尸南，覆以帕〔三〕，置倚卓其前。結白絹爲魂帛，置倚上。設香爐、香合、珓杯〔四〕、注、酒果於卓子上。侍者朝夕設櫛頮〔五〕奉養之具，皆如平生。司馬公曰：「古者鑿木爲重〔六〕，以主其神，今令式亦有之。然士民之家，未嘗識也。故用束帛依神，謂之魂帛，亦古禮之遺意也〔七〕。世俗皆畫影，置於魂帛之後。男子生時有畫像，用之猶無所謂。至於

婦人生時，深居閨門〔八〕。出則乘輜軿〔九〕，擁〔一〇〕蔽其面。既死，豈可使畫工〔一一〕直入深室〔一二〕，揭掩面之帛，執筆訾相〔一三〕，畫其容貌，此殊爲非禮。又世俗或用冠帽〔一四〕衣履，裝飾如人狀，此尤鄙俚，不可從也。」

〔3—2〕立銘旌〔一五〕。以絳〔一六〕帛爲銘旌。三品以上九尺，五品以上〔一七〕八尺，六品以下七尺。廣終幅〔一八〕。書曰：「某官某公之柩。」無官，即隨其生時所稱〔一九〕。以竹爲杠，如其長，倚〔二〇〕於靈座之右〔二一〕。

〔3—3〕不作佛事〔二二〕。司馬公曰：「世俗信〔二三〕浮屠〔二四〕誑誘，於始死及七七日〔二五〕、百日〔二六〕、期年、再期、除喪，飯僧設道場，或作水陸大會〔二七〕。寫經造像，修建塔廟，云：『爲此〔二八〕者滅彌天罪惡，必生天堂，受種種快樂；不爲者，必入地獄，剉燒舂磨〔二九〕，受無邊波吒〔三〇〕之苦〔三一〕。』殊不知人生含氣血知痛癢，或剪爪剃髮，從而燒斫之，已不知苦，況於死者，形神相離，形則入於黄壤，朽腐消滅，與木石等。神則飄若風火，不知何之。借使剉燒舂磨，豈復知之？且浮屠所謂天堂地獄者，計亦以勸善而懲惡也〔三二〕，苟不以至公行之，雖鬼可得而治〔三三〕乎？是以唐廬州刺史李丹〔三四〕與妹書曰：『天堂無則已，有則君子登。地獄無則已，有則小人入。』世人親死而禱浮屠，是不以其親爲君子，而爲積惡有罪之小人也。何待其親之不厚哉！就使其親實積惡有罪，豈賂浮屠所能免乎？此則中智所共知，而舉世滔滔信奉之，何其易惑〔三五〕難曉也？甚者至有

傾家破産然後已。與其如此，曷若早賣田，營墓而葬之乎〔三六〕？彼天堂地獄若果有之，當與天地俱生。自佛法未入中國之前，人死而復生者，亦有之矣。何故無一人誤入地獄，見閻羅等十王者耶〔三七〕？不學者固不足言〔三八〕，讀書知古者，亦可以少悟矣！」

〔3—4〕執友親厚之人，至是入哭可也。主人未成服而來哭者，當服深衣。臨尸哭盡哀，出拜靈座，上香〔三九〕，再拜，遂弔。主人相持〔四〇〕哭盡哀，主人以哭對無辭。

校注

〔一〕按，魂帛即古之重（詳下），依神意也。儀禮士喪禮曰：「祝取銘，置於重。」孔疏：「必且置於重者，重與主皆録神之物故也。」重以木繼橫交貫，縱一，橫二，懸物焉；更以葦席屈兩端交於上，用以依神。蓋以人之死也，未葬神麗於棺，既葬神麗於主。當其未立主時，神原有棺可麗，而又設此縱橫交貫之木，以爲依神之具；神麗於棺，復麗於重，實屬重復，故名曰重。祭設像始於戰國，宋玉招魂，像設君室，蓋尸禮廢而像事興，後謂之影堂。張子全書卷八喪紀曰：「古人亦不爲影像，繪畫不真，世遠則棄，不免於褻慢也，故不如用主。」徐乾學讀禮通考卷五六喪儀節十九曰：「神像之設或以爲可或以爲不可。然若有畫像，則無魂帛亦可。初喪之時，設魂帛以代重，則分魂帛與木主爲二矣。然古禮之廢於後世者多矣，何獨重之一事必須設一物以代乎？今世俗相沿，未有不用畫像者，若復用魂帛，將使神依於畫像乎？依於魂帛乎？兩者皆後世之俗禮，既有畫像，則無魂帛亦可。由此觀之，人情之所不能免者，聖人不禁。」家禮附注曰：

「問重。先生曰：『三禮圖有畫像可攷，然且如温公之説，亦自合時之宜。不必過泥於古也。』○按，禮，大夫無主者，束帛依神。温公用魂帛，蓋取束帛依神之意。高氏曰：『古人遺衣裳，必置於靈座，既而藏於廟中。恐當從此説，以遺衣裳置於靈座，而加魂帛於其上，可也。』」

〔二〕椸，衣架。禮記曲禮曰：「男女不雜坐，不同椸枷。」鄭注：「椸，可以枷衣者。」又内則曰：「男女不同椸枷，不敢縣於夫之楎、椸。」鄭注：「竿謂之椸。楎，杙也。」孔疏：「植曰楎，横曰椸。然則楎、椸是同類之物。横者曰椸，則以竿爲之，故云『竿謂之椸』。」

〔三〕底本欄外所附校記云「『帕』，音『怕』，衣襆也，又帳也」。

〔四〕底本、成書本、性理本「香爐、香合、珓杯」原作「香爐、合盞」，據他本改。珓杯，卜具，狀如蚌殼，以竹或木爲之，古者以玉爲之，抛擲於地，觀其俯仰以占吉凶。珓，廣韻古孝切，音教。程大昌演繁露卷三卜教曰：「後世問卜於神，有器名『盃珓』者，以兩蚌殼投空擲地，觀其俯仰，以斷休咎，自有此製後，後人不專用蛤殼矣。或以竹，或以木，略斲削使如蛤形，而中分爲二，有仰有俯，故亦名杯珓。盃者，言蛤殼中空可以受盛，其狀如盃也；珓者，本合爲教，言神所告教現於此之俯仰也。」

〔五〕書顧命曰：「王乃洮頮水。」馬注：「洮，洮髮也。頮，頮面也。」

〔六〕重，虞祭之前，用木製暫代主牌以依神之物。

〔七〕書儀卷五魂帛原作：「士民之家未嘗識也，皆用魂帛，魂帛亦主道也。禮，大夫無主者，束帛依神。今且從俗，貴其簡易然。」

〔八〕書儀「閨門」原作「閨闥」。

〔九〕軿，輜車也。説文輜軿皆「衣車」，通訓定聲：「前後皆蔽曰輜，前有蔽曰軿。」漢書張敞傳曰：「禮，君母出門則乘輜軿。」顔注：「輜軿，衣車也。」

〔一〇〕擁，猶障也，障音章。禮記内則曰：「女子出門，必擁蔽其面。」

〔一一〕書儀「畫工」原作「畫士」。

〔一二〕底本「室」原作「屋」，據書儀與他本改。

〔一三〕書儀「訾相」作「望相」。訾相，言衡量審視。國語齊語曰：「桓公召而與之語，訾相其質，足以比成事。」韋注：「訾，量也。相，視也。」吕氏春秋審分覽第五曰：「量小大而知材木矣。訾功丈而知人數矣。」王注：「訾，相也。」

〔一四〕書儀「世俗或用冠帽」原在「世俗皆畫影」句前。

〔一五〕儀禮士喪禮曰：「爲銘，各以其物。亡則以緇，長半幅，赬末，長終幅，廣三寸。書銘於末曰：某氏某之柩。」禮記檀弓曰：「銘，明旌也。以死者爲不可別已，故以其旗識之。愛之，斯録之矣。敬之，斯盡其道焉耳。」

〔一六〕説文糸部曰：「絳，大赤也。」周禮春官司常曰：「司常掌九旗之物名。」鄭注云：「凡九旗之帛皆用絳。」是周之九旗皆紅色，故曰絳帛即紅絹。

〔一七〕所有刊本俱作「以下」。按，一、二、三品者用九尺，四、五品者用八尺，六、七、八、九品者用七尺。故當爲「五品以上八尺」。底本欄外所附校記云「『五品以下』之『下』當作『上』」。

〔一八〕性理本「終」訛作「中」。爾雅釋天曰：「緇廣充幅，長尋曰旐。」按終幅長爲八尺，充幅即爲二尺四寸，一尋約合八尺。旐縿一尋，則旗長一尋半，旟長二尋，旂長二尋半，常長三尋，旐充幅二尺四寸，旗寬三尺六寸，旟寬四尺八寸，旂寬六尺，常寬七尺二寸。

〔一九〕朱子文集卷六三答郭子從曰：「古者旌既有等，故銘亦有等。今既無旌，則如温公之制，亦適時宜，不必以爲疑也。」

〔二〇〕性理本「倚」訛作「荷」。

〔二一〕其法上下具用横木，横木作二小幾，結紐用木，竹竿豎之，以紅絹細帛爲之，懸於靈座之右。○按，竹杠所以爲銘旌之杆，於杆頭刻木爲鳳，垂以流蘇。襲後懸銘旌者也。書儀謂「當置於屋西階下」。性理本於此條下引司馬公曰：「銘旌，設跗立於殯。東注，跗，杠足也，其制如傘架。」

〔二二〕謝應芳辨惑編卷二治喪曰：朱子知漳州，諭其民曰：「凡遭喪之家，不須齋僧供佛，廣設威儀，但只隨家豐儉，早令亡人入土。如違，依條科一百，官員不得注官，士人不得應舉，鄉里親知來相弔送，但可協力資助，不當責其供備飲食。」

〔二三〕集注本「信」訛作「言」。

〔二四〕錦繡萬花谷前集卷二九浮圖名議曰：「梵語佛陀，或云浮圖，或云部多，或母馱，或没陀，皆是五天竺語楚夏也。並譯爲覺。」道士三破論曰：「佛，舊經本云浮屠。始死，佛有所謂送重喪法。」吹劍録引唐太常博士「喪煞損害法」，如巳日死者雄煞，四十七日回殺。十三四歲女雌煞，出南方第三家，煞白色男子，或姓鄭、潘、孫、陳，至二十日及二十九日兩次回喪家，故世俗相承，至期必避之。陔餘叢考以爲唐時已有此風。洪邁夷堅志乙卷一董成二郎曰：「董成二郎死而既斂，家人用俚俗法篩細灰於灶前，覆以甑，欲驗死者所趨。已而見鵝足跡儼立於灰上，皆疑董已墮入畜類。」

〔二五〕七七，亦曰作七。人初終七日後謂之頭七。此後每七日一祭，至四十九日爲止。蓋瑜伽論認爲，爲人生有六道流轉，在人死此生彼之間，有中陰身如童子形，尋求生緣，以七日爲一期，若七日終，不得生緣。則隔續七日，至第七個七日終，必生一處。北史外戚傳胡國珍曰：「又詔自始薨至七七，皆爲設千僧齋，齋令七人出家；百日設萬人齋，二七人出家。」閻若璩潛邱劄記卷五曰：「今人以初喪四十九日，居於柩側，謂之七七。」

〔二六〕百日，舊俗人死百日，喪家多延僧道誦經拜懺。

〔二七〕水陸大會，蓋法界聖凡水陸普度大齋勝會之謂。水陸之名，始見於宋遵式之施食正名。釋門正統卷四利生志曰：「所謂水陸者，取諸仙致食於流水，鬼致食於浄地之義。亦因武帝夢一神僧，告曰：『六道四生，受苦無量。何不作水陸，普濟群靈，諸功德中最爲第一。』帝問沙門，咸無知者，唯志公勸帝廣尋經論，必有因緣。於是搜尋貝葉，置法雲殿，早夜披覽，及詳阿難遇面燃鬼王，建立平等斛食之意，用製儀文，三年乃成。遂於潤〔州〕之金山寺修設，帝躬臨地席，詔佑律師宣文。」宗賾水陸緣起曰：「今之供一佛、齋一僧、施一貧、勸一善，尚有無量功德，何況普遍供養十方三寶、六道萬靈，豈止自利一身，獨超三界，亦乃恩沾九族。」宋熙寧中，東川楊鍔祖述舊規，又製儀文三卷，行於蜀中，最爲近古。佛國記曰：「法顯住此二年，寫經及畫像。」新唐書常衮傳曰：「今軍旅未寧，王畿户口十不一在，而諸祠寺寫經造像，焚幣埋玉，所以賞賚若比丘、道士、巫祝之流，歲巨萬計。」資治通鑑唐紀二十八曰：「丁未，梁文獻公姚崇薨，遺令，佛以清浄慈悲爲本，而愚者寫經造像，冀以求福。昔周、齊分據天下，周則毁經像而修甲兵，齊則崇塔廟而弛刑政，一朝合戰，齊滅周興。近者諸武、諸韋，造寺度人，不可勝紀，無救族誅。」

〔二八〕底本、性理本「此」作「死」，據書儀與他本改。

〔二九〕般若波羅蜜多心經曰：「妄謂人死，神亦飄散，剉燒舂磨，將安所施。」

〔三〇〕楞嚴經卷七曰：「二習相陵，有罪者入寒冰地獄，故有波波、吒吒、羅羅、青赤白蓮、寒冰等事。」敦煌變文集大目乾連冥間救母變文曰：「何時出離波吒苦，豈敢承望重爲人。」

〔三一〕性理本「苦」訛作「味」。

〔三二〕程敏政篁墩文集卷五九對佛問曰：「予嘗考之，佛之國在極西之境，其所居謂之天堂，猶後世天朝之闕之云。其犯罪者，皆掘地爲居室而處之，謂之地獄。如南宋主子業因其諸王爲地牢，亦此類也。其法有剉燒舂磨之刑；如史所載九黎、三苗之爲者；閻羅則後世之刑官；金剛則後世之衛士也，皆其蕃國處生人之制。而學佛者不察，謂施已死者，則世相傳流，本非佛氏真教也。所謂夜叉、羅刹鬼國者，皆其西方之土名，其地去中國既遠，風化不及，故其所生亦多異狀，無復人類，如史所載狗國、羅施鬼國者，可攷也。○新井白石曰：「天堂地獄之事，雖是浮屠設以誘愚民爲善去惡之意，而實非中國有此陰府之事，尤見浮屠之僞也。」

〔三三〕底本欄外所附録校記云「『治』，一作『私』」。

〔三四〕底本、集注本、成書本、性理本「李丹」原作「李舟」，據書儀、鈔配本、明刻本、四庫本、公善本改。○按廬州誤，當爲虔州，即今江西贛州。新唐書宗室世系表載，李岑生二子，李舟、李丹。李舟爲虔州刺史，李丹爲豪州刺史。太平廣記卷一〇一釋证三引李肇唐國史補曰：「李丹爲虔州刺史，與妹書曰：『釋迦生中國，設教如周孔；周孔生西方，設教如釋迦。天堂無則已，有則君子登；地獄無則已，有則小人入。』識者以爲知言。」

〔三五〕底本、成書本、性理本、明刻本、四庫本、公善本「何其易惑」後衍一「而」字，據鈔配本、集注本刪。

〔三六〕真德秀西山文集卷四〇泉州勸孝文曰：「夫送終之禮稱家有無，昔人所謂必誠必信者，惟棺槨衣衾至爲要切，其他繁文外飾皆不必爲。……自今而後，富者則願其削世俗不正之禮，省虚華無益之費，審欲爲親祈福，豈若捐金穀以濟飢貧，爲善事，顧不美歟？」真文公之説，欲轉無益爲有用矣。

〔三七〕十王，據佛祖統紀十王經等書，一曰秦廣王，二曰楚江王，三曰宋帝王，四曰五官王，五曰閻羅王，六曰卞城王，七曰泰山王，八曰平等王，九曰都市王，十曰轉輪王。家禮會通卷四不作佛事注云：「或問：『不作佛事，或有非之者曰吝財以儉其親。自中人以下，見理不明，執善不固者，無不墮其計，奈何？』曰：『君子用財，視義可否。縱傾産以資佛老，何益亡者。至於葬具，反爲苟且多矣。蓋親喪，固所自盡也。衣衾棺槨極誠營之，宅兆祭祀盡禮爲之而已。固不可避小嫌而乖大義，亦不可恤人言而墮其計也。』」

〔三八〕底本、成書本、性理本作「不學者固不足與言」，鈔配本、集注本、明刻本、公善本「與」字脱。按，書儀原本作「不學者固不足與言」。

〔三九〕底本「上香」原作「焚香」，據他本改。性理本作「止香」。

〔四〇〕底本、成書本、性理本、明刻本、四庫本「相持」原作「相向」，據鈔配本、集注本、公善本改。

小斂、袒、括髮、免、髽、奠、代哭

〔4—1〕厥明，謂死之明日〔一〕。

〔4—2〕執事者陳小斂衣衾，以卓子陳於堂東北壁下〔二〕。據死者所有之衣，隨宜用之。若多，則不必盡用也〔三〕。衾用復者〔四〕。絞，横者三，縱者一，皆以細布或綵一幅而析其兩端爲三〔五〕。横者取足以〔六〕周身相結〔七〕；縱者取足以掩首至足而結於身中。

〔4—3〕設奠，設卓子於阼階東南，置奠饌及盞〔八〕注於其上，巾之。設盥盆、帨巾〔九〕各二於饌東。其東有臺者，祝所盥也。其西無臺者，執事者所盥也。别以卓子設潔滌盆、新拭巾於其東，所以洗盞、拭盞也。此一〔一〇〕節至遣並同。

〔4—4〕具括髮麻、免布、髽麻。括髮，謂麻繩撮髻，又以布爲頭𦅾〔一一〕也。免，謂裂布或縫絹，廣寸，自項向前交於額上，卻遶髻如著掠頭也。髽，亦用麻繩撮髻〔一二〕，竹木爲簪也。設之皆於别室。

〔4—4〕設小斂床〔一三〕、布絞、衾衣。設小斂床，施薦席、褥於西階之西，鋪絞衾衣，舉之升自西階，置於尸南。先布絞之横者三於下，以備周身相結。乃布縱者一於上，以備掩首及足也。衣或顛或倒，但取方正，唯上衣〔一四〕不倒。

〔4—5〕乃遷襲奠。執事者遷置靈座西南，俟設新奠乃去之。後凡奠，皆放此。

〔4—6〕遂小斂。侍者盥手舉尸，男女共扶助之，遷於小斂床上。先去枕，而舒絹、疊衣，以藉其首。仍卷兩端，以補兩肩空處，又卷衣，夾其兩脛〔一五〕，取其正方，然後以餘衣掩尸，左衽不紐。裹之以衾，而未〔一六〕結以絞，未掩其面。蓋孝子猶俟其復生〔一七〕，欲時見其面故也。斂畢，則〔一八〕覆以衾。

〔4—7〕主人主婦，憑尸哭擗。主人西向，憑尸哭擗。主婦東向，亦如之。

○凡子於父母憑之。父母於子，夫於妻執之。婦於舅姑奉之。舅於婦撫之，於昆弟執之。凡憑尸，父母先，妻子後〔一九〕。

〔4—8〕袒、括髮、免、髽於別室。男子斬衰〔二〇〕者，袒，括髮。開上衣，始用麻繩。齊衰以下至同五世祖者，皆袒、免於別室。婦人髽於別室〔二一〕。

〔4—9〕還，遷尸牀於堂中。執事者徹襲床，遷尸其處。哭者復位，尊長坐，卑幼立。

〔4—10〕乃奠。祝帥執事者盥手，舉饌，升自阼階，至靈座前。祝焚香，洗盞，斟酒，奠之。卑幼者皆再拜，侍者巾之。

〔4—11〕主人以下哭盡哀，乃代哭〔二二〕，不絕聲。

校注

〔一〕死之明日而小斂。禮記檀弓上曰：「喪三日而殯，凡附於身者，必誠必信，勿之有悔焉耳矣。三月而葬，凡附於棺者，必誠必信，勿之有悔焉耳矣。」

〔二〕底本原作「以卓子陳於堂東壁下」，「北」字脱，成書本「子」字脱，性理本「東」字脱，據鈔配本、集注本、明刻本、四庫本、公善本補。

〔三〕底本、集注本、成書本、性理本、四庫本作「則不必盡用也」，鈔配本、公善本作「則不必用也」，「盡」字脱。按原文意，言小斂不必用死者所有之衣，故鈔配本、公善本誤。

〔四〕按斂、襲之別，蓋斂以藏尸，襲以衣尸。又大、小斂之別，在衣衾數之多少。人始死，斯惡之斂之者，所以使人之弗惡，必絞之以斂也。書儀卷五小斂曰：「古者死之明日小斂，又明日大斂，顛倒衣裳，使之正方。束以絞衾，韜以衾冒，皆所以保其肌體也，今世俗有襲而無大小斂，所闕多矣。古者士襲衣三稱，大夫五稱，諸侯七稱，公九稱，小斂，尊卑通用十九稱，大斂，士三十稱，大夫五十稱，君百稱，此非貧者所辦也。」

〔五〕家禮所謂絞，皆以細布或綵一幅而析其兩端爲三片，横者中八寸，縱者留三分之二。聶崇義三禮圖集注卷一七曰：「絞即斂，所用束堅之者也，縱者一幅，其長九至十尺，置於尸下。横者三幅，其長各三至四尺，亦在尸下，縱者在横者之上。」

〔六〕成書本「以」字脱。

〔七〕成書本「相結」二字脱。

〔八〕底本、性理本、成書本、明刻本、四庫本「盃」原作「盞」，據集注本、鈔配本、公善本改。

〔九〕帨，用以拭手者。巾，用以拭物者。説文巾部：「佩巾也。帨，帥或從兑。」

〔一〇〕集注本「一」字脱。

〔一一〕𦋺，束髮帶。集韻虞韻：「繒頭也。」

〔一二〕成書本「髻」作「髽」。

〔一三〕設小斂床於西階之西。薦施於牀上，席上施齊。鋪絞衾衣，即布絞，又於布絞上加衾。

〔一四〕書儀卷五小斂「上衣不倒」注曰：「上衣，謂公服襴衫之類，故尊之。」

〔一五〕脛，小腿。廣韻：「脚脛。」釋名釋形體：「脛，莖也。直而長，似物莖也。」説文肉部：「胻也。」段注：「膝下踝上曰脛，脛之言莖也，如莖之載物，从肉。」

〔一六〕公善本「未」訛作「末」。

〔一七〕成書本「復生」訛作「復上」。

〔一八〕底本、成書本「則」作「別」，據他本改。

〔一九〕底本「後」原作「從」，據他本改。禮記集説曰：「憑之者，身俯而憑之；執之者，執其衣；奉之者，捧持其衣；撫之者，撫按之也；拘者，微牽引其衣也。皆當尸之心胸處也。謂尸之父母、妻子、尊者先憑，卑者後憑。」

〔二〇〕衰，集韻倉回切。類篇：「同縗，喪服也。」斬衰、齋衰爲喪服之不同等級，詳下文。

〔二一〕開上衣，用纏頭，或用布巾。婦人用麻繩撮髻，戴竹木簪。家禮附注曰：「小斂變服斬衰者，袒、括髮。今人無袒、括髮一節，何也？緣世俗以襲爲小斂，故失此變服一節。在禮聞喪、奔喪，入門詣柩前，再拜，哭盡哀，乃就東方，去冠及上服，被髮，徒跣，如始喪之儀。詣殯東面坐，哭盡哀。乃就東方，袒、括髮，又哭盡哀，如小斂之儀。明日後日朝夕猶袒括髮。至家四日，乃成服，夫奔喪禮之變也，猶謹其序，而況處禮之常，可欠小斂一節，又無袒，括髮乎？此則孝子知禮者，所當謹而不可忽也。」

〔一二〕代哭者，以孝子不食疲倦，難以哭，使家人親屬與之更相代哭。晝夜不斷聲，至成服而止，惟寡婦不夜哭，蓋遠嫌之道，不得不然。儀禮士喪禮曰：「賓出，主人拜送於門外，乃代哭，不以官。」鄭注：「代，更也。孝子始有親喪，悲哀憔悴，禮防其以死傷生，使之更哭，不絶聲而已。」

大斂

〔5—1〕厥明，小斂之明日，死之第三日也。司馬公曰：「禮曰：『三日而斂者，俟其復生也。三日而不生，則亦不生矣。故以三日爲之，禮也。』〔一〕今貧者喪具或未辦，或漆棺未乾，雖過三日，亦無傷也。世俗以陰陽拘忌〔二〕，擇日而斂，盛暑之際，至有汁出蟲流，豈不悖哉？」

〔5—2〕執事者陳大斂衣衾，以卓子陳於堂東壁下，衣無常數，衾用有綿者〔三〕。

〔5—3〕設奠具。如小斂之儀。

〔5—4〕舉棺入，置於堂中少西，執事者先遷靈座及小斂奠於旁側。役者舉棺以入，置於牀西，承以兩凳。若卑幼則於別室。役者出，侍者先置衾於棺中，垂其裔於四外。司馬公曰：「周人

殯于西階之上。今堂室異制，或狹小，故但於堂中少西而已。今世俗多殯於僧舍，無人守視。往往以年月未利，踰數十年不葬，或爲盜賊所發，或爲僧所棄，不孝之罪，孰大於此？」〔四〕

〔5—5〕乃大斂。侍者與子孫婦女俱盥手，掩首，結絞，共舉尸納於棺中。實生時所落齒髮〔五〕及所剪爪於棺角。又揣其空缺〔六〕處，卷衣塞之，務令充實，不可搖動。謹勿以金玉珍玩置棺中，啓盜賊心。收衾，先掩足，次掩首，次掩左，次掩右，令棺中平滿。主人主婦憑哭盡哀，婦人退入幕下〔七〕。乃召匠加蓋下釘。徹牀，覆柩以衣。祝〔八〕取銘旌，設跗於柩東，復設靈座於故處，留〔九〕婦人兩人守之〔一〇〕。司馬公曰：「凡動尸舉柩，哭擗無筭〔一一〕。然斂殯〔一二〕之際，亦當輟哭臨視，務令安固，不可但哭而已〔一三〕。」

○按古者大斂而殯，既大斂則累墼〔一四〕塗之，今或漆棺未乾，又南方土多螻蟻，不可塗殯，故從其便。

〔5—6〕設靈床於柩東。牀、帳、薦、席、屛〔一五〕、枕、衣、被〔一六〕之屬，皆如平生時。

〔5—7〕乃設奠。如小斂之儀。

〔5—8〕主人以下各歸喪次。中門之外，擇朴陋之室，爲丈夫喪次。斬衰寢苫枕塊〔一七〕，不脱絰帶，不與人坐焉，非時見乎母也，不及中門。齊衰寢席，大功以下異居者，既殯而歸，居宿於外，三月而復寢。婦人次於中門之內別室，或居殯側，去帷帳〔一八〕衾褥之華麗者，不得輒至男子

喪次。

〔5—9〕止代哭者。

校注

〔一〕禮記問喪曰：「或問曰：『死三日而後斂者，何也？』曰：『孝子親死，悲哀志懣，故匍匐而哭之，若將復生然，安可得奪而斂之也？故曰：三日而後斂者，以俟其生也。三日而不生，亦不生矣。孝子之心，亦益衰矣。家室之計，衣服之具，亦可以成矣。親戚之遠者，亦可以至矣。是故聖人爲之斷決，以三日爲之禮制也。』」孔疏：「『三日斂』者，以士言之，則大斂也；明大夫以上言之，則小斂也。」

〔二〕陰陽拘忌，禁忌之謂。太史公謂陰陽家多拘忌。儲泳祛疑説陰陽家多拘忌引此曰：「將盡從之，則彼可此否，不勝其牽制；將盡棄之，則禍福顯驗，有不可誣者。然則何爲而可？余爲之斷曰：大而緊者避之，小而緩者略之，合於理者從之，背於理者去之。」宋史宋祁傳曰：「自爲誌銘及治戒以授其子曰：『三日斂，三月葬，慎無爲流俗陰陽拘忌也。』」

〔三〕家禮附注曰：「愚按，儀禮士喪：『大斂，衣三十稱，紟不在筭，不必盡用。』注云：『紟，單被也。小斂衣數，自天子達大斂則異矣。大斂布絞縮者三，横者五。』高氏曰：『大斂之絞縮者三，蓋取一幅布，裂爲三片也。横者五，蓋取布二幅，裂爲六片而用五也，以大斂衣多，故每幅三析用之，以爲堅之急也。衾凡二，一覆之，一藉之。』」

〔四〕殯，停柩待葬。釋名釋疾病：「殯，賓也，賓客遇之，言稍遠也。」言周人殯於西階之上，此古禮之不同也。按孔子嘗謂子貢曰：「夏人殯於東階，周人於西階，殷人兩柱間。」又曲禮曰：「夏后氏殯於東階之上，則猶在阼也；殷人殯於兩楹之間，則與賓主夾之也；周人殯於西階之上，則猶賓之也。」周人以死生不同，而鬼神之位在西，故殯於西階之上，則猶在賓客之處也。○世俗多於僧舍，按舊唐書顏真卿傳曰：「河東有鄭延祚者，母卒二十九年，殯僧舍垣地。」蔣一葵堯山堂外記卷四八宋曰：「鄭獬卒之日，家貧子弱，藁殯僧舍者十餘年，及滕甫守安州，乃克葬。」○周禮注疏卷二六引檀弓曰：「飯於牖下，小斂於户内，大斂於阼，殯於客位，祖於庭，葬於墓，所以即遠也。」禮記集説禮類三曰：「飯於牖下者，尸沐浴之後，以米及貝，實尸之口中也，時尸在西室牖下南首也；小斂在户之内；大斂出在東階，未忍離其爲主之位也，主人奉尸斂于棺，則在西階矣，掘肂於西階之上。」○肂，陳也。謂陳尸於坎也，置棺於肂中而塗之。謂之殯，及啓而將葬，則設祖奠於祖廟之中庭，而後行自牖下而户内而阼階而客位而庭内墓。皆一節遠於一節。荀子禮論曰：「喪禮之凡：變而飾，動而遠，久而平。故死之爲道也，不飾則惡，惡則不哀；尒則翫，翫則厭，厭則忘，忘則不敬。」

〔五〕底本、成書本、性理本作「齒髮」，鈔配本、集注本、明刻本、四庫本、公善本作「髮齒」。按魏人繆襲曰：「形容稍歇滅，齒髮行當墮。」「齒髮」爲慣用語。

〔六〕底本、成書本、性理本、明刻本、四庫本作「缺」，集注本作「闕」，鈔配本、公善本作「鈌」。

〔七〕底本、成書本、性理本、明刻本、四庫本「幕下」原作「幕中」，據鈔配本、集注本、公善本改。

〔八〕成書本「祝」字脱。

〔九〕底本、鈔配本、性理本、明刻本、公善本作「留」，集注本、成書本作「令」。

〔一〇〕禮記喪大記曰：「君、大夫鬊爪，實于綠中，士埋之。」孔疏：「綠即棺角也，其死者亂髮及手足之爪，盛於小囊，實於棺角之中。」主人主婦憑棺而哭，哭盡哀止。釘用五支，棺四角各一支，棺頭一支。此言闔棺，定事也。商君書賞刑曰：「民之欲富貴也，共闔棺而後止」。○本段俱引自書儀「大斂殯」節。

〔一一〕筭，即算。説文竹部：「筭長六寸，計歷數者。从竹从弄，言常弄乃不誤也。」

〔一二〕底本、成書本、性理本「斂殯」原作「殯斂」，據書儀之「大斂殯」節與他本改。

〔一三〕成書本「而已」訛作「高已」。

〔一四〕甓，古歷切，累磚之未燒者。朱子語類卷八九禮六曰：「先生殯其長子，諸生具香燭之奠。先生留寒泉殯所受吊，望見客至，必涕泣遠接之；客去，必遠送之。就寒泉菴西向殯，掘地深二尺，闊三四尺。內以火磚鋪砌，用石灰重重遍塗之，棺木及外用土磚夾砌。將下棺，以食五味奠亡人，次子以下皆哭拜。諸客拜奠，次子代亡人答拜，蓋兄死子幼，禮然也。」

〔一五〕底本「屏」字原脱，據他本補。

〔一六〕底本欄外所附校記云「『被』，一作『衾』」。

〔一七〕儀禮既夕禮曰：「居倚廬，寢苫，枕塊。」鄭注：「苫，編藁；塊，堛也。」賈疏：「孝子寢卧之時，寢於苫，以塊枕頭。必寢苫者，哀親之在草；枕塊者，哀親之在土。」

〔一八〕家禮考證曰：「蓋在旁施之，象土壁者爲帷，在上張之，象舍屋者爲幕幄，則承之內設之，以象宮室，帟者，在幄之內，坐上承塵者也，帳幄之總名。」

成服〔一〕

〔6—1〕厥明，大斂之明日，死之第四日也。

〔6—2〕五服之人，各服其服〔二〕。入就位，然後朝哭，相弔如儀〔三〕。

〔6—3〕其服之制〔四〕，

〔6—4〕一曰斬衰〔五〕三年。斬，不緝也。衣裳皆用極麤生布，旁及下際皆不緝也〔六〕。裳，前三幅，後四幅，縫内向，前後不連，每幅作三㡇。㡇，謂屈其兩邊相著而空其中也。衣長過腰，足以掩裳上際，縫外向。背有負版，用布方尺八寸，綴於領下垂之前。當心有衰，用布長六寸，廣四寸，綴於左衿之前。左右有辟領，各用布方八寸，屈其兩頭，相著爲廣四寸，綴於領下，在負版兩旁各攙負版一寸。兩腋下有衽，各用布三尺五寸，上下各留一尺正方。一尺之外，上於左旁裁入六寸，下於右旁裁入六寸，便於盡處相望斜裁，却以兩方左右相沓，綴於衣兩旁，垂之向下，狀如燕尾，以掩裳旁際也。

冠，比衣裳用布稍細，紙糊爲材，廣三寸，長足跨頂，前後裹以布，爲三㡇，皆向右縱縫之。用麻繩一條，從額上約之，至頂後交過前，各至耳，結之以爲武。屈冠兩頭入武内，向外反屈之，縫於武。武之餘繩垂下爲纓，結於頤下。

首絰〔七〕，以有子麻爲之，其圍九寸，麻本在左，從額前向右圍之，從頂過後，以其末加於本上，又以繩爲纓以固之，如冠之制。腰絰大七寸有餘，兩股相交，兩頭結之，各存麻本，散垂三尺。其交結處兩旁各綴細繩繫之。絞帶，用有子麻繩一條大半，腰絰，中屈之爲兩股，各一尺餘，乃合之。其大如絰。圍腰從左過後至前，乃以其右端穿兩股間，而反插於右，在絰之下〔八〕。

苴〔九〕杖用竹，高齊心，本在下。屨亦粗麻爲之〔一〇〕。

婦人則用極麤生布爲大袖、長裙、蓋頭，皆不緝，布頭帣、竹釵、麻屨。衆妾則以背子代大袖。凡婦人皆不杖。

其正服，則子爲父也〔一一〕。

其加服，則嫡孫父卒爲祖，若曾、高祖承重者也，父爲嫡子，當爲後者也〔一二〕。

其義服，則婦爲舅也。夫承重則從服也，爲人後者爲所後父也，爲所後祖承重也，夫爲人後，則妻從服也，妻爲夫也，妾爲君也〔一三〕。

〔6—5〕二曰齊衰三年〔一四〕。齊，緝也。其衣裳冠制，並如斬衰。但用次等麤生布，緝其旁及下際。冠以布〔一五〕爲武及纓。首絰以無子麻爲之，大七寸餘，本在右，末繫本下，布纓。腰絰大五寸餘。絞〔一六〕帶以布爲之，而屈其右端尺餘。杖〔一七〕以桐爲之，上圓下方。

婦人服同斬衰，但布用次等爲異。後皆放此。

其正服，則子爲母也，士之庶子爲其母同〔一八〕，而爲父後，則降也。其加服，則嫡孫父卒爲祖母，若曾、高祖母承重者也，母爲嫡子，當爲後者也。其義服，則婦爲姑也，夫承重則從服也；爲繼母〔一九〕也；爲慈母，謂庶子無母，而父命他妾之無子者慈己也；繼母爲長子也；妾爲君之長子也。

〔6—6〕杖期〔二〇〕，服制同上，但又用次等生布。

其正服，則嫡孫，父卒祖在，爲祖母也。其降服〔二一〕，則爲嫁母、出母〔二二〕也。其義服，則爲父卒繼母嫁，而己從之者也；夫爲妻也；子爲父後則爲出母嫁母。無服，繼母出則無服也〔二三〕。

〔6—7〕不杖期〔二四〕，服制同上。但不杖，又用次等生布。

其正服，則爲祖父母，女雖適人，不降也；庶子之子爲父之母，而爲祖後則不服也；爲伯叔父也；爲兄弟也；爲衆子男女也；爲兄弟之子也；爲姑姊妹女在室及適人而無夫與子者也；婦人無夫與子者爲其兄弟姊妹及兄弟之子也；妾爲其子也〔二五〕。其加服，則爲嫡孫若曾、玄〔二六〕孫當爲後者也；女適人者爲兄弟之爲父後者也。其降服，則嫁母出母爲其子，子雖爲父後猶服也，妾爲其父母也。

其義服，則繼母、嫁母爲前夫之子從己者也；爲伯叔母也；爲夫兄弟之子也；繼父同居父子皆無大功之親者也〔二七〕；妾爲女君也；妾爲君之衆子也；舅姑爲嫡婦也。

〔6—8〕五月〔二八〕，服制同上。

其正服，則爲曾祖父母，女適人者，不降也。

〔6—9〕三月〔二九〕。服制同上。

其正服，則爲高祖父母，女適人者不降也。

其義服，則繼父不同居者，謂先同今異，或雖同居而繼父有子，已有大功以上親者也。其元不同居者則不服〔三〇〕。

〔6—10〕三曰大功九月〔三一〕。服制同上。但用稍粗熟布，無負版、衰、辟領，首絰五寸餘，腰絰四寸餘。

其正服，則爲從父兄弟姊妹，謂伯叔父之子也；爲衆孫男女也。其義服，則爲衆子婦也，爲兄弟子之婦也，爲夫之祖父母、伯叔父母、兄弟子之婦也；夫爲人後者，其妻爲本生舅、姑也〔三二〕。

〔6—11〕四曰小功五月〔三三〕。服制同上。但用稍熟細布〔三四〕，冠左縫，首絰四寸餘，腰絰三寸餘。

其正服，則爲從祖祖父、從祖祖姑，謂祖之兄弟姊妹也。爲兄弟之孫。爲從祖父、從祖姑，謂從祖祖父之子〔三五〕，父之從父兄弟姊妹〔三六〕也。爲從父兄弟之子也；爲從祖兄弟姊妹，謂從祖父之子〔三七〕，所謂再從兄弟姊妹者〔三八〕也；爲外祖父母，謂母之父母也；爲舅，謂母之兄弟也；爲甥，謂姊妹之子也。爲從母，謂母之姊妹也〔三九〕。爲姊妹之子也，爲同母異父之兄弟姊妹也〔四〇〕。

其義服，則爲從祖祖母也；爲夫兄弟之孫也；爲從祖母也；爲夫從兄弟之子也，爲夫之姑姊妹，適人者不降也；女爲兄弟侄之妻，已適人亦不降也；爲娣、姒婦，謂兄弟之妻相名，長婦謂次婦曰娣婦，娣婦〔四一〕謂長婦曰姒婦也；庶子爲嫡母之父母、兄弟、姊妹，嫡母死則不服也，母出則爲繼母之父母、兄弟、姊妹也；爲庶母慈己者，謂庶母之乳養己者也〔四二〕；爲嫡孫，若曾、玄孫之當爲後者之婦，其姑在則否也；爲兄弟之妻也，爲夫之兄弟也。

〔6—12〕五曰緦麻〔四三〕三月〔四四〕。服制同上。但用極細熟布，首絰三寸，腰絰二寸，並用熟麻。纓亦如之。

其正服，則爲族曾祖父、族曾祖姑，謂曾祖之兄弟、姊妹也；爲兄弟之曾孫也；爲族祖父、族祖姑，謂族曾祖父之子也；爲從父兄弟之孫也；爲族父、族姑，謂族祖父之子也；爲從祖兄弟之子也，爲族兄弟姊妹，謂族父之子，所謂三從兄弟姊妹也；爲曾孫、玄孫也；爲外孫也；爲從母兄弟姊妹，謂從母之子也；爲外兄弟，謂姑之子也；爲內兄弟，謂舅之子也。

其降服，則庶子爲父後者爲其母，而爲其母之父母、兄弟、姊妹則無服也。

其義服，則爲族曾祖母也；爲夫兄弟之曾孫也；爲族祖母也；爲夫從兄弟之孫也；爲族母也；爲夫從祖兄弟之子也；爲庶孫之婦也；士爲庶母，謂父妾之有子者也；爲乳母也；爲壻也。爲妻之父母，妻亡而別娶亦同，即妻之親母，雖嫁出猶服也；爲夫之曾祖高祖也；爲夫之從祖祖父母也；爲兄弟孫之婦也；爲夫兄弟孫之婦也；爲夫之從祖父母也；爲從父兄弟子之婦也；爲夫從兄弟子之婦也；爲夫從父兄弟之妻也；爲夫之從父姊妹，適人者不降也；爲夫之外祖父母也；爲夫之從母及舅也；爲外孫婦也；女爲姊妹之子婦也；爲甥婦也。

〔6—13〕凡爲殤〔四五〕服，以次降一等。凡年十九至十六爲長殤；十五至十二爲中殤；十一至八歲爲下殤。應服期者，長殤降服大功九月；中殤七月；下殤小功五月。應服大功以下，以次降等。不滿八歲，爲無服之殤，哭之以日易月，生未三月則不哭也。男子已娶，女子許嫁，皆不爲殤。

〔6—14〕凡男爲人後，女適人者，爲其私親皆降一等，私親之爲之也亦然。女適人者降服，未滿被出，則服其本服，正除則不復服也。凡婦服夫黨，當喪而出則除之。凡妾爲其私親，則如衆人。

〔6—15〕成服之日，主人及兄弟始食粥。諸子食粥。妻妾及期九月，疏食水飲，不食菜果；五月、三月者，飲酒食肉，不與宴樂。自是無故不出，若以喪事及不得已而出入，則乘樸馬、布

鞍、素轎、布簾〔四六〕。

〔6—16〕凡重喪未除而遭輕喪，則制其服〔四七〕而哭之，月朔設位，服其服而哭之。既畢，返重服，其除之也，亦服輕服；若除重喪而輕服未除，則服輕服以終其餘日。

校注

〔一〕成服，謂按親疏穿上不同的喪服，古者三日而殯，殯之明日成服。禮記王制曰：「天子七日而殯，七月而葬。諸侯五日而殯，五月而葬。大夫、士、庶人三日而殯，三月而葬。」檀弓引子思言曰：「喪三日而殯，凡附於身者，必誠必信，勿之有悔焉耳矣。」儀禮士喪禮曰：「三日，成服。」鄭注：「既殯之明日，全三日，始歠粥矣。」楊氏附録曰：「大殮雖畢，人子不忍死其親，故不忍遽成服，必四日而後成服，故大斂與成服不可同日。世人或以斂具未備，過三日而大斂，仍以其日成服，殊失禮意也。」○按品官之喪，三品以上，三日成服，除去死日數。六品以下，則並死日爲三日。

〔二〕有服者，各服冠衰屨，謂之成服。儀禮士喪禮曰：「朝夕哭，不辟子卯。」鄭注：「既殯之後，朝夕及哀至乃哭，不代哭也。」胡培翬儀禮正義曰：「凡有服者，各服其冠衰屨，斬衰者不括髮。齊衰以下不免，而去纚如故。婦人髽者，笄之而著總，亦去纚如故。全三日者。」

〔三〕通典卷百四十禮一百曰：「三日成服及廬、堊室、苫塊、薦席變除之節，皆如在家之禮，唯不設奠祭。（以其精神不在於此。）」新唐書禮樂志曰：「三日成服，内外皆哭，盡哀。乃降就次，服其服，無服者仍素服。相者引主人以下俱杖升，立於殯，内外皆哭。諸子孫跪哭尊者之前，祖父撫之，女子子對立而哭，唯諸父不撫。尊者出，主人以下降立阼階。」

〔四〕開元禮卷百三十二曰：「服分斬衰三年；齊衰三年、齊衰杖周、齊衰不杖周、齊衰五月、齊衰三月；大功長殤九月、大功中殤三月、大功成人九月；小功五月；緦麻三月。」

〔五〕斬者，取其痛之義。衰者，推也。龔端禮五服圖解五服義解斬衰釋曰：「用布一片，長六寸，闊四寸。綴在胸前，明其孝心，有衰推之意。又周服制云：『在上曰衰，在下曰裳。』禮記曰：『創鉅者，其日久痛甚者，其逾遲。』鄭玄云：『斬衰，用三升苴麻，每升八十縷，爲經，不過二百四十經，闊不過二尺二寸。』白虎通曰：『苴麻連根，其色黧黑，貌其惡也。』禮云：『不去其根，謂父子之道，不絶其根本也。』」又曰：「斬衰三年凡八章，爲親父、父爲長子、嫡孫爲祖父、爲人後者爲所後父、養父、婦爲舅、妻爲夫、妾爲主。」

〔六〕底本、性理本「皆不緝也」原作「皆不緝也，衣縫外向」，「衣縫外向」四字據他本删。

〔七〕絰，玉篇糸部：「麻帶也。」首絰，實也。萬斯大禮記偶箋曰：「此明絰之義實者，誠信之謂也。人子於親喪附身附棺，必誠必信。故因絰著義，欲人之顧名而自盡也。」

〔八〕五服圖解絰帶制曰：「士喪禮疏曰：『麻在首在要皆曰絰。分而言之，首曰絰，要曰帶。』朱先生曰：『首絰，右本在上者，齊衰絰之制，以麻根處著頭。右邊而從額前向左圍，向頭後却就右邊，無麻根處相接，以麻尾藏在麻根之下，麻根搭在麻尾之上。有纓者以其加於冠外，須著纓方不脱落也。』問絰帶之制，先生曰：『首絰，大一搤，只是拇指與第二指一圍。腰絰較小，絞帶又小於腰絰，腰絰像大帶，兩頭長垂下，絞帶像革帶，一頭有彄子，以一頭串於中而束之。』」

〔九〕底本、性理本、成書本「苴」字前有圈，據他本删。底本欄外所附校記云「圈宜當删去」。明刻本、四庫本「苴」訛作「其」。

〔一〇〕五服圖解屨制曰：「斬衰菅屨，齊衰疏屨。傳云：『菅者，菲也；疏者，藨蒯之菲也。』小記：『齊衰三月，與大功同繩屨。』鄭康成云：『小功以下，麻屨，無絇。』按疏云『絇者，屨鼻頭有飾，爲行戒』，今喪中去飾，故無絇也。晦庵云：『五服皆是麻屨，惟麄細之異耳。』」

〔一一〕五服圖解正服曰：「謂正先祖之體本族之正。如子爲父服斬衰三年，爲母服齊衰三年。正禮當服之服，故曰正服。」〇爲父者，即親父與養父之謂。親父，謂親生己，爲之服斬衰三年。養父，謂過房同宗、乞養義子，爲之服斬衰三年。

〔一二〕五服圖解加服曰：「謂嫡孫本服期，而嫡孫承祖後重，加之斬衰三年，故曰加服。」

〔一三〕五服圖解義服曰：「謂如婿服緦麻，爲妻服期之類，元非本族，因義共處，故曰義服。」

〔一四〕五服圖解齊衰曰：「服制云：『衰則外縗，裳則内縗，其服用三升半枲（音葸）麻，浸緝翦裁而成，不過二百八十經，闊不過二尺二寸。』白虎通云：『枲麻多實而蒼白色，取其母能孳生其子，故曰齊（音咨）也。』唐開元以前，呼曰齊（音齋）衰，父母亡其子，食素而齋戒三年，故曰齋，唐明皇後復爲齊（音咨）衰。」又曰：「齊衰三年凡十一章，爲親母、爲嫡母、嫡孫爲祖母、母爲長子、婦爲姑、子爲繼母、繼母爲長子、慈母、庶母生己、養母、妾爲主之長子。」按，齊衰三年之制，自明已併入斬衰。妾爲主之長子、母爲適長子二則降爲不杖期。

〔一五〕明刻本、四庫本「以布」訛作「以下」。鈔配本、公善本自「以布」至以下「以桐爲」注爲三行小字。

〔一六〕鈔配本、成書本、公善本「絞」字脱。

〔一七〕四庫本「杖」訛作「丈」。五服圖解削杖曰：「削杖，根在下，如要絰五寸大圍。削者，削之使下方取母象於地。子爲母喪用桐杖者，桐者，同也。欲取内心悲痛，一與父同，以桐外無節，象家無二尊親也。故桐之子，隨枝葉而生，取母子無絶道也。蓋桐經時有變，方柔弱無根能生，斷而能接續。爲母有別嫁別接人體，故持桐杖，以助孝子哭泣無力。杖與心齊以扶病，病從心起，故以心爲斷也。」按，削杖以白皮紙包，貼剪縫於下，自成服日執杖起，俟小祥祭後，或埋於墓所，或焚於主前。

〔一八〕親母，謂父正室生己者，爲之服齊衰三年。嫡母，謂庶母之子稱父之正室，爲之服齊衰三年，若改嫁，則杖期被出無服。唐制，嫡母，爲之服齊衰三年。宋制，嫡母，爲之服齊衰三年。養母，謂過房同宗、乞養義子，爲之服齊衰三年，若改嫁，則杖期被出無服。漢制，庶母生己，謂生己之妾，爲之服齊衰三年。漢制，繼母，爲之服齊衰三年，宋制，繼母，爲之服齊衰三年。漢制，慈母，爲之服齊衰三年，宋制，慈母，爲之服齊衰三年。漢制，養母，爲之服齊衰三年，宋制爲之服齊衰三年。

〔一九〕繼母，謂父再娶之妻，爲之服齊衰三年。若改嫁，爲之服齊衰不杖期，若不從其適，則杖期被出無服。慈母，無子之妾爲之乳養，爲之服齊衰三年，若改嫁，則杖期被出無服。

〔二〇〕五服圖解五服標目曰：「齊衰杖期凡四章，嫡孫祖父在爲祖母、子爲嫁母、爲繼母嫁之繼父、爲妻。」又曰：「衣齊衰之服，而持杖守孝一年。期者，古以期爲年，唐明皇帝諱基，改基爲周。紹興間，改周復期。」

〔二一〕四庫本「降服」訛作「服降」。

〔二二〕嫁母，謂生己之母而父喪改嫁者，爲之服齊衰不杖期。出母，謂生己之母而遭父出，爲之服齊衰不杖期。

唐制，嫁母，爲之服齊衰杖期；出母，爲之服齊衰杖期。

〔二三〕繼母嫁繼父，謂與己無大功之親，從繼母適之，爲之服齊衰杖期。若己不從繼母適，則無服。唐制，從繼母嫁繼父，爲之服齊衰杖期。

〔二四〕五服圖解五服標目曰：「齊衰不杖期凡二十五章，爲祖父母，子爲父所生庶母、親伯叔父、爲親兄弟、爲衆子、親兄弟之子、姑及姊妹并女已適人無主者，婦喪夫無子爲其兄弟姊妹及兄弟之子、妾爲其子、爲嫡孫、女爲兄弟之爲父後者，子爲出母、嫁母出母爲其子，父卒繼母再適人爲繼母、妾爲其父母、出嫁女爲父母、爲人後者爲本生父母，本生父母爲其子爲人後者、爲伯叔父母、繼母嫁爲前夫之子從己者、妾爲嫡妻、妾爲主之衆子、同居繼父、夫親兄弟之子、爲嫡婦。」○以齊衰之服，不持哭杖，守孝一年。

〔二五〕凡正服，祖爲嫡孫、適孫。父母爲適長子、子婦、衆子、女在室、子爲人後者。爲改嫁繼母。爲養母、子婦同。爲同居繼父。繼母爲長子、衆子。侄、侄女在室者爲伯叔父母。爲兄弟之子及女在室者。孫、孫女在室或出嫁爲祖父母。爲人後者爲其本生父母。爲己之兄弟姊妹在室者。庶子之爲人後者爲本生父母。爲兄弟之女出嫁爲其本宗父母。女在室、雖適人而無夫與子者爲其兄弟姊妹、侄與侄女在室者。女適人爲兄弟之爲父母後者。婦爲夫之親兄弟之子。女在室者。妾爲正妻。妾爲家長父母。妾爲家長之長子、衆子所生之子。姑在室者、姐妹在室者、女在室者、姐妹適人無夫與子者、姑適人無夫與子者。

〔二六〕玄，鈔配本、明刻本、四庫本、公善本避諱作「元」。以下不再出校。

〔二七〕同居繼父，謂與己無大功之親，從母適之，爲之服齊衰不杖期。唐制，同居繼父，爲之服齊衰不杖期。本生父，謂己過繼他人，據本族之圖，凡過繼者服制需降一級，爲之服齊衰不杖期。宋制，繼父同居，兩無大功之親，爲之服期年；繼父同居，兩有大功之親，爲之服三月；繼父先同後異居，爲之服三月。

〔二八〕凡正服，則爲曾祖父母女適人者，不降也。曾孫、女爲曾祖父母。按，齊衰五月之制，周制無，唐增，後代襲之。

〔二九〕凡正服，則玄孫、女爲高祖父母。祖爲孫之爲人後者。爲繼父先曾同居，今不同居者。爲同居繼父而兩有大功以上親者。

〔三〇〕不同居繼父，謂與己無大功之親，從母適之，今不同己居，爲之服齊衰三月。唐制，繼父不同居，爲之服齊衰三月。宋制，繼父不同居，無服。

〔三一〕儀禮喪服「大功」鄭玄：「大功布者，其鍛治之功粗沽之。」織功粗大，比期親之情疏，比小功緦麻而大。禮記喪服小記注曰：「九月、七月之喪，三時也。」

〔三二〕凡正服，則祖爲衆孫、孫女在室者。祖母爲衆孫、適孫、孫女在室者。父母爲衆子婦、女已出嫁者。伯叔父母爲侄婦、侄女已出嫁者。妻爲夫之祖父母。妻爲夫之伯叔父母。爲人後者爲其兄弟、姑、姊妹在室者。夫爲人後，其妻爲夫之本生父母。爲己之伯叔父母之子女。爲姑、姊妹已出嫁者。爲兄弟之子爲人後者。爲兄弟之爲人後者。爲伯叔之爲人後者。出嫁女爲本宗伯叔父母。出嫁女爲本宗兄弟、及子。出嫁女爲本宗姑姊妹、兄弟之女在室者。爲人後者爲本生之祖父母。爲本生伯叔父母。姑出嫁者、姐妹出嫁者、女出嫁者、孫女在室者、婦爲人後者、女爲人後者。

〔三三〕小功，鄭玄謂用功細小而精密。聖人制五服而分五等，爲親有高下、遠近，自斬衰以下，漸加其細，以別親疏之義。持孝之功，減大功之半，故曰小功五月。服用十二升熟布爲之，今蒸紗布也。○按，唐制，出母爲女之適人者，服大功九月。宋制，女之適人者爲出母，服大功九月。五服圖解五服標目曰：「小功凡四十四章，其中未成人者十二章，如下：爲子、嫡孫、叔父、姑即姊妹、親兄弟、親兄弟之子、從父之兄弟姊妹、衆孫、女爲親兄弟之子，爲人後者爲其姑及兄弟姊妹，夫兄弟之子、夫之叔父。成人者三十二章：從祖祖父、親兄弟之孫、從祖父、從祖姑、堂兄弟之子、從祖兄弟姊妹、從祖祖姑、外祖父母、爲舅、從母、外甥、女爲姊妹之子、同母異父之兄弟姊妹、從父姊妹、女爲從父兄弟、孫女、爲人後者爲從父兄弟、爲人後者爲其姑及姊妹、女爲其兄弟并姪之爲人後者、從祖祖母、夫親兄弟之孫、從祖母、夫堂兄弟之子、夫之姑并姊妹、女爲兄弟及姪之妻、嫡母之父母兄弟從母、繼母之父母兄弟從母、嫡孫婦、庶母慈己、夫之兄弟、兄弟之妻、姒娣婦。」

〔三四〕集注本「稍熟細布」訛作「稍細熟布」。

〔三五〕底本「從祖祖父之子」原作「從祖之子」，脱「祖父」二字，據他本補。底本欄外所附校記云「『祖』『之』之間，大全有『祖父』字」。

〔三六〕鈔配本、公善本「姊妹」二字脱。

〔三七〕性理本作「從祖父之祖」，他本作「從祖父之子」。

〔三八〕成書本「者」字脱。

〔三九〕底本、成書本、性理本作「爲甥也，謂姊妹之子也。爲從母，謂母之姊妹也」，集注本作「爲甥，謂姊妹之子也。爲從母，謂母之姊妹也」，鈔配本、明刻本、四庫本、公善本作「爲甥也。爲從母，謂母之姊妹也。爲姊妹之姊也」。底本欄外所附校記云「『甥也』之『也』，恐衍」。據刪。

〔四〇〕凡正服，則爲伯叔祖父母。爲從伯叔父母。爲再從兄弟、姊妹在室者。爲同堂姊妹出嫁者。爲同堂兄弟之子、女在室者。爲親祖姑出嫁者。爲父之同堂姊妹。爲兄弟之妻。祖爲嫡孫之婦。爲兄弟之孫、女在室者。爲從兄弟之爲人後者。爲外祖父母。爲母舅、姨。爲姊妹之子、女在室者。婦爲夫兄弟之孫、女在室者。婦爲夫之姑、姊妹在室、出嫁者。婦爲夫之兄弟、妻。婦爲夫同堂兄弟之子、女在室者。女出嫁爲本宗堂兄弟、同堂姊妹在室者。爲人後者爲其姑、姊妹出嫁者。曾孫女在室者、孫女出嫁者。適孫、衆孫爲庶祖母。祖爲適孫之婦。爲人後者爲本生曾祖父母。曾祖父母爲曾孫之爲人後者妾。爲家長之祖父母。按，周制有爲孫女適人者條。唐制有爲繼母適母之父母兄弟從母、爲同母異父之兄弟姊妹二條。宋制有女在室及適人者爲兄弟子女妻條。

〔四一〕底本原作「次婦」，底本欄外所附校記云「『娣』一作『次』」，據他本改。

〔四二〕庶母慈己，謂生己之妾亡，而無子之妾爲之乳養，爲之服小功。服制同上，但用稍熟細布，冠左縫，首絰四寸餘，腰絰三寸餘。

〔四三〕五服圖解緦麻曰：「緦者，絲也。鄭玄云：『用十五升布爲之，其細如疏，其親意漸遠，孝情亦然。』温公書儀云：『故問傳云斬、齊衰、大、小功、緦麻，蓋當時有織此布，以供喪用者。布之不論升數久矣。』裴茝、劉岳書儀，五服皆用布，衣裳上下異，制度略相同，但以精粗及無負版衰爲異耳。然則唐、五代之際，士大夫家喪服猶如古禮也。近世俗多忌諱，自非子爲父母、婦爲舅姑、妻爲夫、妾爲主之外，莫肯服布，有服之者必爲尊長所不容，衆人所譏誚此必不可强此，無如之何者也。今且於父母、舅姑、夫主之服，粗存古制度，庶幾有好禮者猶能行之。白虎通曰：『緦麻用麻絲相兼而成，呼曰兼絲是也。凡喪服變除，自斬至緦，雖年月不同，皆法天地，故曰緦麻。法三月一時，天氣一變可以除去。』」

〔四四〕五服圖解五服標目曰：「緦麻凡七十一章，其中未成人者十三章：從父兄弟姊妹、衆孫、從祖叔父、從祖兄弟、舅及從母、從祖姑及姊妹、從父兄弟之子、親兄弟之孫、女爲親兄弟之子、爲人後者爲姑及兄弟姊妹、爲人後者爲從父兄弟、夫之叔父。成人者凡五十八章：祖兄弟姊妹、族曾祖父、族曾祖姑、親兄弟之曾孫、族祖父、族祖姑、同堂兄弟之孫、族父族姑、曾孫玄孫、外孫、從母及兄弟姊妹、再從兄弟之子、姑之子女、舅之子女、從祖姑、女爲從祖姑、從祖姊妹、女爲從祖祖姑、女爲從祖兄弟姊妹、女爲外祖父母兄弟從母、女爲堂兄弟之子、女爲從祖父、同堂兄弟之女、庶子爲人後爲生己之庶母、女爲兄弟之孫、從祖祖姑、女爲從祖祖父、爲人後者爲本生外祖父母、兄弟之孫女、女爲從祖祖母、族曾祖母、夫兄弟之曾孫、族祖母、夫同堂兄弟之孫、族母、夫之再從兄弟之子、衆孫之婦、女爲從祖母、庶母非生己者、乳母、爲婿、妻之父母、夫之高曾祖父母、夫之從祖祖父母、兄弟之孫婦、夫之兄弟之孫婦、夫之從祖父母、堂兄弟之子婦、夫堂兄弟之子婦、夫從父兄弟及妻、夫兄弟之孫女、夫從父兄弟之女、夫從父姊妹、夫之外祖父母、夫之舅及從母、外孫之婦、女爲姊妹之子婦、外甥之婦。」

〔四五〕五服圖解三殤服曰：「禮云男女未成人而亡，哀憐其幼小，謂之殤。」

〔四六〕簾，編竹帷也。禮，天子外屏，諸侯內屏，大夫以簾，士以幃。釋名釋牀帳曰：「簾，廉也。自障蔽爲廉恥。」

〔四七〕四庫本「服」字脫。

朝夕哭奠、上食

〔7—1〕朝奠〔一〕，每日晨起，主人以下皆服其服，入就位。尊長坐哭，卑者立哭。侍者設盥櫛之具於靈牀側，奉魂帛出就靈座，然後朝奠。執事者設蔬果、脯醢。祝盥手，焚香，斟酒。主人以下再拜，哭盡哀〔二〕。

〔7—2〕食時上食。如朝奠儀。

〔7—3〕夕奠。如朝奠儀，畢。主人以下奉魂帛，入就靈牀〔三〕，哭盡哀。

〔7—4〕哭無時。朝夕之間，哀至則哭於喪次。

〔7—5〕朔日，則於朝奠設饌。饌用肉、魚、麪、米，食羹飯各一器，禮如朝奠之儀。

〔7—6〕有新物則薦之。如上食儀。

校注

〔一〕禮記檀弓曰：「朝奠日出，夕奠逮日。」儀禮既夕禮賈疏曰：「引檀弓者，謂時是朝夕之時。必朝奠待日出，夕奠須日未没者，欲得父母之神，隨陽而來故也。」朝奠至夕徹之，夕奠至朝徹之，是朝夕乃徹。其大遺亦朝設，至夕乃徹。孫希旦禮記集解卷九檀弓上第三之三曰：「朝夕奠，以象生人之朝夕食。生人日已出而朝食，日未入而夕食，故奠之時亦放之。」

〔二〕禮記曾子問曰：「衆主人、卿、大夫、士房中皆哭，不踊。盡一哀，反位，遂朝奠。」孔疏曰：「按士喪禮每日之旦，於朝夕哭位先哭，而後行朝奠，朝奠了又哭。今因西階前哭畢，反此朝夕哭位，於位不更哭，即行朝奠禮，謂一時兼哭兩事，故云遂朝奠。按士喪禮尋常朝奠，皆先哭後奠。」

〔三〕性理本「牀」訛作「坐」。

弔、奠、賻

〔8—1〕凡弔，皆素服。襆頭衫帶，皆以白生絹爲之。

〔8—2〕奠用香、茶、燭、酒、果，有狀〔一〕。或用食物，即別爲文。

〔8—3〕賻用錢帛〔二〕。有狀。惟親友分厚者有之。

〔8—4〕具刺通名，賓主皆有官，則具門狀〔三〕。否，則名紙，題其陰面。先使人通之，與禮物〔四〕俱入。

〔8—5〕入哭，奠訖，乃弔而退。既通名，喪家炷火燃〔五〕燭，布席，皆哭以俟。護喪出迎賓，賓入〔六〕，至廳事，進揖曰：「竊聞某人傾背〔七〕，不勝驚怛，敢請入酹，并伸慰禮〔八〕。」護喪引賓入，至靈座前哭盡哀，再拜，焚香，跪，酹茶酒。俛伏興。護喪止〔九〕哭者。祝跪讀祭文，奠賻狀於賓之右。

畢，興。賓主皆哭盡哀。賓再拜。主人哭出，西向，稽顙〔一〇〕再拜。賓亦哭，東向答拜，進曰：「不意凶變，某親某官，奄忽傾背，伏惟哀慕，何以堪處。」主人對曰：「某罪逆深重，禍延某親，伏蒙奠酹，並賜臨慰，不勝哀感。」又再拜。賓答拜，又相向哭盡哀。賓先止，寬譬〔一一〕主人曰：「脩短有數，痛毒奈何。願抑孝思，俯從禮制。」乃揖而出。主人哭而入。護喪送至廳事，茶湯而退。主人以下止哭。

○若亡者官尊即云「薨逝」〔一二〕；稍尊即云「捐館」〔一三〕；生者官尊則云「奄棄榮養」〔一四〕；存亡俱無官即云「色養」〔一五〕。若尊長拜賓，禮亦同此，惟其辭各如啓狀〔一六〕之式，見卷末。

校注

〔一〕狀，即下文所謂「名紙」。

〔二〕按錢帛即楮，楮即紙錢及金銀楮錠也。喪葬之焚紙錢，起於漢世之瘞錢也。其禱神而用寓錢，則自王嶼始矣。唐書王嶼傳云：「漢以來，喪葬皆有瘞錢，後世以紙寓錢，爲鬼神事。」唐封氏見聞記卷六曰：「今代送葬爲鑿紙錢，積錢爲山，盛加雕飾。按古者享祀鬼神，有圭璧幣帛，事畢則埋之。魏、晉以來，始有，今自王公逮於匹庶，通行之矣。」新五代史晉本紀第九云：「晉祭顯陵，焚紙錢於南莊。周世宗慶陵用楮錢，大如盞口，雕印文字。黄曰『泉臺上寶』，白曰『冥遊亞寶』。」

〔三〕即宋之名刺。紙闊六七寸，内不書文字。自左方卷之，用絲束分中少上，題姓名於其上也。孫光憲北夢瑣言卷九曰：「古之製字卷紙題名姓，號曰『名紙』。大中年，薛保遜爲舉場頭角，人皆體效，方作門狀。洎後仍以所懷列於啓事，隨啓詣公相門，號爲『門狀』『門啓』。」孔平仲孔氏談苑名刺門狀曰：「古者未有紙，削竹木以書姓名，故謂之『刺』。後以紙書，故謂之『名紙』。唐李德裕爲相貴盛，人務加禮，改具銜候起居之狀，謂之『門狀』。」

〔四〕集注本、四庫本「物」字脱。

〔五〕鈔配本、明刻本、四庫本、公善本「燃」作「然」。

〔六〕底本、集注本、成書本、性理本作「出迎賓，賓入」，鈔配本、明刻本、四庫本、公善本作「出迎賓入」。

〔七〕傾背，言尊長輩喪亡。魏書北海王詳傳曰：「北海叔奄至傾背，痛慕抽慟，情不自任。」

〔八〕明刻本、四庫本「慰禮」作「慰意」。

〔九〕四庫本「止」訛作「至」。

〔一〇〕説文頁部：「顙，頟（額）也。」通典卷四八吉禮七注曰：「稽首拜，頭至地也。頓首拜，頭叩地也。空首拜，頭至手，所謂拜手也。吉拜，拜而後稽顙，謂齊衰不杖以下者。言吉者，此殷之凶拜，周以其拜與頓首相近，故云吉拜。凶拜，稽顙而後拜，謂三年服者。」

〔一一〕底本、性理本「寬譬」原作「賓慰」，據他本改。

〔一二〕薨逝，即薨殂、薨奄、薨殁，言諸侯或有封爵者喪亡。禮記曲禮孔疏曰：「死曰『薨』者，此謂諸侯死而國史策辭也。若異國史書之，則但云『卒』也。」

〔一三〕捐，棄。館，官邸。亦作捐館舍。戰國策趙策二曰：「今奉陽君捐館舍，大王乃今然後得與士民相親，臣故敢獻其愚，效愚忠。」鮑彪注云：「婦人死曰捐館舍，蓋亦通稱。」

〔一四〕奄棄，猶忽然永别。書儀曰：「先某位奄棄榮養。」韓愈憲宗崩慰諸道疏曰：「上天降禍，大行皇帝奄棄萬國。」文公行狀曰：「盛年奄棄明時，有可惜者。」

〔一五〕論語集注卷一爲政曰：「子夏問孝。子曰：『色難。有事，弟子服其勞，有酒食，先生饌，曾是以爲孝乎？』」朱注曰：「食，音嗣。色難，謂事親之際，惟色爲難也。食，飯也。先生，父兄也。饌，飲食之也。曾，猶嘗也。蓋孝子之有深愛者，必有和氣；有和氣者，必有愉色；有愉色者，必有婉容；故事親之際，惟色爲難耳，服勞奉養未足爲孝也。舊説，承順父母之色爲難，亦通。」

〔一六〕文心雕龍書記曰：「狀者，貌也，體貌本原，取其事實。先賢表謚，並有行狀，狀之大者也。」任昉文章緣起行狀曰：「漢丞相倉曹傅胡幹始作楊元伯行狀，後世因之。蓋具死者世系、名字、爵里、行治、壽年之詳，或牒考功太常使議謚，或牒史館請編録，或上作者乞墓誌碑表之類，皆用之。而其文多出於門生故吏親舊之手，以謂非此輩不能知也。其逸事狀，則但録其逸者，其所已載不必詳焉，乃狀之變體也。」

聞喪、奔喪〔一〕

〔9—1〕始聞親喪，哭。親，謂父母也。以哭答使者，又哭盡哀，問故。

〔9—2〕易服〔二〕。裂布爲四脚白布衫，繩帶麻屨。

〔9—3〕遂行。日行百里，不可以夜行，雖哀戚，猶辟害〔三〕也。

〔9—4〕道中哀至則哭。哭避市邑喧繁之處。

○司馬公曰：「今人奔喪及從柩行者，遇城邑則哭，過則止，是飾詐之道也。」〔四〕

〔9—5〕望其州境、其縣境、其城、其家皆哭。家不在城，則望〔五〕其鄉哭。

〔9—6〕入門，詣柩前再拜，再變服，就位哭。初變服，如初喪。柩東西向〔六〕坐，哭盡哀，又變服如小斂〔七〕，大斂亦如之〔八〕。

〔9—7〕後四日，成服。與家人相弔，賓至，拜之如初。

〔9—8〕若未得行，則爲位不奠。設椅子一枚，以代尸柩，左右前後設位哭如儀，但不設奠。若喪側無子孫，則此中設奠如儀。

〔9—9〕變服〔九〕。亦以聞後之第四日。

〔9—10〕在道至家，皆如上儀。若喪側無子孫，則在道，朝夕爲位設奠，至家但不便服，其相弔拜賓如儀。

〔9—11〕若既葬〔一〇〕，則先之墓哭拜。之墓者，望墓哭，至墓哭，拜如在家之儀未成服者，變服於墓，歸家詣靈座前哭拜，四日成服如儀。已成服者亦然，但不變服。

〔9—12〕齊衰以下〔一一〕，聞喪，爲位而哭。尊長於正堂，卑幼於別室。

○司馬公曰：「今人皆擇日舉哀。凡悲哀之至，在初聞喪即當哭之，何暇擇日？但法令有不得於州縣公廨舉哀之文，則在官者當哭於僧舍，其他皆哭於本家可也。」〔一二〕

〔9—13〕若奔喪，則至家成服。奔喪者釋去華盛之服，裝辦即行。既至，齊衰望鄉而哭。大功望門而哭，小功以下至門而哭。入門詣柩前，哭再拜，成服就位哭，弔如儀〔一三〕。

〔9—14〕若不奔喪，則四日成服。不奔喪者，齊衰三日中，朝夕爲位會哭。四日之朝成服，亦如之。大功以下始聞喪爲位會哭，四日成服亦如之。皆每月朔爲位會哭，月數既滿，次月之朔乃爲位會哭而除之。其間哀至則哭可也。

校注

〔一二〕底本、成書本、性理本「治葬」條與「聞喪、奔喪」條並列，鈔配本、集注本、明刻本、四庫本、公善本「治葬」條在「聞喪、奔喪」條後，據改。禮記奔喪鄭注曰：「以哭答使者，驚怛之哀無辭也。問故，問親喪所由也。雖非父母，聞喪而哭，其禮亦然也。」是日訃至，舉家男婦皆哭，少頃，問使者以病即終之故，男子皆去冠及上服，女子去首飾與華盛之服，被髮徒跣，不食，男女哭擗無數。

〔一三〕書儀卷六聞喪奔喪曰：「古者未成服者素委貌，深衣，恐非本所有，且非倉促所辦，今從便。」丘濬文公家禮儀節注曰：「按裂布爲脚，家禮本書儀，恐是當時有此製。今世人不用，忽然以遠行路，恐駭俗觀，擬用有子粗麻布爲衫，戴白絹，束以麻繩，著麻鞋。」

〔三〕底本「辟害」原作「避害」，據他本改。

〔四〕書儀卷六聞喪奔喪原作：「今人奔喪及從柩行者，遇城邑則哭。是有人則爲之，無人則不爲，飾詐之道也。」

〔五〕底本、成書本、性理本「望」前脱「則」，據他本改。

〔六〕底本、集注本、成書本、性理本作「西向」，鈔配本、明刻本、四庫本、公善本作「西面」。

〔七〕底本、成書本、性理本「如小斂」原作「如大小斂」，據鈔配本、明刻本、四庫本、公善本改。

〔八〕集注本「亦如之」作「大斂亦如之」，據增「大斂」二字。

〔九〕底本欄外所附校記云「『變服』，疑當作『成服』」。聞訃之次日，男子皆袒去上衣，散髮者用麻繩束之，具經帶，婦人用麻繩撮髻，插竹爲簪，服輕者皆著素服，袒開上衣，用布纏頭或著白巾。

〔一〇〕集注本、成書本「若既葬」前有圈。

〔一一〕集注本、成書本「齊衰以下」前有圈。

〔一二〕書儀卷六聞喪奔喪原作：「今人皆擇日舉哀。凡悲哀之至，在初聞其喪，聞喪則當哭之，何暇擇日？又舉哀挂服，皆於僧舍，蓋以五服年月，敕不得於州縣公廳内舉哀。若不在州縣公廨，何必就僧舍，不於本家？蓋由今人多忌諱故也。」顔元禮文手抄卷四聞喪奔喪治葬曰：「温公注曰『在官者當哭於僧舍』，夫僧舍乃滅絶倫理之地，豈可作喪位哉！若拘於法令，或借人閑所；必不得已，空處起棚哭之。」

〔一三〕其儀皆與前喪四日成服同。顔元禮文手抄卷四聞喪奔喪治葬曰：「四日始成服，家人相弔，原因三日内尚望其親復生故也。今奔喪若已過四日後，似宜至家哭拜畢即家人相弔，次日即成服，不必俟四日後可也。

正文『齊衰以下』恐當作『期喪以下』，蓋嫌於母亦齊衰也。」

治葬

〔9—15〕三月而葬，前期擇地之可葬者。司馬公曰〔一〕：「古者天子七月，諸侯五月，大夫三月，士踰月而葬。今五服年月，敕王公以下皆三月而葬。然世俗信葬師之説，既擇年、月、日、時，又擇山水形勢，以爲子孫貧富貴賤，賢愚壽夭，盡繫於此，而其爲術又多不同，争論紛紜，無時可決。至有終身不葬，或累世不葬，或子孫衰替，忘失處所，遂棄捐不葬者〔二〕。正使殯葬實能致人禍福，爲子孫者，亦豈忍使其親臭腐暴露，而自求其利耶〔三〕？悖禮傷義，無過於此！然孝子之心，慮患深遠，恐淺則爲人所抇〔四〕，深則濕潤速朽，故必求土厚水〔五〕深之地而葬之，所以不可不擇也。」

或曰：「家貧鄉遠，不能歸葬，則如之何？」公曰：「子游問喪具〔六〕，夫子曰：『稱家之有亡。』子游曰：『有亡烏〔七〕乎齊〔八〕？』夫子曰：『有，毋〔九〕過禮。苟亡〔一〇〕矣，斂手足形，還葬，懸棺而窆〔一一〕，人豈有非之者哉？』昔廉范千里負喪〔一二〕，郭平自賣營墓〔一三〕，豈待豐富然後葬其親哉？在禮，未葬不變服，食粥，居廬，寢苫枕塊，蓋閔親之未有所歸，故寢食不安。奈何舍之出游，食稻衣錦，不知其何以爲心哉？世人又有遊宦〔一四〕没於遠方，子孫火焚其柩，收燼歸葬者。夫孝子愛親之肌體，故斂而藏之。殘毀他人之尸，在律猶嚴〔一五〕。况子孫乃悖謬如此！其始蓋出於羌、胡之俗，浸染中華〔一六〕，行之既久，習以爲常。見者恬然，曾莫之怪，豈不哀哉！延陵季子適齊，其子死，葬於嬴、博之間。孔子以爲合禮，必也不能歸葬，葬於其地可也〔一七〕。豈不猶愈於焚之哉？」〔一八〕抇音骨〔一九〕。惡音烏。齊子細切〔二〇〕。窆彼斂切。

○程子曰：「卜其宅兆，卜其地之美惡也，非陰陽家所謂禍福者也。地之美〔二一〕則其神靈安，其子孫盛。若培壅其根而枝葉茂，理固然矣。地之惡者則反是。然則曷謂地之美者？土色之光潤，草木之茂盛，乃其驗也。父祖子孫同氣，彼安則此安，彼危則此危，亦其理也。而拘忌者惑以擇地之方位，决日之吉凶，不亦泥乎？甚者不以奉先爲計，而專以利後爲慮，尤非孝子安厝之用心也。惟五患者不得不謹。須使他〔二二〕日不爲道路，不爲城郭，不爲溝池，不爲貴勢所奪，不爲耕犁所及也。」〔二三〕一本云：「所謂五患者，溝渠、道路、避村落、遠井窖〔二四〕。」

○按〔二五〕，古者葬地、葬日皆決於卜筮。今人不曉占法〔二六〕，且從俗擇之可也。

〔9—16〕擇日，開塋域，祠后土。主人既朝哭〔二七〕，帥執事者於所得地掘兆〔二八〕，四隅外其壤，掘中，南其壤，各立一標，當南門立兩標。擇遠親或賓客一人，告后土氏。祝帥執事者，設位於中標之左，南向，設盞注、酒果、脯醢於其前，又設盥盆、帨巾二於其東南，其東有臺架，告者所盥，其西無者，執事者所盥也。告者吉服入，立於神位之前，北向，執事者在其後，東上，皆再拜。告者

與執事者皆盥帨。執事者一人取酒注〔二九〕，西向跪，一人取盞，東向跪。告者斟酒，反注，取盞，酹於神位前，俛伏興，少退，立。祝執版，立〔三〇〕於告者之左，東向跪，讀之曰：「維某年歲月〔三一〕朔日子，某官姓名，敢告於后土氏之神，今爲某官姓名〔三二〕，營建宅兆，神其保佑，俾無後艱，謹以清酌脯醢，祇薦於神，尚饗。」訖，復位。告者再拜，祝及執事者皆再拜，徹，出。主人若歸，則靈座前哭，再拜，後放此。

〔9—17〕遂穿壙〔三三〕。司馬公曰：「今人葬有二法：有穿地直下爲壙，而懸棺以窆者；有鑿隧道，旁穿土室而攛柩於其中者。」按古者唯天子得爲隧道，其它皆直下爲壙，而懸棺以窆。今當以此爲法。其穿地宜狹而深，狹則不崩損，深則盜難近也〔三四〕。

〔9—18〕作灰隔〔三五〕。穿壙既畢，先布炭末於壙底，築實，厚二三寸。然後布石灰、細沙、黄土拌匀者於其上，灰三分，二者各一可也。築實，厚二三尺〔三六〕。別用薄板爲灰隔，如槨之狀，內以瀝清塗之，厚三寸許，中取容棺。墻高於棺四寸許，置於灰上。乃於四旁旋下四物，亦以薄板隔之，炭末居外，三物居内，如底之厚。築之既實，則旋抽其板，近上復下炭灰等而築之，及墻之平而止。蓋既不用槨，則無以容瀝清，故爲此制。又炭〔三七〕禦木根，辟水蟻，石灰得沙而實，得土而黏，歲久結爲全石〔三八〕，螻蟻盜賊皆不得進也〔三九〕。

○程子曰〔四〇〕：「古人之葬，欲比化〔四一〕不使土〔四二〕親膚。今奇玩之物，尚保藏固密，以防損汙，況親之遺骨當如何〔四三〕哉？ 世俗淺識，惟欲不見而已，又有求速化之說者，是豈知必誠必信之義？ 且非欲求其不化也，未化之間，保藏當如是爾〔四四〕。」

〔9—19〕**刻誌石**〔四五〕，用石二片，其一爲蓋，刻云「有宋〔四六〕某官某公之墓」，無官者，則書其字曰「某君某甫」。 其一爲底，刻云「有宋某官某公，諱某字某，某州某縣人，考諱某，某官，母氏某封某〔四七〕，某年月日生，叙歷官遷次，某年月日終，某年月日葬於某鄉某里某處，娶某氏某人之女，子男某某官，女適某官某人。」

婦人，夫在，則蓋云「有宋某官姓名某封某氏之墓」，無封，則云「妻」，夫無官，則書夫之姓名；夫亡則云「某官某公某封某氏」，夫無官，則云「某君某甫妻某氏」。 其底叙「年若干，適某氏，因夫子致封號」，無則否。 葬之日，以二石字面相向，而以鐵束束之，埋之壙前近地面三四尺間。 蓋慮異時陵谷變遷，或誤爲人所動，而此石先見，則人有知其姓名者，庶能爲掩之也〔四八〕。

〔9—20〕**造明器**〔四九〕，刻木爲車馬、僕從、侍女，各執奉養之物，象平生而小。 准令，五品、六品三十事；七品、八品二十事；非陞朝官〔五〇〕十五事。

〔9—21〕**下帳**，謂床帳、茵席、倚卓之類，亦象平生而小〔五一〕。

〔9—22〕**苞**〔五二〕，竹掩一〔五三〕，以盛遣奠〔五四〕餘脯。

〔9—23〕**筲**〔五五〕，竹器五，以盛五穀。

〔9—24〕**甖**，甆器〔五六〕三，以盛酒脯醢〔五七〕。○司馬公曰：「自明器以下，俟實土及半，乃於其旁穿便房以貯之。」○按〔五八〕，此雖古人不忍死其親之意，然實非有用之物，且脯肉腐敗，生蟲聚蟻，尤爲非便，雖不用可也。

〔9—25〕**大轝**，古者柳車制度〔五九〕甚詳，今不能然，但從俗爲之，取其牢固平穩而已。其法用兩長杠，杠上加伏兔，附杠處爲圓鑿，别作小方牀以載柩。足高二寸，旁立兩柱，柱外施圓枘，令入鑿中，長出其外。枘鑿之間須極圓滑，以膏塗之，使其上下之際柩常適平。兩柱〔六〇〕近上更〔六一〕爲方鑿，加橫扃，扃兩頭出柱外者更加小扃，杠兩頭施橫杠，橫杠上施短杠，短杠上或更〔六二〕加小杠，仍多作新麻大索，以備扎縛。此皆切要實用不可闕者。但如此制而以衣覆棺，亦足以少華道路。或更欲加飾，則以竹爲之格，以綵結之，上如撮蕉亭，施帷幔，四角垂流蘇而已。然亦不可太高，恐多罣礙。不須太華，徒爲觀美。若道路遠，决不可爲此虚飾。但多用油單裹柩〔六三〕，以防雨水〔六四〕而已〔六五〕。

〔9—26〕**翣**〔六六〕。以木爲筐，如扇而方，兩角高。廣二尺，高二尺四寸；衣以白布，柄長五尺。黼〔六七〕翣畫黼；黻〔六八〕翣畫黻；畫翣畫雲氣。其緣皆爲雲氣，皆畫以紫準格〔六九〕。

〔9—27〕**作主**〔七〇〕。程子曰：「作主用栗〔七一〕。趺〔七二〕方四寸，厚寸二分，鑿之洞底，以受主身。身高尺二寸，博三寸，厚寸二分〔七三〕。剡〔七四〕上五分爲圓首，寸之下勒前爲頷而判之。四分居

前，八分居後〔七五〕。頷下陷中，長六寸，廣一寸，深四分。合之植於趺，下齊。竅其旁以通中，圓徑四分，居三寸六分之下，下距趺面七寸二分。以粉塗其前面。」〔七六〕

○司馬公曰：「府君、夫人〔七七〕共爲一櫝。」

○按〔七八〕，古者虞主用桑，將練，而後易之以栗。今於此便作栗主〔七九〕，以從簡便。或無栗，止用木之堅者。櫝用黑漆，且容一主，夫婦俱入祠堂，乃如〔八〇〕司馬氏〔八一〕之制。

校注

〔一〕書儀卷七卜宅兆葬曰：「蓋以會葬者，遠近有差，不得不然也。然禮文多云三月而葬，蓋舉其中制而言之。」又曰：「按春秋，己丑，葬敬嬴，雨，不克葬。庚寅，日中而克葬。丁巳，葬定公，雨，不克葬。壬午，日下昃乃葬。何嘗擇年、月、日、時也？葬於北方北首，何嘗擇地也？爲其禍福與今不殊。」又曰：「又葬師所有之書，人人異同，此以爲吉，彼以爲凶，争論紛紜，無時可决。」

〔二〕停葬，歷代有禁。南史何承天傳曰：「若人葬不如法，同伍當即糾言。三年除服之後，不得追相告引」。司馬光葬論曰：「葬者，藏也。孝子不忍其親之暴露，故斂而藏之。齎送不必厚，厚者有損無益，古人論之詳矣。今人葬不厚於古，而拘於陰陽禁忌則甚焉。古者雖卜宅卜日，蓋先謀人事之便，然後質諸蓍龜，庶無後艱耳。無常地與常日也。今之葬書，乃相山川岡畝之形勢，考歲月日時之支干，以爲子孫富貴貧賤、壽夭、賢愚皆繫焉。非此地、非此時不可葬也。舉世惑而信之。於是喪親者往往久而不葬。問之，曰『歲月未利也』，又曰『未有吉地也』，又曰『官游遠方未得歸也』，又曰『貧未能辦葬具也』。至有終身累世而不葬，遂棄失尸柩不知其處者。……先王制禮，葬期遠不過七月；今世著令，自王公以下，皆三月而葬。又禮未葬不變服，食粥居倚廬，哀親之未有所歸也；既葬，然後漸有變除。今之人背禮違法，未葬而除喪，從宦四方，食稻衣錦，飲酒作樂，其心安乎！」

〔三〕書儀「而自求其利耶」前有「不殯葬」三字。

〔四〕底本、性理本「扫」字後注文「扫音骨」，據鈔配本、集注本、成書本、明刻本、公善本移於段後，四庫本注文脱。集韻没韻：「滑，亂也。或作扫。」

〔五〕四庫本「水」作「小」。

〔六〕孔子家語卷十曲禮子貢問第四十二曰：「子游問喪之具。孔子曰：『稱家之有亡焉。』子游曰：『有亡惡於齊？』孔子曰：『有也，則無過禮。苟亡矣，則斂手足形，還葬，懸棺而封。人豈有非之者哉？』」

〔七〕書儀、底本、集注本、性理本、成書本「烏」作「惡」，「惡」字後注文「惡音烏」，據孔子家語、鈔配本、明刻本、公善本改，注文移於段後，四庫本注文脱。

〔八〕底本「齊」字後注文「子細切」，性理本注爲「子細反」，據集注本、鈔配本、性理本、明刻本、公善本移於段後，四庫本注文脱。

〔九〕底本、集注本、成書本、性理本作「毋」，明刻本、四庫本作「無」，鈔配本、公善本作「亡」。

〔一〇〕底本、集注本、性理本「苟亡」原作「苟無」，明刻本作「苟立」，據鈔配本、成書本、四庫本、公善本改。

〔一一〕底本、性理本「窆」字後注文「彼斂切」，據集注本、鈔配本、性理本、明刻本、公善本移於段後，四庫本注文脱。説文穴部：「窆，葬下棺也。」

〔一二〕後漢書廉范傳曰：「廉范字叔度，杜陵人。范父遭喪亂，客死於蜀漢，范遂流寓西州。年十五，辭母西迎父喪。蜀郡太守張穆，丹之故吏，乃重資送范，范無所受，與客步負喪歸葭萌。載船觸石破没，范抱持棺柩，遂俱沉溺。衆傷其義，鉤求得之，療救僅免於死。穆聞，復馳遣使持前資物追范，范又固辭。歸葬服竟，詣京師受業，事博士薛漢。」

〔一三〕宋書孝義傳曰：「郭世道，會稽永興人也。生而失母，父更娶，世道事父及後母，孝道淳備。年十四，又喪父，居喪過禮，殆不勝喪。家貧，無産業，傭力以養繼母。婦生一男，夫妻共議曰：『勤身供養，力猶不足，若養此兒，則所費者大。』乃垂泣瘞之。母亡，負土成墳，親戚咸共賻助，微有所受。葬畢，傭賃倍還先直。服除後，哀戚思慕，終身如喪者，以爲追遠之思，無時去心，故未嘗釋衣。仁厚之風，行於鄉黨，鄰村小大，莫有呼其名者。其子原平，字長泰，又禀至行，養親必己力。性閑木功，傭賃以給供養。性謙虚，每爲人作匠，取散夫價。主人設食，原平自以家貧，父母不辦有肴味，唯飡鹽飯而已。若家或無食，則虚中竟日，義不獨飽；要須日暮作畢，受直歸家，於里中買糴，然後舉爨。父抱篤疾彌年，原平衣不解帶，口不嘗鹽菜者，跨積寒暑；又未嘗睡臥。父亡，哭踊慟絶，數日方蘇。以爲奉終之義，情禮所畢，營壙凶功，不欲假人。本雖智巧，而不解作墓，乃訪邑中有營墓者，助人運力，經時展勤，久乃閑練。又自賣十夫，以供衆費。窀穸之事，儉而當禮，性無術學，因心自然。葬畢，詣所買主，執役無懈，與諸奴分務。每讓逸取勞，主人不忍使，每遣之，原平服勤，未曾暫替。所餘私夫，傭賃養母，有餘聚以自贖。父喪既終，自起兩間小屋，以爲祠堂。每至節歲烝嘗，於此數日中，哀思，絶飲粥。父服除後，不復食魚肉。於母前，示有所啖，在私室，未曾妄嘗。自此迄終，三十餘載。」

〔一四〕集注本「遊宧」訛作「遊宦」。

〔一五〕如大明律卷百六十八祭塚：「若殘毀他人死屍、及棄屍水中者，各杖一百、流三千里。（謂死屍在家、或在野未殯葬，將屍焚燒支解之類。若已殯葬者，自依發塚開棺槨見屍律從重論。）若毀棄緦麻以上尊長死屍者，斬。棄而不失、及髡髮若傷者，各減一等。緦麻以上卑幼、各依凡人、遞減一等。毀棄子孫死屍者、杖八十。其子孫毀棄祖父母、父母、及奴婢雇工人、毀棄家長死尸者，斬。」

〔一六〕書儀作「浸染世人」。

〔一七〕書儀作「葬於所在可也」。

〔一八〕書儀作「猶愈於焚之哉」，「豈不」二字無。禮記檀弓曰：「延陵季子適齊，於其反也，其長子死，葬於嬴、博之間。孔子曰：『延陵季子，吳之習於禮者也。』往而觀其葬焉。其坎深不至於泉，其斂以時服，以時行之服，不改制節。既葬而封，廣輪掩坎，其高可隱也。既封，左袒，右還其封且號者三。曰：『骨肉歸復於土，命也。若魂氣則無不之也，無不之也。』而遂行。」〇史記吳太伯世家曰：「王壽夢卒。壽夢有子四人，長曰諸樊，次曰餘祭，次曰餘眜，次曰季札。季札封於延陵，故號曰延陵季子。」

〔一九〕成書本「抇音骨」字前有圈。

〔二〇〕成書本「切」作「反」。

〔二一〕河南程氏文集卷一〇葬說并圖「美」下有「者」字。

〔二二〕河南程氏文集卷一〇葬說并圖「他」作「異」。

〔二三〕朱子禮纂卷三曰：「伊川先生力破俗説，然亦自言須是風順地厚之處乃可，然則稍有形勢，拱揖環抱無空缺處，乃可用也。但不用某山某水耳。」司馬公葬論曰：「昔者吾諸祖之葬也，家甚貧不能具棺槨，自太尉公而下，始有棺槨；然金銀珠玉之物，未嘗以錙銖入於壙中。將葬太尉公，族人皆曰：『葬者，家之大事，奈何不詢陰陽？此必不可。』吾兒伯康無如之何，乃曰：『詢於陰陽則可矣！安得良葬師而詢之？』族人曰：『近村有張生者，良師也，數縣皆用之。』兄乃召張生，許以錢二萬。張生，野夫也，世爲葬師，爲野人葬，所得不過千錢，聞之大喜。兄曰：『汝能用吾言，吾俾爾葬；不用吾言，將求他師。』張師曰：『唯命是聽。』於是兄自以己意，處歲、月、日、時及壙之淺、深、廣、狹，道路所從出，皆取便於事者，使張生以葬書緣飾之曰『大吉』。以示族人，皆悦，無違異者。今吾兄年七十九，以列卿致仕；吾年六十六，忝備侍從；宗族之從仕者二十有三人，視他人之謹用葬書，未必勝吾家也。前年吾妻死，棺成而斂，裝辦而行，壙成而葬，未嘗以一言詢陰陽家，迄今亦無他故。吾嘗疾陰陽家立邪説以惑衆爲世患，於喪家尤甚。頃爲諫官，嘗奏乞禁天下葬書。當時執政，莫以爲意；今著兹論，庶俾後之子孫，葬必以時。欲知葬具之不必厚，視吾祖；欲知葬書之不足信，視吾家。」

〔二四〕底本、集注本、成書本、性理本「窖」訛作「窑」，據鈔配本、明刻本、四庫本、公善本改。

〔二五〕鈔配本、明刻本、四庫本、公善本「按」作「愚按」。

〔二六〕底本「占法」訛作「古法」，據他本改。

〔二七〕集注本「主人既朝哭」作「主人朝哭」，「既」字脱。

〔二八〕底本、成書本、性理本原作「掘穴」，鈔配本、集注本、明刻本、四庫本、公善本作「掘兆」。按，文公家禮會通卷六擇日開塋域祠后土本條補注謂：「掘地四隅爲塋兆之域，非謂開穴也，故當爲『掘兆』。今家禮刻本多誤以『兆』字爲『穴』字，相承之誤久矣。殊不知本文正是開塋域，下文穿壙方是掘穴。」兆，同「垗」，葬地。

〔二九〕底本、性理本「酒注」原作「酒左」，底本欄外所附校記云「『酒左』，恐當作『酒注』」。據他本改。

〔三〇〕四庫本「立」訛作「告」。

〔三一〕集注本「歲月」作「某月」。

〔三二〕集注本「某年歲月朔日子」「敢告於后土氏之神，今爲某官姓名」二句脱。

〔三三〕儒門崇理折衷堪輿完孝録卷八穿壙曰：「深葬防盜，固先正之確論。但地理家又有淺探得乘風水自成之説。謂龍脉有浮沉，水土有厚薄。如朱子謂：『漳泉間，棺只入地一半，上面用土培封，稍深則有水。』若此者，又難一律保葬。且宋以前，壙中多藏金寶，故致盜寇劫塚之患。國朝制禮不許用金寶殉葬，自無盜寇之虞。蓋不用金寶，極有禮。吴下人雖化者，衣裝必預剪壞，亦防盜之意。然欲厚於親，在擇吉地以安之，豈必金寶爲厚哉。不惟不能厚其親，反致劫塚之禍，愚亦甚矣。」

〔三四〕朱子語類卷八九禮六曰：「堯卿問合葬夫婦之位。曰：『某當初葬亡室，只存東畔一位，亦不曾考禮是如何。』安卿云：『地道以右爲尊，恐男當居右。』曰：『祭以西爲上，則葬時亦當如此方是。』」又問改葬，曰：「人家墓壙棺槨，切不可太大，當使壙僅能容槨，槨僅能容棺，乃善。去年此間陳家墳墓遭發掘者，皆緣壙中太闊，其不能發者，皆是壙中狹小無著脚手處，此不可不知也。又，此間墳墓山脚低卸，故盜易入。」

〔三五〕朱子語類卷八九禮六曰：「問：『槨外可用炭雜沙土否？』曰：『只純用炭末置之槨外，槨内實以和沙石灰。』或曰：『可純用灰否？』曰：『純灰恐不實，須雜以篩過沙，久之沙灰相乳入，其堅如石。槨外四圍上下，一切實以炭末，約厚七八寸許，既辟濕氣，免水患，又截樹根不入。樹根遇炭，皆生轉去，以此見炭灰之妙。蓋炭是死物，無情，故樹根不入也。抱朴子曰炭入地，千年不變。』問：『范家用黄泥拌石炭實槨外，如何？』曰：『不可。黄泥久之亦能引樹根。』又問：『古人用瀝青，恐地氣蒸熱，瀝青溶化，棺有偏陷，却不便。』曰：『不曾親見用瀝青利害。但書傳間多言用者，不知如何。』」

〔三六〕底本、明刻本、四庫本、公善本「厚二三尺」作「厚二三寸」，據集注本、鈔配本、成書本、性理本改。

〔三七〕成書本「炭」訛作「灰」。

〔三八〕底本、性理本、成書本「結爲全石」作「結而爲全石」，「而」字據他本删。

〔三九〕底本、性理本、成書本作「皆不得進也」，集注本作「皆不進也」，鈔配本、明刻本、四庫本、公善本作「皆不能進也」。顔元禮文手抄卷四聞喪奔喪治葬曰：「楊氏所引朱子答廖子晦問葬法，有石槨之説，但以法禁，而以數片石合成。愚謂石槨雖無法禁，吾夫子嘗云：『若是其靡也，葬不如速朽之爲愈也。』豈可以若是費哉！』今無槨用温公法，有槨用朱子法，似亦儘固矣，何必石然！愚感此而思，昔人嘗有遺言用甕葬者。若教甕工製如棺式，底體上口，四周有裏半高之唇，上蓋下覆有外半高之缺，其裏唇外覆各寸餘，合而相對。即其中穿孔，兩頭各十餘，兩箱各二十餘。大斂後用鐵釘或錫釘錠之。或巧工令底口及蓋皆平，而棺體口端兩頭各貳長方竅，兩箱各肆長方竅，其蓋邊兩頭各二長方舌，兩箱各四長方舌，蓋後於舌入竅之中，外穿各一孔候受釘，如此燒製，斂錠後又用鐵屑調瀝青中，塗棺縫及釘孔空隙。初製時棺下底横截四缺，或有足則穿四大孔，俟葬時懸棺下壙，便於受繩也。此制一行，雖倍數甕之價，而較石槨之省費甚多，而入土千萬年不壞。儻愛親君子倡用此棺，則用者多，而甕工射利，製者亦多，將使斯人死者全肌膚，生者快孝思，不及杉柏費而已得石棺之利，是所望于同志者，講明之可也。」馮善家禮集説和灰沙曰：「或問：『槨内外皆實沙灰，則以朱子之言爲據。槨又加底，亦有據乎？』曰：『頃葬先人，慮地有水，繆出意見，槨乃加底。用油灰麻筋，召船匠艌其縫，薄溶瀝青塗其外，用以載柩。槨之内外如前法，各實以沙灰，既平槨口，再加外蓋。用直板合成，艌其縫不用横者，仍用油會批縫密釘之，再溶瀝青塗其上，更下灰沙，盈坎乃止。』又問：『槨内外既皆實以灰沙，何必又用木槨在内？』曰：『沙灰須發熱過乃堅，若不用槨隔之，則天雨地泉浸濕，灰沙不能堅結。而槨内者自能發熱堅固，乃槨朽腐，而内灰沙已皆堅結久矣。所以槨加底蓋，非無謂也。』又問：『木槨作兩三套做如何？』曰：『雖便舉動，縫内漏水入去，却不便，必作一箇做方穩當。』」

〔四〇〕出河南程氏文集卷一〇記葬用柏棺事。

〔四一〕底本、性理本「欲比化」作「欲比化者」，「者」字據他本及二程集删。

〔四二〕成書本「土」訛作「上」。

〔四三〕底本、成書本、性理本「如何」作「何如」，據他本及二程集改。

〔四四〕底本、成書本、性理本作「爾」，二程集同，四庫本作「耶」，鈔配本、集注本、明刻本、公善本作「耳」。

〔四五〕事物紀原卷九墓誌曰：「昔吴季札之喪，孔子銘其墓。唐開元時，人有耕地得比干墓誌，刻其文以銅盤。則墓之有誌，其來遠矣。」任昉文章緣起曰：「誌者，記也。銘者，名也。古之人有德善功烈，可名於世。殁，則後人爲之鑄器以銘，而俾傳於無窮。若蔡中郎集所載朱公叔鼎銘是也。至漢杜子夏始勒文埋墓側，遂有墓誌。後人因之，蓋於葬時述其人世系、名字、爵里、行治、壽年、卒葬日月，與其子孫之大略，勒石加蓋，埋於壙前三尺之地，以爲異時陵谷變遷之防，而謂之誌銘。」陶宗儀南村輟耕録碑志書法曰：「古碑刻中，單書國號曰漢曰宋者，蓋其建國號詔漢曰宋也。我朝『大元』二字在詔旨，不可單用。又凡書官銜，俱常從實。如廉訪使、總管之類。若曰監司、大守，是亂其官制。久遠莫可考矣。又『篆蓋』二字止可施壙石，若於碑，須曰『篆額』爲是。」

〔四六〕底本、性理本、成書本「有宋」二字脱，據鈔配本、集注本補。以下二處同，不再出校。

〔四七〕底本「母氏某封某」原作「母某氏某封」，成書本、性理本作「母氏某封」，據鈔配本、集注本、四庫本、公善本改。

〔四八〕按，朱子葬長子，誌石用二片，各長四尺，闊二尺許，止記姓名、歲月、居里，刻訖，以字面相合，以鐵束之，置於壙上。又按，某人爲請銘，銘有用韻者、有無韻者、有序與銘具者、有以序爲銘者、有以銘爲序者、有三言四言者、有用騷體者、有長短句者，不拘一格，惟以簡勁、守實爲要。家禮會通卷六刻誌石補注：「或問：『今士民之家皆用碑誌可乎？』曰：『温公謂人果賢耶，則衆所稱頌，豈待碑誌始爲人知；若果不賢，雖以巧言强加采飾，徒取譏笑，其誰肯信？今既欲爲銘誌，但可直述鄉里、世家、生死、年月、男女、子孫、終始而已，不在多言也。』」

〔四九〕孝子不忍死其親之意，不曰神明之器，而特曰明器者，以神之幽，不可不明故也。禮記檀弓曰：「孔子謂爲明器者，知喪道矣，備物而不可用也。其曰明器，神明之也。塗車、芻靈，自古有之，明器之道也。」家禮補注曰：「或問明器之義。曰：『檀弓注云謂以禮送死者，以死者之禮待之。是無愛親之心爲不仁，不可行也。以生者之禮待之，是無燭理之明爲不智，亦不可行也。故備物而不可用也。其謂之明器者，蓋以神明之道待之也。』或問：『穿便房，恐虛壙中引水不便，欲貯埋墓誌處如何？』曰：『此雖古人不忍死其親之意，然實非有用之物。且脯肉腐敗生蟲聚蟻，尤爲非便，不可用也。惟埋明器，以閩俗之木刻金雞、玉犬、柏人、土地等物，不無有泄地脉，且引水生蟲盆一益化者，不若皆不用爲是。若孝子必欲遵禮用之，亦不必事雕刻，而但用紙糊裱楮爲之，乃於窆完工畢之際，謝土告墓之時，對墳燒化，如焚楮錢之義，庶亦就便焉。謹以告仁孝君子幸察焉。』

〔五〇〕集注本「非陞朝官」作「非陞朝」，「官」字脱。

〔五一〕成書本「小」訛作「尒」。

〔五二〕儀禮既夕禮「苞二」鄭曰：「所以裹奠羊豕之肉。」禮記曲禮「凡以弓劍、苞苴、簞笥問人者」孔疏：「苞者，以草裹魚肉之屬。苴者，以草藉器而則物也。」

〔五三〕底本、性理本「一」原作「三」，底本欄外所附校記云「『三』一作『一』」。按，遺奠餘脯當盛一器。儀禮既夕禮注曰：「謂茅長雜用，裁取三尺，一道編之。」據集注本、鈔配本改。

〔五四〕性理本「遺奠」訛作「遣奠」。

〔五五〕儀禮既夕禮曰：「莒筲三，其實皆瀹。」鄭注云：「米麥皆湛之以湯，未知神之所享，不用食道，所以爲敬。」

〔五六〕謝肇淛五雜組卷十二物部四曰：「今俗語窯器謂之磁器者，蓋河南磁州窯最多，故相延名之，如銀稱米提，墨稱腴糜之類也。」

〔五七〕底本、成書本、性理本「脯醢」原作「醯醢」，據鈔配本、集注本改。

〔五八〕底本、集注本、性理本作「〇按」，鈔配本、成書本、四庫本作「愚按」。

〔五九〕史記季布列傳：「置廣柳車中。」索隱：「喪車稱柳，後人通謂車爲柳也。」禮記檀弓曰：「孔子之喪，公西赤爲志焉。飾棺墻。」鄭注：「墻之障柩，猶垣墻障家。」孔疏曰：「謂障柩之物爲墻。障柩之物，即柳也。外旁帷荒，中央材木，總而言之，皆謂之爲柳也。」又喪大記疏曰：「翣形似扇，以木爲之，在路則障車，入槨則障柩也。」又障柩爲墻翣。檀弓曰：「周人墻置翣。」盧植曰：「墻，載棺車箱也。」

〔六〇〕集注本「柱」訛作「往」。

〔六一〕成書本「更」訛作「便」。

〔六二〕成書本「更」字脱。

〔六三〕底本、鈔配本、性理本作「但多用油單裹柩」，集注本作「但用油單裹柩」。

〔六四〕成書本「水」字脱。

〔六五〕朱子語類卷八九禮六曰：「某舊爲先人飾棺，考制度作帷幌。李先生以爲不切。而今禮文覺繁多，使人難行。後聖有作，必是裁減了，方始行得。」顏元禮文手抄卷四聞喪奔喪治葬曰：「飾棺即從俗，用所謂官罩亦可，但其用紙葦者，其制雖工巧靡費，恐爲風雨損壞。元亦嘗見用布者，當用木架，以布障之，既不懼風雨，尤利遠行或遠地歸葬，用油布爲之更佳。」

〔六六〕説文通訓定聲曰：「翣有羽、布、席。世本，武王作翣。漢制，以木爲框，廣三尺，兩角高二尺四寸，衣以畫布，柄長五尺。柩車行，持之兩旁以從。按如今之掌扇，疑古本以羽爲之，與羽蓋同，後世以布，或以席。」後漢書卷三九注引聶崇義三禮圖曰：「翣，以竹爲之，高二尺四寸，廣三尺，衣以白布，柄長五尺，葬時令人執之于柩車傍。」禮記喪大記孔疏曰：「在路則障車，入槨則障柩。」其翣置柳外，如人之衣柳、喪車頁，故翣謂之柳衣。釋名釋喪制曰：「齊人謂扇爲翣。此似之也，象翣爲清涼也。」說文曰：「翣，棺羽飾也。羽制也。」周禮天官縫人曰：「喪，縫棺飾焉，衣翣柳之材，木制也。」孔疏云：「翣即上注方扇是也。柳即喪大記帷荒是也。二者皆有材。縫人以采繒衣纏之，乃後張飾於其上，故云『衣翣柳之材』。」

〔六七〕黼，說文黹部曰：「白與黑相次文。」周禮考工記曰：「白與黑謂之黼。」爾雅釋器曰：「斧謂之黼。」疏：「黼，蓋半白半黑，似斧刃白而身黑，取能斷意。一說白西方色，黑北方色，西北黑白之交，乾陽位焉，剛健能斷，故畫黼以黑白爲文。」

〔六八〕黻，說文黹部曰：「黑與青相次文。」爾雅釋言曰：「黼黻，彰也。」郭注曰：「黼文如斧，黻文如兩己相背。」

〔六九〕黼翣、黻翣、畫翣，謂喪禮所用棺飾。禮記喪大記謂君飾棺，「黼翣二，黻翣二，畫翣二，皆戴圭。大夫、士皆戴綏。」鄭注引漢禮：「翣以木爲筐，廣三尺，高二尺四寸，方，兩角高，衣以白布。畫者，畫雲氣，其餘各如其象。」禮記禮器：「天子崩，七月而葬，五重八翣；諸侯五月而葬，三重六翣；大夫三月而葬，再重四翣。」

〔七〇〕白虎通疏證闕文曰：「祭所以有主者何？言神無所依據，孝子以主係心焉。」陳立疏：「此公羊說也。禮疏引異義：『今春秋公羊說，祭有主者，孝子以主繫心。』」按，近人吾妻重二謂，神主式者有三，正方式、前方後圓式、長方式。穀梁傳文公二年「丁丑，作僖公主」范注：「主，蓋神之所馮依，其狀正方，穿中央，達四方。天子長尺二寸，諸侯長一尺。」通典卷四八引五經異義曰：「主之制四方，穿中央達四方。天子尺二寸，諸侯一尺，皆刻謚於背。」又太平御覽引禮記外傳曰：「天子廟主長尺二寸，諸侯一尺。四向孔穴，午達相通。」此皆言主乃正方式。通典引漢儀曰：「帝之主九寸，前方後圓，圍一尺。後主七寸，圍九寸。」後漢書禮儀志下劉注引漢舊儀曰：「高帝崩三日，小斂室中牖下，作栗木主。長八寸，前方後圓，圍一尺。」此言主乃前方後圓式。通典卷百三十九禮九十九又曰：「虞主用桑。主皆長一尺，方四寸。上圓頂，徑一寸八分，四廂各刻一寸一分。又上下四方通孔，徑九分。其匱，底蓋俱方，底自下而上，蓋從上而下，與底齊。其趺方一尺，厚三寸。」此言主乃長方式。

〔七一〕河南程氏文集卷一〇作主式「作主用栗」後有「取法時月日辰」。主以周尺爲度。用栗木爲之，取栗木之幹。按，論語八佾：「哀公問社於宰我。宰我對曰：『夏后氏以松，殷人以柏，周人以栗。故用栗，戰栗。』」邢疏曰：「以社者，五土之總神，故凡建邦立國，必立社也。夏都安邑，宜松；殷都亳，宜柏；周都豐鎬，宜栗。是各以其土所宜木也。謂用其木以爲社主。」説文木部：「栗，栗木。」公羊傳文公二年曰：「虞主用桑，練主用栗。」

〔七二〕趺，集韻：「與跗同。」跗，音義：「跗，足跗也。」玉篇：「足上也。」儀禮士喪禮：「乃屨，綦結于跗，連絇。」鄭注：「跗，足上也。」賈疏：「謂足背也。」趺，爲神主底座，象歲之四時。身高尺二寸即十二分，象年之十二月。博三寸即三十分，象月之三十日。厚寸二分即十二分，象日之十二時辰。身、趺皆厚一寸二分。

〔七三〕二程集「趺方四寸，厚寸二分，鑿之洞底，以受主身。身高尺二寸，博三寸，厚寸二分。」原作「趺方四寸，象歲之四時。高尺有二寸，象十二月。身博三十分，象月之日。厚十二分，象日之辰」。

〔七四〕剡，削、刮。説文：「鋭利也，從刀。」

〔七五〕二程集「四分居前，八分居後」原作「一居前，二居後，前四分，後八分」。勒前爲頷者，謂後片自圓首以下寸之處，剡之以似人之頷，故知勒之字頷之字非横向直刻，而於稍斜上方刻寫。四分居前，八分居後者，謂一居前，一居後，前片厚四分，後片厚八分，前片與後片可於領處相合，可爲一整片而置於神主底座。

〔七六〕詳見潘時舉木主識語及注。

〔七七〕府君，本漢人稱太守，猶公侯之公，轉爲男子之尊稱。朱子語類卷九十禮七曰：「無爵曰『府君、夫人』，漢人碑已有，只是尊神之辭。府君，如官府之君，或謂之『明府』。今人亦謂父爲『家府』。」夫人，家禮考證曰：「『夫人』二字，在宋制，亦非卑者之稱，如國夫人、郡夫人之類，必公卿之妻，方得此封。但世俗通以爲婦人之尊稱，其來遠矣，自漢時已然。而朱子從之者，於理無害耳。且孺人之稱，在古禮，必大夫之妻。在今制，亦非無官者之妻。何必捨先賢而從俗哉？」

〔七八〕鈔配本、成書本、明刻本、四庫本、公善本「按」作「愚按」。

〔七九〕公羊傳文公二年曰：「丁丑，作僖公主。作僖公主者何？爲僖公作主也。主者曷用？虞主用桑，練主用栗。用栗者，藏主也。」穀梁傳文公二年曰：「立主，喪主於虞，吉主於練。」范注：「期而小祥，其主用栗。」

〔八〇〕國語周語上曰：「及期，命於武宮，設桑主布几筵。」韋注云：「練主用栗，虞主用桑。」舊唐書儀禮志六曰：「東都太廟，不合置木主，謹按典禮，虞主用桑，練主用栗，重作栗主，則埋桑主。」

〔八一〕底本、性理本「乃如」原作「乃用」，底本欄外所附校記云「『乃用』，大全作『乃如』」，據他本改。

〔八二〕集注本「司馬氏」作「司馬公」。

遷柩、朝祖、奠賻、陳器、祖奠

〔10—1〕發引前一日，因朝奠以遷柩告。設饌如朝奠〔一〕。祝斟酒訖，北面跪，告曰：「今

以吉辰遷柩，敢告。」俛伏興。主人以下哭盡哀，再拜。蓋古有啓殯〔二〕之奠。今既不塗殯，則其禮無所施，然〔三〕又不可全無節文，故爲此禮也。

〔10—2〕奉柩朝於祖。將遷柩，役者入，婦人退避。主人及衆主人輯杖立視〔四〕。祝以箱奉魂帛前行，詣祠堂前。執事者奉奠及倚卓次之，銘旌次之，役者舉柩次之。主人以下從哭〔五〕。男子由右，婦人由左，重服在前，輕服在後，服各爲叙。侍者〔六〕在末。無服之親，男居男右，女居女左，皆次主人主婦之後。婦人皆蓋頭。至祠堂前，執事者先布席，役者致柩於其上，北首而出。婦人去蓋頭。祝帥執事者設靈座及奠於柩西，東向〔七〕。主人以下就位立哭，盡哀，止。此禮蓋象平生將出，必辭尊者也。

〔10—3〕遂遷於廳事。執事者設帷於廳事。役者入，婦人退避。祝奉魂帛，導柩右旋。主人以下男女哭從如前，詣〔八〕廳事。執事者布席。役者置柩於席上，南首而出。祝設靈座及奠於柩前，南向。主人以下就位坐〔九〕哭，藉以薦席。

〔10—4〕乃代哭。如未斂之前，以至發引。

〔10—5〕親賓致〔一〇〕奠賻。如初喪儀。

〔10—6〕陳器。方相〔一一〕在前，狂夫爲之〔一二〕。冠服如道士〔一三〕，四品以上，四目爲方相；以下兩目爲魌頭；次明器、下帳、苞、筲、甖，以牀舁之；次銘旌，去跗執之；次靈車〔一四〕，以奉魂帛香

火。次大轝，轝旁有翣，使人執之〔一五〕。

〔10—7〕日晡時〔一六〕，設祖〔一七〕奠。饌如朝奠。祝斟酒訖，北向跪，告曰：「永遷之禮，靈辰不留，今奉柩車〔一八〕，式遵祖道。」俛伏興。餘如朝夕奠儀。司馬公曰：「若柩自他所歸葬，則行日但設朝奠，哭而行，至葬乃備。」此及下，遣奠禮。

校注

〔一〕成書本「朝奠」作「朔奠」。

〔二〕集注本「啓殯」作「遣殯」。古者凡屬親戚僚友應宜會葬者，均當以書先啓之。儀禮既夕禮曰：「請啓期，告於賓。」鄭注：「將葬，當遷柩於祖，有司於是乃請啓肂之期於主人以告賓，賓宜知其時也。」是則告啓期在將葬啓肂之時，惟發引行帖得用之；中間開吊（津每於發引前，開吊一次，謂之伴宿；開吊以後，再擇吉發引），帖不得用之。

〔三〕底本、性理本「然」字原脱，據他本補。

〔四〕集注本「主人及衆主人輯杖立視」句後有注：「輯，斂也，謂舉之不以擇地也。」性理本本注列於段後。此即辭靈之禮也。謂靈柩將辭，祖餞而奠祭之，以征永訣，始則詣殯宫啓殯。古者凡大殮後，必奉棺入隧道中，謂之殯宫。爲防火計也，至發引時，乃請柩由隧道出，所以謂之出殯，因在殯宫日久，柩上積有塵土，故拂柩，俗謂之掃材土。拂之猶恐不净，故拭柩，功布即用以拭柩者也。拭柩畢，然後移柩（即遷棺）。繼則向祖位前朝祖，由孝子恭代亡人行拜跪禮，以表辭別祖先之意，自此以後，次第行祖奠降奠、遣奠各禮。

〔五〕底本「從哭」原作「哭從」，據他本改。

〔六〕集注本「侍者」訛作「待者」。

〔七〕集注本「東向」二字後有注：「既夕禮，遷於祖。正柩於兩楹間，席升設於柩西，奠設如初，注奠設如初，東面也，不統於柩，神不西面也。不設柩東，東非神位也。」性理本本注列於段後。

〔八〕集注本「詣」訛作「設」。

〔九〕四庫本「坐」訛作「作」。

〔一〇〕底本欄外所附校記云「『致』，一作『至』」。

〔一一〕周禮夏官司馬「方相氏，狂夫四人」鄭注曰：「方相猶言放想，可畏怖之貌。」又：「方相氏掌蒙熊皮，黄金四目，玄衣朱裳。執戈揚盾，帥百隸而時難，以索室驅疫。大喪，先柩。及墓，入壙，以戈擊四隅，驅方良。」段成式酉陽雜俎卷三尸穸曰：「世人死者有作伎樂，名爲樂喪魌頭，所以存亡者之魂氣也。一名蘇衣被，蘇蘇如也。一曰狂阻，一曰觸壙。四目曰方相，兩目曰僛。據費長房識李娥藥丸，謂之方相腦。則方相或鬼物也，前聖設官象之。」

〔一二〕底本、性理本作「役夫爲之」，他本作「狂夫爲之」。按，周禮夏官司馬曰：「方相氏，狂夫四人。」國語晉語一曰：「且是衣也，狂夫阻之衣也。」韋注曰：「狂夫，方相氏之士也。」據改。

〔一三〕太霄琅書經曰：「人行大道，號曰道士。士者何也？理也，事也，身心順理，唯道是從，從道爲事，故稱道士。」

〔一四〕書儀卷八陳器「靈車」作「靈舁」，並注曰：「葬日，置魂帛於上，炷香其前，藏祠版於箱篋，置其後，返則祠版於前，藏魂帛於箱篋，亦以小舁牀舉之，開元禮靈輿在方相前，今置柩前。」

〔一五〕書儀「明器」前爲「誌石、槨」；「苞」前爲「上服」，注云：「有官則公服、靴、笏，無官則襴衫，皆有幞頭腰帶。」「銘旌」前爲「醯醢、酒」，注云：「一斗，盛以瓶。並以小舁牀舉之。」

〔一六〕書儀「日晡時」作「日餔時」。

〔一七〕祖，徂也。今人謂餞行曰祖道。三國志卷四六吳書一曰：「施帳幔於城東門外，祖道送稱，官屬並會。」

〔一八〕書儀「今奉柩車」作「謹奉柩車」。

遣奠〔一〕

〔11—1〕厥明，遷柩就轝。轝夫納大轝於中庭，脱柱上橫扃。執事者徹祖奠。祝北向，跪告曰：「今遷柩就轝，敢告。」遂遷靈座，置旁側，婦人退避。召〔二〕役夫遷柩就轝，乃載〔三〕施扃加楔，以索維之，令極牢實〔四〕。男子〔五〕從柩哭降，視載，婦人哭於帷中。載畢，祝帥執事者遷靈座於柩前，南向。

〔11—2〕乃設遣奠〔六〕。饌如朝奠，有脯。惟婦人不在。奠畢，執事者徹脯納苞中，置舁牀上，遂徹奠。

〔11—3〕祝奉魂帛升車，焚香。別以箱盛主，置帛後。至是〔七〕婦人乃蓋頭出帷，降階立哭。

守舍者哭辭盡哀，再拜而歸。尊長則不拜。

校注

〔一〕葬之曰天明時，陳大遣奠祭品於中庭外，又稱葬奠。周禮地官牛人賈疏曰：「小斂、大斂、朔月、月半、薦新、祖奠及遣奠時有牲體，大遣奠非直牛，亦有馬牲。」士用少牢五鼎，羊、豕、魚、臘、鮮獸各一鼎。陳設在柩車之東，用牛胃、蚌肉醬、醃葵菜、蝸肉醬四豆；用棗、米餅、栗、幹肉四籩。皇朝通志卷四七禮略十二曰：「遣奠之稱，禮經並無明文，唯見諸孔穎達士喪禮疏，唐以後相沿用之。蓋穎達第用儀禮，葬日將行苞牲體之車名爲遣車，遂取遣字爲奠名，牽合無當。復考儀禮，將行之祭，『徹巾苞牲』鄭注：『象既饗而歸賓俎也。』又禮記雜記：『大饗既饗，卷三牲之俎歸於賓館，所以爲哀也。』鄭注：『既饗歸賓俎，言孝子哀親之去也。』是將行之祭，本用饗禮，舊稱遣奠，似不若作饗奠爲長。敕下部更正從之。」

〔二〕鈔配本、明刻本、四庫本、公善本「召」字脱。

〔三〕鈔配本、明刻本、四庫本、公善本「載」字脱。主人從柩哭降，視其載柩於舉，婦人哭於幃中。集注本注曰：「載，謂升柩於轝也。以新絚左右束柩於舉，乃以横木楔柩足兩旁，使不動摇。」

〔四〕集注本「令極牢實」後與「男子從柩」間有注：「載，謂升柩於舉也。以新絚左右束柩於舉，乃以横木楔柩足兩旁，使不動摇。」

〔五〕底本、成書本、性理本「男子」原作「主人」，據他本改。

〔六〕底本、性理本原作「乃設奠」，脱「遣」字，據鈔配本、集注本補。

〔七〕底本「至是」原作「至此」，據他本改。

發引〔一〕

〔12—1〕柩行〔二〕。方相等前導，如陳器之叙。

〔12—2〕主人以下男女，哭，步從。如朝祖之叙。出門則以白幕夾障〔三〕之。

〔12—3〕尊長次之，無服之親又次之，賓客又次之。皆乘車馬。親賓或先待於墓所，或出郭哭拜，辭歸。

〔12—4〕親賓設幄於郭外道旁，駐柩而奠。如在家之儀。

〔12—5〕途中遇哀則哭。若墓遠，則每舍設靈座於柩前，朝夕哭奠。食時上食。夜則主人兄弟皆宿柩旁，親戚共守衛之。

校注

〔一〕發引，執紼之另名。引，所以引柩車，在軸輴曰紼。禮記曲禮曰：「助葬必執紼。」鄭注：「葬，喪大事也。紼，引車索。」檀弓曰：「弔於葬者，必執引，若從柩及壙，皆執紼。」孔疏曰：「弔葬本爲助執事，故必相助引柩車也。」若從柩及壙，皆執紼。孔又曰：「紼，引棺索也。凡執引用人，貴賤有數，若其數足，則餘人不得遥行，皆散而從柩也。至壙下棺窆時，則不限人數，皆悉執紼，是助力也。」

〔二〕柩行，先方相，次香案，次明器，次食案，次銘旌，次靈車，次功布，次大轝，轝旁使人執翣。

〔三〕白幕，古之步障也。幃以白布爲之，高七尺，每八尺則夾以竹柱，每人執一柱而行，不拘多少。夾障，婦人在内，步行使外人不見也，若路遠，則乘肩輿，不用此。

及墓、下棺、祠后土、題木主、成墳

〔13—1〕未至，執事者先設靈幄。在墓道西，南向，有椅卓。

〔13—2〕親賓次，在靈幄前十數步，男東女西，女〔一〕次北與靈幄相直，皆南向。

〔13—3〕婦人幄。在靈幄後，壙西。

〔13—4〕方相至，以戈擊〔二〕壙四隅。

〔13—5〕明器等至，陳於壙東南，北上。

〔13—6〕靈車至，祝奉魂帛就幄座。主箱亦置帛後。

〔13—7〕遂設奠而退。酒菓脯醢。

〔13—8〕柩至。執事者先布席於壙南。柩至，脱載，置席上，北首。執事者取銘旌，去杠，置

其上〔三〕。

〔13—9〕主人男女各就其位哭，主人、諸丈夫立於壙東，西向。主婦、諸婦女立於壙西幄内，東向。皆北上。如在塗之儀。

〔13—10〕賓客拜辭而歸。主人拜之，賓答拜。

〔13—11〕乃窆。先用木杠横於灰隔之上，乃用索四條穿柩底鐶〔四〕，不結而下之。至杠上則抽索去之。别摺細布，若生絹兜柩底而下之，更不抽出，但裁其餘棄之。若柩無鐶，即用索兜〔五〕柩底，兩頭放下，至杠上乃去索，用布如前。大〔六〕凡下柩，最須詳審用力，不可誤有傾墜動摇，主人兄弟宜輟哭，親臨視之。已下，再整柩衣、銘旌，令平正。

〔13—12〕主人贈。玄六纁四，各長丈〔七〕八尺。主人奉置柩旁，再拜稽顙。在位者皆哭盡哀。家貧或不能具此數，則玄纁各一可也。其餘金玉寶玩並不得入壙，以爲亡者之累。

〔13—13〕加灰隔，内〔八〕外蓋，先度灰隔大小，制薄板一片，旁距四墻，取令脗合〔九〕。至是〔一〇〕加於柩上，更以油灰彌之。然後旋旋少灌瀝青於其上，令其速凝，即不透板，約已厚三寸許〔一一〕，乃〔一二〕加外蓋。

〔13—14〕實以灰，三物拌勻者居下，炭末居上，各倍於底及四旁之厚，以酒灑而躡實之。恐震柩中，故未敢築，但多用之，以俟其實耳〔一三〕。

〔13—15〕乃實土而漸築之。下土每尺許，即輕手築之。勿令震動柩中。

〔13—16〕祠后土於墓左。如前儀，祝版前同〔一四〕。但云「今爲某官封謚，窆茲幽宅，神其」，後同。

〔13—17〕藏明器等，實土及半，乃藏明器、下帳、苞、筲、甖於便〔一五〕房，以版塞其門。

〔13—18〕下誌石。墓在平地，則於壙内近南，先布磚一重，置石其上。又以磚四圍之，而覆其上〔一六〕。若墓在山側峻處，則於壙南數尺間〔一七〕掘地，深四五尺，依此法埋之。

〔13—19〕復實以土而堅築之。下土亦以尺許爲準，但須密杵堅築。

〔13—20〕題主。執事者設卓子於靈座東南，西向，置硯、筆、墨。對卓置盥盆、帨巾，如前。主人立於其前，北向。祝盥手，出主，卧置卓上，使善書者盥手，西向立。先題陷中。父則曰「宋〔一八〕故〔一九〕某官某公諱某字某第幾神主」，粉面曰「皇考〔二〇〕某官封謚〔二一〕府君神主」。其下〔二二〕左旁曰「孝子某奉祀」〔二三〕。母則曰「宋〔二四〕故某封某氏諱某字某第〔二五〕幾神主」，粉面曰「皇〔二六〕妣某封某氏神主」，旁亦如之。無官封，則以生時所稱爲號〔二七〕。

題畢，祝奉置靈座，而藏魂帛於箱中以置其後。炷香，斟酒，執版出於主人之右，跪讀之。日子同前〔二八〕，但云：「孤子某，敢昭告於皇〔二九〕考某官封謚府君。形歸窀穸〔三〇〕，神返室堂。神主既成，伏惟尊靈，舍舊從新，是憑是依。」畢，懷之，興，復位。主人再拜，哭盡哀，止。母喪稱「哀子」〔三一〕，後放此。凡有封謚，皆稱之，後皆放此。

〔13—21〕祝奉神主升車。魂帛箱在其後。

〔13—22〕執事者撤靈座，遂行。主人以下哭從，如來儀。至墓門〔三二〕，尊長乘車馬，去墓百步許，卑幼亦乘車馬。但留子弟一人監視實土，以至成墳。

〔13—23〕墳高四尺。立小石碑〔三三〕於其前，亦高四尺〔三四〕。趺高尺許。司馬公曰：「按令式〔三五〕，墳碑石獸大小、多寡，雖各有品數，然葬者當爲無窮之規。後世見此等物，安知其中不多藏金玉邪〔三六〕？是皆無益於亡者而反有害，故令式又有貴得同賤，賤不得同貴之文，然則不若不用之爲愈也。」〔三七〕

○今按孔子防墓之封，其崇四尺〔三八〕，故取以爲法。用司馬公説〔三九〕，別立小碑，但石須闊尺以上，其厚居三之二，圭首而刻其面，如誌之蓋，乃略述其世系、名字、行實，而刻於其左，轉及後右〔四〇〕而周焉。婦人則俟夫葬乃立，面如夫亡〔四一〕誌蓋之刻云。

校注

〔一〕底本、性理本「女」字原脱，據他本補。

〔二〕四庫本「擊」訛作「繫」。家禮集説方相曰：「以戈擊壙，何謂也？蓋鄉人儺，孔子朝服立於阼階之義，欲人亡者依彼爲衛而安歟。不然先儒亦何用此。若説其人死，便無魂氣，似亦難，必若説人死有此魂氣去登天堂入地獄，此則決無也。」

〔三〕底本、成書本、性理本、四庫本「其上」原作「柩上」，據鈔配本、集注本改。

〔四〕鐶，同「環」。

〔五〕新井白石曰：「兜，爲懸下之義。字畫無明訓，但字箋『攬』字注：『兜，攬也。總，兜，收也。據此明兜藍、兜零之兜，并有兜收之箋。』柩衣，按本注曰：『大斂，工匠加蓋，下釘，徹牀，覆柩衣。』蓋此儀禮『拂柩用功布，幠用斂衾』之意也。」

〔六〕成書本「大」訛作「夫」。

〔七〕集注本「丈」字脱。按，儀禮既夕禮曰：「襲，贈用制幣玄纁束。」鄭注：「丈八尺曰制。二制合之。」賈疏：「此注云『二制合之，束，十制五合』者，則每一端丈八尺。」故集注本誤。

〔八〕鈔配本、公善本「内」作「納」。

〔九〕莊子齋物論曰：「旁日月，挾宇宙，爲其脗合，置其滑涽，以隸相尊。」南華真經口義曰：「脗合者，言渾然相合而無縫罅也，言至理混然爲一也。」外蓋，即灰隔之蓋。

〔一〇〕底本「至是」原作「至此」，據他本改。

〔一一〕集注本「許」作「餘」。

〔一二〕集注本「乃」作「即」。

〔一三〕底本、成書本、性理本作「耳」，鈔配本、明刻本、公善本作「爾」，集注本無。

〔一四〕祝版，亦作祝板。祭祀時粘貼祝文之方版。儀禮聘禮曰：「不及百名書于方。」賈疏：「云方板者，以其百名以下書之于方，若今之祝板，不假連編之策。一板書盡，故言方板也。」集注本「前同」作「同前」。

〔一五〕明刻本、四庫本「便」訛作「侵」。

〔一六〕性理本「上」訛作「十」。

〔一七〕底本「間」字原作「開」，按「開」與「掘」字合於一處誤，故「開」當爲「間」之誤，據他本改。

〔一八〕底本、成書本、性理本「宋」字原脱，據鈔配本、集注本補。

〔一九〕家禮考證曰：「按故，猶苗也，古也，古人於存亡通稱。如韓愈河南府同官記，『故相國今太子賓客滎陽鄭公』，朱子考異曰：『故相，猶言今前宰相，非亡没之謂。』以故字加於祖先之上，亦猶曰故人前人云耳。或者以爲故如漢書『物故』之『故』，謂亡没也，嗚呼！孝子方致如在之誠，而豈忍以亡没爲稱哉。」

〔二〇〕底本、成書本、性理本「皇」字原脱，據鈔配本、集注本補。皇考即顯考。按，禮經及家禮舊本於「高祖考」上皆用「皇」字，宋大德年間，省部禁止，迴避皇字，改用「顯」字。葉夢得石林燕語曰：「父没稱皇考，於禮本無見。祭法言：『天子五廟，曰考廟，王考廟，皇考廟，顯考廟，祖考廟。』則皇考者，曾祖之稱也。自屈原離騷稱『朕皇考曰伯庸』，則以皇考爲父。故晉司馬機爲燕王告謝廟文，稱『敢昭告於皇考清惠亭侯』，後世遂因不改。漢議宣帝父稱，蔡義初請謚爲悼，曰悼太子；魏相以爲宜稱尊號曰皇考。則皇考乃尊號之稱，非後世所得通用。然沿習已久，雖儒者亦不能自異也。」集注本作「皇考某官封謚府君神主」，鈔配本作「顯高祖考某官封謚府君神主」。

〔二一〕古謚，以爵位而定，故逸周書謚法解第五十四曰：「維周公旦、太公望開嗣王業，建功於牧之野，終將葬，乃制謚。遂叙謚法。謚者，行之跡也；號者，功之表也。」即貴者有謚，生有爵者，則死無謚，以期一也。賤者無謚，生無爵者，則死無謚。若命婦與妾無謚者，卑賤也。貴者有上謚，嘉賞之意，如謚「文」「慈」「德」，賤者有下謚，又曰惡謚，如謚「戾」「蕩」「惑」。又有中謚，中謚者，執中之謚。有謚封者，「敬謹寡過，自愛其鼎，乃能得之」。歷代皆重賜謚。

〔二二〕鈔配本、集注本、公善本「其下」作「下其」。

〔二三〕馮善家禮集説旁注曰：「或問：『本注，其下左旁題奉祀之名。近見他書，反以上右爲下者，當何從？』曰：『凡言右，皆是上文；言左，皆是下文。詳觀大學右傳十章，與別爲序次如左，則左爲下文，不待辨説自明矣。』曰：『據子之言，左誠爲下文矣。然則祠堂遞列神主，以西爲上，如子所言，豈不奉祀之名，反在西而居上；祖宗之名，反在東而居下乎？』曰：『西上之制，起於漢明帝。漢之前論昭穆，無此也。蓋旁題，乃爲宗子承家主祭而設。初不以所書前後較尊卑也，即如彼以上文爲左。而今陽道皆尚左，凡臣子上書於君親，皆具名於前，亦豈嫌其名居前而爲僭乎？』」

〔二四〕底本、成書本、性理本「宋」字原脱，據鈔配本、集注本補。

〔二五〕集注本「第」作「弟」。

〔二六〕底本、成書本、性理本「皇」字原脱，據鈔配本、集注本補。

〔二七〕詳見潘時舉木主識語及祠堂章〔1—10〕「有事則告」條。

〔二八〕底本「日子同前」原作「祝文同前」，據他本改。

〔二九〕底本、成書本、性理本「皇」字原脱，據鈔配本、集注本補。

〔三〇〕明刻本、四庫本「窀」訛作「窆」。窀穸，下棺也。說文：「窀，葬之厚夕。」釋例：「厚以釋窀，夕以釋穸。」窀音諄，穸音夕。左傳襄公十三年「窀穸之事」杜注：「窀，厚也。穸，夜也。厚夜猶長夜。」又洪亮吉春秋左傳詁卷一二曰：「古字作屯夕，後加穴，以窀穸爲墓穴，是也。」

〔三一〕家禮集議曰：「禮喪，稱哀子、哀孫；祭，稱孝子、孝孫，而書儀於父母亡，則稱孤子；母亡則稱哀子；父母俱亡則稱孤哀子。不指何所據也。然世俗相承已久，恐猝難變，或隨俗亦了。」楊復附注曰：「觀木主之制，旁題主祀之名而知宗子之法，不可不廢也。宗子承家主祭，有君之道，諸子不得而抗焉。故禮，支子不祭，祭必告於宗子。宗子爲士，庶子爲大夫，則以上牲祭於宗子之家。其祝辭曰：『孝子某，爲介子某，薦其常事。』若宗子居於他國，庶子無廟，則望墓爲壇以祭。其祝辭曰：『孝子某，使介子某，執其常事。』若宗子死，則稱名不稱孝，蓋古人重宗如此。自宗子之法壞，而人不知所自來，以至流轉四方，往往親未絶而有不相識者，是豈教人尊祖收族之道哉？問：『夫在，妻之神主宜書何人奉祀？』先生曰：『旁注施於所尊以下則不必書也。』」

〔三二〕底本、成書本「至墓門」原作「出墓門」。按，執事者徹靈座，遂行，當至於墓所，故此處當爲「至墓門」，據鈔配本、集注本改。

〔三三〕金石例卷一碑碣之始引事祖廣記曰：「管子曰：『無懷氏封太山，刻石紀功。』秦、漢以來始謂刻石曰碑。蓋因喪禮豐碑之制也。刻石當以無懷爲始，而名始自秦、漢也。陸龜蒙笠澤叢書曰：『碑，悲也。古者懸而窆，用木書之，以表其功德，因留之不忍去，碑之名由是而得。自秦、漢以降，生有功德政事者，亦碑之，而又易之以石，失其稱矣。此又德政有碑之起也。』廣韻曰：『碑碣，李斯造，疑始於嶧山之刻爾。』釋名曰：『未葬時所設，臣子追述君父之功，以載其上也。』」

〔三四〕白虎通德論卷十一崩薨曰：「天子墳高三仞，樹以松；諸侯半之，樹以柏；大夫八尺，樹以欒；士四尺，樹以槐；庶人無墳，樹以楊柳。」朱子語類卷八九禮六曰：「問：『墳與墓何別？』曰：『墓，想是塋域；墳，即土封隆起者。光武紀云，爲墳但取其稍高，四邊能走水足矣。古人墳極高大，壙中容得人行，也没意思。法令，一品以上墳得一丈二尺，亦自儘高矣。』」

〔三五〕司馬光所謂「令式」者，即全唐文著録御史中丞盧文紀請禁喪制逾式奏，曰：「棺内不得有金寶珠玉。諸喪葬不得備禮者，貴得同賤，賤不得同貴。」

〔三六〕底本、集注本、成書本、性理本、明刻本、四庫本作「邪」，鈔配本、公善本作「即」。

〔三七〕書儀又有「勿以金玉珍玩入壙中，爲亡者之累」。

〔三八〕禮記檀弓曰：「孔子既得合葬於防，曰：『吾聞之，古也墓而不墳。今丘也，東西南北人也，不可以弗識也。』於是封之，崇四尺。孔子先反，門人後，雨甚，至。孔子問焉，曰：『爾來何遲也？』曰：『防墓崩。』孔子不應。三，孔子泫然流涕曰：『吾聞之，古不修墓。』」按，防，即防山，今山東省曲阜東。

〔三九〕書儀原作「墓前更立小碑，可高二三尺許，書曰某姓名某，更不書官」。

〔四〇〕底本欄外所附校記云「『其左』『後右』，疑『左』『右』當换置」。

〔四一〕鈔配本、明刻本、公善本「亡」作「之」。

反哭

〔14—1〕主人以下，奉靈車，在塗徐行哭。其反如疑，爲親在彼，哀至則哭。

〔14—2〕至家，哭。望門即哭。

〔14—3〕祝奉神主入，置於靈座。執事者先設靈座於故處。祝奉神主入，就位，櫝之，并[一]魂帛箱置主後。

〔14—4〕主人以下，哭於廳事[二]。主人以下及門哭，入，升自西階，哭於廳事。婦人先入，哭於堂。

〔14—5〕遂詣靈座前，哭。盡哀，止[三]。

〔14—6〕有弔者，拜之如初[四]。謂賓客之親密者既歸，待[五]反哭而復弔。檀弓曰：「反哭之弔也，哀之至也。反而亡焉，失之矣！於是爲甚。」[六]

〔14—7〕期九月之喪者，飲酒食肉，不與宴樂。小功以下，大功異居者，可以歸。

校注

〔一〕底本、成書本、性理本、明刻本、四庫本「并」字後衍「出」，據鈔配本、集注本删。

〔二〕朱子語類卷八十七小戴禮曰：「『反哭升堂，反諸其所作也。主婦入於室，反諸其所養也。』須知得這意思，則所謂『踐其位，行其禮』等事，行之自安，方見得繼志述事之事。」楊復附注曰：「按先生此言，蓋謂古者反哭於廟，反諸其所作，謂親所行禮之處；反諸其所養，謂親所饋食之處，皆指反哭於廟而言也。先生家禮，反哭於廳事，婦人先入哭於堂，又與古異者。後世廟制不立，祠堂狹隘，所謂廳事者，乃祭祀之地，主婦饋食亦在此堂也。」

〔三〕底本「盡哀，止」原作本文大字，據鈔配本、集注本改爲本注小字。

〔四〕家禮大全曰：「凡五服之内男子，及親友之厚者，既歸待反哭，各分先後而復吊。」補注曰：「嚴陵方氏曰：『人之始死也，則哀其死。既葬也，則哀其亡。亡則哀爲甚矣。故反哭之時，有吊禮焉。』禮記問喪曰：『入門而弗見也，上堂又弗見也，入室又弗見也，亡矣喪矣，不可復見矣！故哭泣擗踴，盡哀而止矣。』大宗伯以喪禮哀死亡，蓋死亡之别如此。」

〔五〕鈔配本、公善本「待」訛作「侍」。

〔六〕鄭注：「哀痛甚。」孔疏曰：「廟是親之平生行禮之處，今反哭於廟，思想其親而不見，故悲哀爲甚。」

虞祭〔一〕

葬之日，日中而虞〔二〕。或墓遠，則但不出是日可也。若去家經宿以上，則初虞於所館行之。

鄭氏曰：「骨肉歸於土，魂氣則無所不之。孝子爲其彷徨，三祭以安之。」〔三〕

〔15—1〕主人以下，皆沐浴。或已〔四〕晚不暇，即略自澡潔可也。

〔15—2〕執事者陳器具饌。盥盆〔五〕、帨巾各二，於西階西南上〔六〕。東盆有臺，巾有架，西者無之。凡喪禮皆放此。酒瓶并架一〔七〕於靈座東南。置卓子於其東，設注子〔八〕及盤盞於其上，火爐、湯瓶於靈座西南，置卓子於其西，設祝版於其上。設蔬果盤盞於靈座前卓上。匕筯〔九〕居内當中，酒盞在其西，醋楪居其東，果居外，蔬居果内，實酒於瓶。設香案於〔一〇〕堂中，炷火於香爐，束茅聚沙於香案前。具饌如朝奠，陳於堂門外之東。

〔15—3〕祝出神主於座〔一一〕，主人以下皆入哭，主人及兄弟倚杖於室外，及與祭者皆入，哭於靈座前。其位皆北面，以服爲列，重者居前，輕者居後，尊長坐〔一二〕，卑幼立，丈夫處東，西上。婦人處西，東上。逐行各以長幼爲序。侍者在後。

〔15—4〕降神。祝止哭者。主人降自西階，盥手，帨手，詣靈座前，焚香，再拜。執事者皆盥帨，一人開酒，實於注，西面跪，以注授主人，主人跪受。一人奉卓上盤盞，東面，跪於主人之左。主人斟酒於盞，以注授執事者，左手取盤〔一三〕，右手執盞，酹之茅上，以盤上授執事者，俛伏興，少退，再拜，復位。

〔15—5〕祝進饌〔一四〕。執事者佐之。其設之叙〔一五〕如朝奠。

〔15—6〕初獻，主人進詣注子卓前，執注北向立。執事者一人取靈座前盤盞，立於主人之左。

主人斟酒，反注於卓子〔一六〕上。與執事者俱詣靈座前，北向立。主人跪，執事者亦跪，進盤盞，主人受盞，三祭於茅束〔一七〕上，俛伏興。執事者受盞，奉詣靈座前，奠於故處。祝執版出，於主人之右，西向跪讀之。前同，但云：「日月不居〔一八〕，奄及初虞。夙興夜處，哀慕不寧〔一九〕。謹以潔牲柔毛，粢盛醴齊〔二〇〕，哀薦祫事。尚饗。」〔二一〕祝興。主人哭，再拜，復位，哭〔二二〕止。牲用豕，則曰「剛鬣」〔二三〕，不用牲，則曰「清酌庶羞」〔二四〕。祫〔二五〕，合也，欲其合於先祖也。

〔15—7〕**亞獻，主婦爲之，禮如初，但不讀祝，四拜。**

〔15—8〕**終獻。**親賓一人，或男或女爲之，禮如亞獻。

〔15—9〕**侑食。**執事者執注，就添盞中酒。

〔15—10〕**主人以下皆出，祝闔門。**主人立於門東，西向。卑幼丈夫在其後，重行，北上。主婦立於門西，東向。卑幼婦女亦如之。尊長休於它所，如食間。

〔15—11〕**祝啓門，主人以下入哭，辭神。**祝進，當門北向噫歆，告啓門三。乃啓門。主人以下入就位。執事者點茶。祝立於主人之右，西向，告利成。斂主，匣之，置故處。主人以下哭，再拜，盡哀止，出就次。執事者徹。

〔15—12〕**祝埋魂帛。**祝取魂帛，帥執事者埋於屏處潔地。

〔15—13〕**罷朝夕奠。**朝夕哭，哀至哭，如初。

〔15—14〕遇柔日，再虞。乙、丁、己、辛、癸爲柔日，其禮如初虞。惟前期一日陳器具饌，厥明夙興，設蔬果酒饌，質明行事。祝出神主於座，祝辭改「初虞」爲「再虞」，「祫事」爲「虞事」爲異。若墓遠，途中遇柔日，則亦於所館行之。

〔15—15〕遇剛日，三虞。甲、丙、戊、庚、壬爲剛日。其禮如再虞。惟改「再虞」爲「三虞」，「虞事」爲「成事」。若墓遠亦途中遇剛日，且闕之，須至家乃可行此祭。

校注

〔一〕性理本「虞祭」前有標題「家禮四喪禮」。鄭玄儀禮目録：「虞，安也。士既葬其父母，迎精而返，日中而祭於殯宫以安之。」家禮會通卷六虞祭注曰：「所謂虞祭者，『爲骨肉歸於土，魂氣無所不之，孝子爲其彷徨，三祭以安之也』。故經曰：『葬日虞，弗忍一日離也。』然古人三月葬後行此，今人不能三月，亦當行之。」

〔二〕儀禮士虞禮鄭注曰：「朝葬，日中而虞，君子舉事必用辰正也。再虞、三虞皆質明。」賈疏曰：「云『辰正』者，謂朝夕日中也，以朝有葬事，故至日中而行虞事也。云『再虞、三虞皆質明』者，以朝無葬事，故皆質明而行虞事，是用朝之辰正也。」古者三月而葬，葬日即虞，虞必用辰正。辰正者，日之中也。此祭既行，朝夕奠，即罷孝子衰服，行禮儀用三獻，侑食陳餐。初虞、三虞用剛日，甲、丙、戊、庚、辰、壬爲剛，再虞用柔日，乙、丁、己、辛、癸，爲柔。

〔三〕儀禮既夕禮曰：「三虞。」鄭注：「虞，喪祭名。虞，安也。骨肉歸於土，精氣無所不之，孝子爲其彷徨，三祭以安之。朝葬，日中而虞，不忍一日離。」賈疏曰：「云『骨肉歸復於土，精氣無所不之』者……是其骨肉歸於土，精氣無所不之之事。言此者，欲見迎魂而返，以虞祭安之，是以鄭云『孝子爲其彷徨，三祭以安之。』」〇按朱子晦庵集卷五十按禮既虞之後以吉祭易喪祭吉祭喪祭何辨曰：「未葬時奠而不祭，但酌酒陳饌再拜。虞，始用祭禮。卒哭，謂之吉祭。」

〔四〕底本「已」原作「既」，據他本改。

〔五〕底本「盥盆」前衍一「設」字，據他本删。

〔六〕底本、集注本、成書本、性理本作「於西階西南上」，鈔配本、明刻本、四庫本、公善本作「於西階西東南上」。底本欄外所附校記云：「『上』當作『在』」。

〔七〕集注本「二」字脱。

〔八〕酒器之屬，金屬製或瓷器製，可坐入注碗中，始於晚唐，盛於宋、元。資暇集注子偏提曰：「居無何，稍用注子，其形若罃，而蓋、觜、柄皆具。大和九年後中貴人惡其名同鄭注，乃去柄安系，若茗瓶而小異，目之曰偏提。」

〔九〕謂羹匙與筷。筯，通「箸」。三國志蜀書先主傳曰：「先主方食，失匕箸。」謂於靈座前桌子上近靈前一行設盞筯。按飯、酒盞、匙筯、醋楪，羹自西向東排列，第二行設以俟行禮時設饌，第三行設蔬菜脯醢，第四行設果實，又於桌子前置一桌以盛牲俎。

〔一〇〕底本、成書本、性理本「於」原作「居」，據鈔配本、集注本改。

〔一一〕底本、成書本、性理本、明刻本、四庫本「座」原作「坐」，據鈔配本、集注本改。

〔一二〕底本「坐」原作「座」，據他本改。底本欄外所附校記云「『座』，大全作『坐』」。

〔一三〕集注本、成書本、性理本作「左手取盤盞」，「盞」字衍。

〔一四〕饌，説文食部曰：「具食也。」晉書裴秀傳曰：「然秀母賤，嫡母宣氏不之禮，嘗使進饌於客，見者皆爲之起。」

〔一五〕集注本「叙」作「序」。

〔一六〕鈔配本、公善本「子」字脱。

〔一七〕底本欄外所附校記云「『束』，疑『沙』字」。

〔一八〕日月不居，言時光流逝。北史隋紀下煬帝曰：「日月不居，倏經三紀，追惟曩昔，不可復希。」

〔一九〕儀禮士虞禮曰：「哀子某，哀顯相，夙興夜處不寧。」鄭注曰：「喪祭稱哀顯相，助祭者也。顯，明也。相，助也。詩云：『於穆清廟，肅雍顯相。』不寧，悲思不安。」

〔二〇〕粢，黍稷。在器曰盛。説文酉部曰：「醴，甜酒也。」周禮天官酒正曰：「辨五齊之名，一曰泛齊，二曰醴齊。」鄭注曰：「醴，猶體也。成而滓汁相將，如今恬酒。」孟子盡心下曰：「犧牲既成，粢盛既絜，祭祀以時，然而旱乾水溢，則變置社稷。」孫疏曰：「犧牲既成以肥腯，粢盛既成以精絜，祭祀又及春秋祈報之時，然而其國尚有旱乾水溢之災，則社稷無功以及民，亦在所更立有功於民者爲之也，是民又有貴於社稷也。」公羊傳桓公十四年曰：「御廪者何？粢盛委之所藏也。」公羊傳桓公十四年「粢盛委之所藏也」何休注曰：「黍稷曰粢，在器曰盛。」漢書文帝紀曰：「親率耕，以給宗廟粢盛。」

〔二一〕通典卷一三九開元禮纂類三十四初虞文曰：「維年月朔日，子哀子某，（孫稱哀孫，此爲母及祖母所稱也。

父祖則稱孤子孤孫。）敢昭告於考某官封謚：（妣則云妣夫人某氏。孫爲喪主，則稱祖。）日月遄速，奄及反虞，叩地號天，五情糜潰。」

〔二二〕鈔配本、四庫本「哭」字脱。

〔二三〕儀禮士虞禮曰：「敢用絜牲剛鬣。」鄭注：「敢，昧冒之辭。豕曰剛鬣。」禮記曲禮曰：「凡祭宗廟之禮，牛曰『一元大武』，豕曰『剛鬣』。」孔疏：「『豕曰剛鬣』者，豕肥則毛鬣剛大也。王云：『剛鬣，言肥大也。』」

〔二四〕禮記曲禮曰：「酒曰『清酌』。」孔疏：「言此酒甚清澈，可斟酌。」

〔二五〕儀禮士虞禮曰：「哀薦祫事。」鄭注：「始虞，謂之祫事者，主欲祫先祖也，以與先祖合爲安。」賈疏：「公羊傳文二年曰：『大祫者何？合祭也。』合先君之主於大廟，故此鄭亦以祫爲合而言。但三虞卒哭後，乃有祔祭，始合先祖始虞而已。言祫者，鄭曰『以與先祖合爲安』，是始虞預言祫之意也。」

卒哭〔一〕

檀弓曰：「卒哭曰『成事』。是日也，以吉祭易喪祭。」故此祭漸用吉禮〔二〕。

〔16—1〕三虞後遇剛日，卒哭。前期一日，陳器具饌〔三〕。並同虞祭。惟更設玄酒瓶一於酒瓶之西。

〔16—2〕厥明，夙興，設蔬果酒饌。並同虞祭。惟更取井花水充玄酒〔四〕。

〔16—3〕質明，祝出主。同再虞〔五〕。

〔16—4〕主人以下皆入哭，降神〔六〕。並同虞祭。

〔16—5〕主人、主婦進饌。主人奉魚肉，主婦盥帨，奉麪米食。主人奉羹，主婦奉飯以進，如虞祭之設。

〔16—6〕初獻，並同虞祭。惟祝執版出於主人之左，東向跪讀爲異。詞並同虞祭。但改「三虞」爲「卒哭」，「哀薦成事」下云：「來日隮祔於祖考某官府君。尚饗〔七〕。」○按〔八〕此云祖考，謂亡者之祖考也。

〔16—7〕亞獻，終獻，侑食，闔門，啓門，辭神。並同虞祭。惟祝西階上東面，告利成。

〔16—8〕自是朝夕之間，哀至不哭。猶朝夕哭。

〔16—9〕主人兄弟，蔬食水飲，不食菜菓，寢席枕木。

校注

〔一〕五服圖解卒哭曰：「父母喪百日内，哭無常處，亦無時，既百日之外止，得於靈席前，卯哭爲臨，酉哭爲晡，故曰卒哭。若百日外哭於非常之處，亦非禮也。禮云：『王公以下謂五等，諸侯皆得三月而葬。葬者，藏也，欲令人不得見之。』又云：『葬而虞，三虞而卒哭，卒者，終也。虞者，祭之禮也，謂葬後奠於墓左，日有一祭，三祭卒哭，謂百日後一逢節序，吉祭之也。』」家禮會通卷六卒哭注曰：「卒哭者，以吉祭者易喪祭，名之曰卒哭。故經曰『以虞易奠，卒哭曰成事』是也。卒非盡之義也，蓋未虞之前，奠而不祭，至於卒哭，漸用吉禮耳。是故卒哭者，必行於三月之後者爲是，何則？報虞既失，又豈可失之於卒哭乎？而三日覆墓，古未之聞，但楚俗行之久矣，亦有思慕之情在焉，無害於理。」

〔二〕鄭注：「既虞之後，卒哭而祭，其辭蓋曰『哀薦成事』。祭以吉爲成。」孔疏：「以虞祭之時，以其尚凶，祭禮未成。今既卒無時之哭，唯有朝夕二哭，漸就於吉，故云『成事』。」〇按所謂卒哭者，謂卒去不時之哭，以殺其哀也。古者孝子從父母始死至葬，哭無時；葬後，念及父母即哭，即哀生之則哭，故謂不時之哭，亦稱無時之哭。」

〔三〕儀禮既夕禮曰：「三虞，卒哭，他用剛日。」鄭注：「卒哭，三虞之後祭名。始朝夕之間，哀至則哭。至此祭，止也。朝夕哭而已。用剛日，剛日，陽也，陽取其動。」孔疏：「至此爲卒哭，祭唯有朝夕哭而已，言其哀殺也。」曲禮曰：「外事以剛日，内事以柔日。」孔疏：「剛，奇日也。十日有五奇、五偶。甲、丙、戊、庚、壬五奇爲剛也，外事剛義，故用剛日也。古者以十干記日。甲、丙、戊、庚、壬五日居奇位，屬陽剛，故稱剛日。」雜記曰：「士三月而葬，是月也卒哭。大夫三月而葬，五月而卒哭。諸侯五月而葬，七月而卒哭。」鄭注：「尊卑恩之差也。」故謂天子以至庶人，皆死後百日，又曰百日祭。

〔四〕井花水，謂清晨初汲之水。本草綱目卷五井泉水引汪穎曰：「井水新汲，療病利人。平旦第一汲，爲井華水，其功極廣，又與諸水不同。」〇禮記鄉飲酒義曰：「尊有玄酒，貴其質也。」玉藻曰：「凡尊，必上玄酒。」鄭注：「不忘古也。」按太古無酒，以水行禮。後王重古，尊爲玄酒。玄酒明水之尚，蘊承天之祜，以篤睦父子、兄弟、夫婦，並正君臣之本。

〔五〕集注本「再虞」作「再虞祭」。

〔六〕底本、集注本、性理本、明刻本、四庫本作「主人以下皆入哭，降神」，鈔配本、公善本作「主人以哭」，成書本作「主人以下入哭」。

〔七〕尚饗，冀死者享祭品之意。儀禮士虞禮曰：「卒辭曰：哀子某，來日某，隮祔爾于爾皇祖某甫。尚饗。」鄭注：「尚，庶幾也。」晦庵集卷五十按禮既虞之後以吉祭易喪祭吉祭喪祭何辨曰：「温公以虞祭讀祝於主人之右，卒哭讀祝於之左，蓋得禮意。」

〔八〕鈔配本、集注本、四庫本、公善本「按」字前圈脱。

祔〔一〕

檀弓曰：「殷〔二〕既練而祔，周卒哭而祔，孔子善殷。」注曰：「期而神之，人情。」然殷禮既亡，其本末不可考。今三虞卒哭皆用周禮次第，則此不得獨從殷禮。

〔17—1〕卒哭，明日而祔。卒哭之祭既徹，即陳器具饌。器如卒哭〔三〕。唯〔四〕陳之於祠堂。堂狹，即於廳堂〔五〕，隨便。設亡者祖考妣位於中，南向，西上。設亡者位於其東南，西向。母喪，則不設祖考位。酒瓶、玄酒瓶於阼階上，火爐湯瓶於西階上。具饌如卒哭而三分，母喪則兩分。祖妣二人以上，則以親者。雜記曰：「男子祔於王父則配，女子祔於王母則不配。」註〔六〕：「有事於尊者，可以及卑。有事於卑者，不敢援尊也。」〔七〕

〔17—2〕厥明，夙興，設蔬果酒饌。竝同卒哭。

〔17—3〕質明，主人以下哭於靈座前〔八〕。主人兄弟皆倚杖於階下，入哭，盡哀止。按此謂繼祖宗子之喪，其世嫡當爲後者主喪，乃用此禮。若喪主非宗子，則皆以亡者繼祖之宗，主此祔祭。禮註云：「祔於祖廟，宜使尊者主之。」

〔17—4〕詣祠堂，奉神主〔九〕出，置於座。祝軸簾，啓櫝，奉所祔祖考之主置於座内。執事者奉祖妣之主置於座，西上。若在它所，則置於西階上卓子上，然後啓櫝。若喪主非宗子，而與繼祖之宗異居，則宗子爲告於祖，而設虚位以祭。祭訖，除之。

〔17—5〕還，奉新主入祠堂，置於座。主人以下還詣靈座所哭。祝奉主櫝，詣祠堂西階上卓子上。主人以下哭從，如從柩之叙，至門，止哭。祝啓櫝，出主〔一〇〕，如前儀。若喪主非宗子，則唯喪主、主婦以下還迎。

〔17—6〕叙立，若宗子自爲喪主，則叙立如虞祭之儀。若喪主非宗子，則宗子、主婦分立兩階之下，喪主在宗子之右，喪主婦在宗子婦之左，長則居前，少則居後，餘亦如虞祭之儀。

〔17—7〕參神〔一一〕，在位者皆再拜，參祖考妣。

〔17—8〕降神。若宗子自爲喪主，則喪主行之。若喪主非宗子，則宗子行之。並同卒哭。

〔17—9〕祝進饌。並同虞祭。

〔17—10〕初獻，若宗子自爲喪主，則喪主行之。若喪主非宗子，則宗子行之。並同卒哭。但酌獻〔一二〕先詣祖考妣前。日子〔一三〕前同卒哭，祝版但云：「孝子某，謹以潔牲柔毛，粢盛醴齊，適於皇〔一四〕某考某官府君，隮祔孫某官。尚饗。」皆不哭。內喪則云：「皇〔一五〕某妣某封某氏，隮祔孫婦某封某氏。」次詣亡者前，若宗子自爲喪主，則祝版同前〔一六〕，但云：「薦祔事於先考某官府君，適於皇〔一七〕某考某官府君。尚饗。」若喪主非宗子，則隨宗子所稱，若亡者於宗子爲卑幼，則宗子不拜。

〔17—11〕亞獻，終獻，若宗子自爲喪主，則主婦爲亞獻，親賓爲終獻。若喪主非宗子，則喪主爲亞獻，主婦爲終獻。並同卒哭及初獻儀，惟不讀祝。

〔17—12〕侑食，闔門，啓門，辭神。並同卒哭，但不哭。

〔17—13〕祝奉主，各還故處。祝先納祖考妣神主於龕中匣之，次納亡者神主西階卓子上匣之，奉之反於靈座。出門。主人以下哭從，如來儀。盡哀止。若喪主非宗子，則哭而先行，宗子亦哭送之，盡哀止。若祭於他所，則祖考妣之主亦如新主納之〔一八〕。

校注

〔一〕朱子語類卷八九禮六曰：「問：『練而祔，是否？』曰：『此是殷禮，而今人都從周禮。若只此一件却行殷禮，亦無意思。若如陸子静說，祔了便除去几筵，則須練而祔。若鄭氏說祔畢復移主出於寢，則當如周制，祔亦何害？』」按祔在虞卒之後，立主祔祭於祖廟。並列昭穆之位。祭畢，反寢。儀禮既夕禮曰：「卒哭，明日以其班祔。」班，次也；祔，猶屬也。禮記雜記曰：「大夫祔於士。士不祔於大夫，祔於大夫之昆弟。無昆弟則從其昭穆。雖王父母在，亦然。」鄭注曰：「大夫祔於士，不敢以己尊自殊於其祖也。士不祔於大夫，自卑，別於尊也。大夫之昆弟，爲士者也，從其昭穆中一以上，祖又祖而已。祔者，祔於先死者。」孔疏曰：「『雖王父母在，亦然』者，謂孫死後，應合祔於王父。王父見在，無可祔。然，猶如是也，亦如是祔於高祖也。」

〔二〕鈔配本、明刻本、四庫本、公善本「殷」作「商」。按檀弓曰：「殷練而祔，周卒哭而祔，孔子善殷。」

〔三〕通典卷百三十九禮九十九曰：「祔日，内外夙興，掌饌者先具少牢之饌二座，各俎三，簋二，簠二，鉶二，酒樽二。其二樽，一實玄酒，爲上；一實清酒，次之。其籩豆，一品者各十二。主人及行事者各服祭服。掌事者具腰輿。掌廟者開神主置於座，降出。曾祖妣神主並而處右。若祔妣則出曾祖妣神主而已。執樽罍篚者入就位。」

〔四〕底本「唯」原作「皆」，據他本改。

〔五〕集注本「廳堂」作「廳事」。

〔六〕底本、性理本作「註」，成書本作「注」，集注本作「註云」，鈔配本、明刻本、四庫本、公善本作「注云」。

〔七〕家禮附注曰：「高氏曰：『若祔妣，則設祖妣及妣之位，更不設祖考位。若父在而祔妣，則不可遞遷祖妣。宜別立室藏其主，待考同祔，若考妣同祔，則并設祖考妣之位。』胡泳曰：『高氏別室藏主之説，恐未然。先生内子之喪，主只祔在祖妣之傍，此當爲據。愚謂父在祔妣，則父爲主，乃是夫祔妻於祖妣。三年喪畢未遷，尚祔於祖妣。待父他日三年喪畢，遞遷祖考妣，始考妣同遷也。高氏父在不可遞遷祖妣之說，亦是，但別室藏主之說，則也非。』」

〔八〕鈔配本、公善本無「前」字。

〔九〕見潘時舉木主識語及注。

〔一〇〕集注本「主」訛作「祝」。

〔一一〕鈔配本、公善本「參神」條在「降神」條之後。

〔一二〕底本「獻」訛作「奠」，據他本改。

〔一三〕底本「日子」原作「甲子」，據他本改。底本欄外所附校記云「『酌奠』，大全作『酌獻』；『甲子』，作『日子』」。

〔一四〕底本、成書本、性理本「皇」字原脱，據他本補。

〔一五〕底本、成書本、性理本「皇」字原脱，據他本補。

〔一六〕集注本「同前」作「前同」。

〔一七〕底本、成書本、性理本「皇」字原脱，據他本補。

〔一八〕納主，祝先納考妣於龕中，次納亡者神主於西階桌子上，俱匣之，奉新主返靈座，主人以下哭從，舉哀，至靈座中安主訖，哀止，禮畢。若禮行於廳事，則改納主云奉神主返祠堂，主人送至祠堂，納主訖，後回西階桌子上奉新主。○家禮附注曰：「先生答葉賀孫書曰：『所喻既祔之後，主不當復於寢，此恐不然。向見陸子静居母喪時，力主此說。其兄子壽疑之，皆以書來見問因，以儀禮注中之說告之，渠初乃不曾細看，而率然立論。及聞此說，遂以爲只是注說，初非經之本文，不足據信。當時嘗痛闢之，且以爲未論古禮如何。但今只如此卒哭之後，便除靈席，則孝子之心，豈能自安耶？其後子壽書來，乃伏其謬，而有他日負荆之語。今更以他書，考而論之，知大戴禮諸侯遷廟篇云君及從者皆玄服，則是三年大祥之後，既除喪而後遷矣。其詞但告遷而不言祔。是既祔之後，主復於寢而至此方遷於廟矣。』又曰：『古者廟有昭穆之次。昭常爲昭，穆常爲穆。故祔新死者於其祖父之廟，則爲告其祖父，以當遷他廟而告新死者，以當入此廟之漸也。今公私之廟，皆爲同堂異室，以西爲上之制，而無復左昭右穆之次。一有遞遷，則群室皆遷，而新死者當入於其禰之故室矣。此乃禮之大節，與古不同而爲禮者，猶執祔於祖父之文，似無意義。然欲遂變而祔於禰廟，則又非愛禮存羊之意。竊意與其依違牽制而均不免爲失禮，曷若獻議於朝，盡復公私之廟，皆爲左昭右穆之制，而一洗其謬之爲快乎？』」

小祥〔一〕

〔18—1〕期而小祥。自喪至此，不計閏凡十三月〔二〕。古者卜日而祭，今止用初忌以從簡易。大祥倣此。

鄭氏曰：「祥，吉也。」

〔18—2〕前期一日，主人以下沐浴，陳器具饌。主人率〔三〕衆丈夫灑掃滌濯。主婦率衆婦女滌釜鼎，具祭饌。它皆如卒哭之禮。

〔18—3〕設次，陳練服〔四〕。丈夫、婦人各設次於別所，置練服於其中。男子以練服〔五〕爲冠，

去首絰、負版、辟領、衰。婦人截長裙，不令曳地。應服期者改吉服。然猶盡其月，不服金珠、錦繡、紅紫。唯爲妻者猶服禫，盡十五月而除。

〔18—4〕厥明，夙興，設蔬果酒饌。並同卒哭。

〔18—5〕質明，祝出主，主人以下入哭。皆如卒哭。但主人倚杖於門外，與期親各服其服而入。若已除服者來預祭，亦釋去華盛之服，皆哭盡哀，止。

〔18—6〕乃出就次，易服，復入哭。祝止之。

〔18—7〕降神。如卒哭。

〔18—8〕三獻。如卒哭之儀。祝版同前〔六〕，但云：「日月不居，奄及小祥。夙興夜處〔七〕，小心畏忌。不惰其身，哀慕不寧。敢用潔牲柔毛，粢盛醴齊，薦此常事。尚饗。」

〔18—9〕侑食，闔門，啓門，辭神。皆如卒哭之儀。

〔18—10〕止朝夕哭。惟朔望〔八〕未除服者會哭。其遭喪以來，親戚之未嘗相見者相見，雖已除服，猶哭盡哀，然後叙拜〔九〕。

〔18—11〕始食菜果。

校注

〔一〕小祥，祭名，此日以練服爲祭服，又練祭之謂。古者卜日而祭，今始用初忌，以從簡易。初忌，謂親亡之日也。有故久不葬者，當祭。儀禮士虞禮曰：「期而小祥，曰『薦此常事』。」賈疏曰：「自祔以後，至十三月小祥，故云期而小祥。祝辭之異者，謂小祥辭與虞、祔之辭異也。異者，以虞、祔之祭非常，一期天氣變易，孝子思之而祭，是其常事，故祝辭異也。」楊復曰：「問妻喪逾月主祭，朱子曰：『此未有考，但司馬氏大小祥祭，已除祭服者，皆與祭，則主祭者，雖已除服，亦何害於與祭乎？但不可純用吉服，須如吊服及忌日之服可也。』」

〔二〕自喪至此，不計閏凡一十三月，今只十二月爲期年。隋書卷八禮儀三曰：「閏月亡者，祥及忌日，皆以閏所附之月爲正。」欽定續通典卷八二引張載語曰：「大功以下，筭閏月期已上，以期斷不筭閏月。」

〔三〕底本、成書本、性理本作「率」，他本作「帥」。

〔四〕按喪服之制，小祥除斬服而服練服。釋名釋喪制曰：「期而小祥，亦祭名也。孝子除首服，服練冠也。祥，善也，加『小善之飾』。」禮記檀弓曰：「練，練衣黄裏，源緣。」鄭注：「小祥練冠，練中衣，以黄爲内，源爲飾。」孔疏：「練衣者，練爲中衣。黄裏者，黄爲中衣裏也。正服不可變，中衣非正服，但承衰而已。」曾子問曰：「孔子曰：『聞之小祥者，主人練祭而不旅，奠酬於賓，賓弗舉，禮也。昔者，魯昭公練而舉酬行旅，非禮也。孝公大祥，奠酬弗舉，亦非禮也。』」孔疏曰：「練，小祥祭也。旅，謂旅酬。故奠無尸。『虞不致爵』至『小祥』『彌吉』。但得致爵於賓，而不得行旅酬之事，大祥乃得行旅酬，而不得行無算爵之事，此言小祥奠後可致酒於賓，而不行衆賓旅酬之禮。」

〔五〕集注本「練服」作「練布」。

〔六〕集注本「同前」作「前同」。

〔七〕底本欄外所附校記云「『處』，一作『寐』」。

〔八〕水經注卷三七泿水曰：「南海尉任囂召龍川令趙佗因岡作臺，北面朝漢，圈基千步，直峭百丈，頂上三畮，復道回環，逶迤曲折，朔望升拜，名曰朝臺。」

〔九〕四庫本「叙拜」訛作「許拜」。

大祥〔一〕

〔19—1〕再期而大祥。自喪至此，不計閏凡二十五月。亦止用第二忌日祭〔二〕。

〔19—2〕前期一日，沐浴，陳器具饌。皆如小祥。

〔19—3〕設次，陳禫服。司馬公〔三〕曰：「丈夫垂脚黲紗襆頭，黲布衫，布裹角帶，未大祥間假以出謁者。婦人冠梳假髻，以鵝黄、青碧、皂白爲衣履，其金珠、紅繡，皆不可用。」

〔19—4〕告遷於祠堂。以酒果告，如朔日〔四〕之儀。若〔五〕無親盡之祖，則祝版云云，告畢改題〔六〕神主，如加贈之儀。遞遷而西，虚東一龕，以俟新主。若有親盡之祖，而其别子〔七〕也，則祝版云云，告畢，而遷於墓所不埋。其支子〔八〕也，而族人有親未盡者，則祝版云云，告畢，遷於最長之

房，使主其祭，其餘改題遞遷如前。若親皆已盡，則祝版云云，告畢。埋於兩階之間，其餘改題遞遷如前。

〔19—5〕厥明，行事，皆如小祥之儀。惟祝版改「小祥」曰「大祥」，「常事」曰「祥事」。

〔19—6〕畢，祝奉神主，入於祠堂。主人以下哭從，如祔之叙。至祠堂前哭，止。

〔19—7〕撤靈座。斷杖，棄之屏處，奉遷主埋於墓側。始飲酒食肉而復寢。

校注

〔一〕孝子或有事故，過期不葬其親者，中間練祥日期，以屍柩尚存，不可行祭。除服至葬畢虞祭卒哭祔後，始舉練祥一祭，然須兩次行之，不可同在一時。如此月練祭，則次月祥祭，自期以下者，皆如制除之，猶必收藏其服，至葬時服之以送，及虞而除。

〔二〕計兩期年，用再忌時。續資治通鑑宋神宗元豐八年曰：「今群臣雖易月，而人主實行喪，故十二日而小祥，期而又小祥；二十四日而大祥，再期而又大祥。」五服圖解大祥曰：「禮云二十五月爲大祥，漸經三年之慶，大吉也。三禮喪服云：『大祥除靈座、設几席、去衰裳腰絰杖而服禫服。』白氏六帖云：『奠筵將徹幃一收。』」

〔三〕書儀卷九大祥曰：「今世丈夫禫服，垂脚黲紗襆頭，皂巾衫，脂皮爁鐵帶，或布裹角帶，未大祥間，初詣人家，亦假而服之，婦人可以冠，梳假髻，以鵝黄、青碧、皂白爲衣履，其金銀、珠玉、紅繡，皆不可用。」

〔四〕鈔配本、公善本「朔日」作「朔望」。

〔五〕鈔配本、明刻本、四庫本、公善本無「若」字。

〔六〕底本、集注本、成書本、性理本作「告畢，改題」，鈔配本、公善本作「使其主祭告訖，題」，明刻本、四庫本作「使其主祭告訖，改題」。

〔七〕禮記大傳曰：「百世不遷者，別子之後也。宗其繼別子之所自出者。」孔疏：「別子，謂諸侯之庶子也。諸侯之適子適孫繼世爲君，而第二子以下悉不得禰先君，故云『別子』。」家禮宗引朱子語：「讀爲『分別』之『別』。此別子以本國別子言也。」家禮考證曰：「又有異姓公子來自他國者，別於在本國不來者，故稱別子，又有庶姓之起。於是邦爲卿大夫者，別於不仕者，故亦稱別子。稱別子者，有三，而其繼別爲宗則同也。」家禮集説曰：「一是諸侯嫡子之弟，別於正嫡；二是異姓公子來自他國，別於本國不來者；三是庶姓之起於是邦爲卿大夫，而別於不仕者。」

〔八〕儀禮喪服傳曰：「何如而可以爲人後？支子可也。」賈疏：「支子則第二已下，庶子也。不言庶子，云支子者，若言庶子，妾子之稱，言謂妾子得後人，適妻第二已下子不得後人，是以變庶言支。支者，取支條之義，不限妾子而已。」禮記曲禮曰：「支子不祭，祭必告於宗子。」孔疏：「支子，庶子也。祖禰廟在適子之家，而庶子賤，不敢輒祭之也。」

禫〔一〕

鄭氏曰：「澹澹然平安之意。」

〔20—1〕大祥之後，中月而禫〔二〕。間一月也。自喪至此，不計閏凡二十七月。

〔20—2〕前一月下旬，卜日。下旬之首，擇來月三旬各一日，或丁或亥，設卓子於祠堂門外，置香爐〔三〕、香合〔四〕、杯珓〔五〕、盤子於其上，西向。主人禫服西向。衆主人次之，少退，北上。子孫在其後，重行，北上。執事者北向，東上。

主人炷香燻珓〔六〕，命以上旬之日曰：「某將以來月某日，祗薦禫事於先考某官府君，尚饗。」即以珓擲於盤，以一俯一仰爲吉。不吉，更命中旬之日，又不吉，則用下旬之日。主人乃入祠堂本龕前再拜。在位者皆再拜。主人焚香。祝執辭立於主人之左，跪告曰：「孝子某，將以來月某日，祗薦禫事於先考某官府君。卜既得吉。敢告。」主人再拜，降，與在位者皆再拜。祝闔門，退。若不得吉，則不用「卜既得吉」一句〔七〕。

〔20—3〕前期一日，沐浴，設位，陳器具饌。設神位於靈座故處，他如大祥之儀。

〔20—4〕厥明行事，皆如大祥之儀〔八〕。但主人以下詣祠堂。祝奉主櫝置於西階卓子〔九〕上，出主置於座，主人以下，皆哭盡哀。三獻，不哭。改祝版「大祥」爲「禫祭」，「祥事」爲「禫事」。至辭神，乃哭盡哀，送神主至祠堂，不哭〔一〇〕。

校注

〔一〕謂除服之祭。儀禮士虞禮曰：「期而小祥，曰『薦此常事』；又期而大祥，曰『薦此祥事』。中月而禫。」鄭注：「禫，祭名也，與大祥間一月，自喪至此凡二十七月。禫之言澹，澹然平安意也。」賈疏：「禫之言澹，澹然平安意也者。禫月得無所不佩，又於禫月將鄉吉祭，又得樂懸，故云平安意也。」五服圖解禫祭注曰：「禮云自大祥後，孝子縿禫之服，禫祭兩月，謂早晚孝子喫食處祭，畢，然後孝子食。」

〔二〕儀禮士虞禮「中月而禫」鄭注云：「中，猶間也。禫，祭名也。自喪至此，凡二十七月。」按禮記檀弓曰：「魯人有朝祥而莫歌者，子路笑之。夫子曰：『踰月則其善也。』孔子既祥，五日彈琴而不成聲，十日而成笙歌。」孔疏：「『中月而禫』者，中，間也。大祥之後，更間一月而爲禫祭。二十五月大祥，二十七月而禫。」然而王肅以爲，禫與大祥同月，皆二十五月，王公以下皆三月而葬，葬而虞，三虞而卒哭。十三月小祥，除首絰，練八升布爲冠，纓武亦如之；婦人練總，除腰絰。二十五月大祥，除靈座，除縗裳，去絰杖，二十七月禫祭。」朱子語類卷八九禮六曰：「二十五月祥後便禫，看來當如王肅之說，於『是月禫，徙月樂』之說爲順。而今從鄭氏之說，雖是禮疑從厚，然未爲當。」

〔三〕爐，熏器也，或作鑪。洞天清録集古鐘鼎彝器辨曰：「古以蕭艾遠神明而不焚香，故無香爐。今所謂香爐，皆以古人宗廟祭器爲之。爵爐則古之爵，狻猊爐則古之踽足豆，香毬則古之鬵，其等不一，或有新鑄而象古爲之者。惟博山爐乃漢太子宮所用，香爐之制始於此。」

〔四〕香合，即香盒。合子，盛器物。遵生八箋燕閑清賞箋上卷曰：「香合，用剔紅蔗段錫胎者，以盛黄黑香餅。法製香磁盒，用定窯或饒窯者，以盛芙蓉、萬春、甜香。倭香盒三子五子者，用以盛沉速蘭香、棋楠等香。

外此香撞亦可。若遊行，惟倭撞帶之甚佳。」

〔五〕杯珓，占卜之具，見前。

〔六〕底本、性理本「燻」原作「熏」，據他本改。按「燻」同「熏」。卜珓，言必得勝珓而後行禫事。石窟一徵禮俗曰：「俗神坊社廟，皆有珓。按，珓圖，陽珓俱仰，陰珓俱俯，勝珓一仰一俯，此羲畫所傳兩儀四象占三之則成卦，而六十四具於其中。勝珓，今訛爲聖珓。夫聖珓，靈珓也，非勝珓之謂也。」

〔七〕集注本「句」訛作「旬」。

〔八〕底本「之儀」二字脱，據他本補。

〔九〕鈔配本、公善本「子」字脱。

〔一〇〕晦庵集卷六三答胡伯泳曰：「薦新告朔，吉凶相襲，似不可行。未葬可廢，既葬則使輕服或已除者，入廟行禮可也。四時大祭，既葬亦不可行。如韓魏公所謂節祠者，則如薦新行之可也。」又卷六一答曾光祖：「家間頃年居喪，於四時正祭則不敢舉，而俗節薦享，則以墨衰行之，蓋正祭三獻受胙，非居喪所可行。而俗節則唯普同一獻，不讀祝，不受胙也。」

居喪雜儀

〔21—1〕檀弓曰：「始死，充充如有窮。既殯，瞿瞿如有求而弗得。既葬，皇皇如有望而弗至。練而慨然，祥而廓然。」〔一〕「顏丁善居喪。始死，皇皇如有求而弗得。

及殯，望望焉如有從而弗及。既葬，慨焉〔二〕如不及，其反而息。」雜記：「孔子曰：『少連、大連善居喪，三日不怠，三月不解，期悲哀，三年憂。』」〔三〕喪服四制曰：「仁者可以觀其愛焉，知者可以觀其理〔四〕焉，彊者可以觀其志焉。禮以治之，義以正之。孝子、弟弟、貞婦，皆可得而察焉。」〔五〕曲禮曰：「居喪未葬，讀喪禮。既葬，讀祭禮。喪復常，讀樂章。」〔六〕檀弓曰：「大功廢業。或曰：大功誦可也。」〔七〕今居喪，但勿讀樂章可也。雜記：「三年之喪，言而不語，對而不問。」〔八〕言，言己事也，爲人說爲語。喪大記：「父母之喪，非喪事不言。既葬，與人立。君言王事，不言國事。大夫、士言公事，不言家事。」〔九〕檀弓：「高子皋執親之喪，未嘗見齒。」〔一〇〕言笑之微。雜記：「疏衰之喪，既葬，人請見之則見，不請見人。小功，請見人可也。」〔一一〕又，「凡喪，小功以上，非虞、祔、練、祥無沐浴。」〔一二〕曲禮：「頭有創則沐，身有瘍則浴。」〔一三〕喪服四制：「百官備，百物具，不言而事行者，扶〔一四〕而起。言而後事行者，杖而起。身自執事而後行者，面垢而已。」〔一五〕凡此皆古禮。今之賢孝君子必有能盡之者。自餘相時量力而行之可也〔一六〕。

校注

〔一〕鄭注：「皆憂悼在心之貌也。求，猶索物。」孔疏：「此記人因前有死事，遂廣説孝子形節也。事盡理屈爲窮。言親始死，孝子匍匐而哭之，心形充屈，如急行道極無所復去，窮急之容也。『既殯瞿瞿，如有求而弗得』者，殯斂後，心形稍緩也。瞿瞿，眼目速瞻之貌。求，猶覓也。貌恒瞿瞿，如有所失而求覓之不得然也。『既葬，皇皇如有望而弗至』者，又漸緩也。皇皇，猶栖栖也。至葬後，親歸草土，孝子心形栖栖皇皇，無所依托，如有望彼人來而彼人不至也。『練而慨然』者，轉緩也。至小祥，但歎慨日月若馳之速也。『祥而廓然』者，至大祥，而寥廓情意，不樂而已。」

〔二〕底本、集注本、成書本、性理本作「慨然」，鈔配本、明刻本、四庫本、公善本、禮記檀弓下作「慨焉」，據改。

〔三〕鄭注：「言其生於夷狄而知禮也。怠，惰也。解，倦也。」孔疏：「此明居喪得禮之事。『三日不怠』者，親之初喪三日之内，禮不怠，謂水漿不入口之屬。『三月不解』者，以其未葬之前，朝奠、夕奠，及哀至則哭之屬。『期悲哀』者，謂練以來，常悲哀，朝哭、夕哭之屬。『三年憂』者，以服未除，憔悴憂戚。」

〔四〕四庫本「理」訛作「禮」。

〔五〕鄭注：「仁，有恩者也。理，義也。察，猶知也。」孔疏：「『仁者可以觀其愛焉』者，孝子居喪，性有仁恩，則居喪思慕，可以觀其知愛親也。若不愛親，則非仁恩也。『知者可以觀其理焉』者，孝子有知，則居喪合於道理。若不合於道理，則非知也。『强者可以觀其志焉』者，孝子堅强，其居喪則能守其志節。若無志節，則非堅强。『禮以治之』者，言用禮以治居喪之事。『義以正之』者，謂用義以正居喪之禮。『孝子』者，謂孝順之子。『弟弟』者，謂遜弟之弟。『貞婦』者，謂貞節之婦。『皆可得而察焉』者，若能依禮合義，有仁可觀其愛，有理可觀其知，有志可見其强，則是『孝子、弟弟、貞婦』也。若無此事，則非『孝子、弟弟、貞婦』也。故云『可得而察焉』也。」

〔六〕鄭注：「爲禮各於其時。」孔疏：「『居喪』者，居父母之喪也。喪禮謂朝夕奠下室、朔望奠殯宮及葬等禮也。此禮皆未葬以前。『既葬，讀祭禮』者，祭禮，虞、卒哭、祔、小祥、大祥之禮也。『喪復常，讀樂章』者，復常，謂大祥除服之後也。樂章，謂樂書之篇；章謂詩也。禫而後吉祭，故知禫後宜讀之。此上三節，事須預習，故皆許讀之。」

〔七〕鄭注：「許其口習故也。」孔疏：「此一節論遭喪廢業之事。『大功廢業』者，業，謂所學。習業，則身有外營，思慮他事，恐其忘哀，故廢業也。誦則在身所爲，其事稍静，不慮忘哀，故許其口習。言『或曰』者，以其事疑，故稱『或曰』。然録記之人，必當明禮，應事無疑，使後世作法。今檢禮記，多有不定之辭。仲尼門徒親承聖旨，子游錫裘而吊，曾子襲裘而吊；又小斂之奠，或云東方，或云西方；同母異父昆弟，魯人或云爲之齊衰，或云大功。其作記之人，多云『蓋』，多云『或曰』，皆無指的，並設疑辭者，以周公制禮，永世作法，時經幽、厲之亂，又遇齊、晉之强，國異家殊，樂崩禮壞，諸侯奢僭，典法訛舛，是以普天率土，不閑禮教，故子思聖人之胤，不喪出母，隨武子晉之賢相，不識殽烝。作記之人，隨後撰録，善惡兼載，得失備書。但初制禮之時，文已不具，略其細事，舉其大綱。況乃時經離亂，日月懸遠，數百年後，何能曉達？記人所以不定，止爲失禮者多，推此而論，未爲怪也。亦兼有或人之言也。」

〔八〕禮記雜記曰：「三年之喪，言而不語，對而不問。廬、堊室之中，不與人坐焉。在堊室之中，非時見乎母也，不入門。」鄭注：「言，言己事也。爲人説爲語。在堊室之中，以時事見乎母，乃後入門，則居廬時不入門。」

孔疏：「『三年之喪，言而不語』者，謂大夫、士言而後事行者，故得言己事，不得爲人語説也。『對而不問』者，謂有問者得對，而不得自問於人。」

〔九〕鄭注：「此常禮也。」孔疏：「此一經明居喪常禮。『既葬，與人立』者，未葬，不與人並立。既葬後可與人並立也，猶不群耳。『君言王事，不言國事』者，君，諸侯；王，天子也。既可並立，則諸侯可得言於天子之事，而猶不自私言己國事也。『大夫、士言公事，不言家事』者，尊君也。大夫、士葬後，亦得言君事，而未可言私事也。庾氏云：『案曾子問三年之喪，練不群立，不旅行。』此言既葬而與人立，得爲常禮者，鄭以下經『君既葬，王政入於國。既卒哭而服王事』是權禮，故以此經不言國事及不言家事，大判爲常禮也。且曾子問據無事之時，故不群立，不旅行。凡有事須言，故與人立也。」

〔一〇〕鄭注：「子皋，孔子弟子，名柴。」孔疏：「案史記孔子弟子傳，高柴，鄭人，字子皋。凡人涕淚，必因悲聲而出。若血出，則不由聲也。今子皋悲無聲，其涕亦出，如血之出，故云『泣血』。既云『泣血三年』，得有微笑者。凡人之情，有哀有樂，哀至則泣血，樂至則微笑。凡人大笑則露齒本，中笑則露齒，微笑則不見齒。」

〔一一〕鄭注：「言重喪不行求見人爾。人來求見己，亦可以見之矣。不辟涕泣，言至哀無飾也。」孔疏：「此一節明在喪與人相見之義。『小功，請見人可也』者，輕，可請見於人。然言小功可，則大功不可也。此小功文承疏衰、既葬之下，則此小功亦謂既葬也。凡言見人者，謂與人尋常相見，不論執摯之事。故云父母之喪，不辟涕泣而見人，是尋常相見也。」

〔一二〕鄭注：「言不有飾事則不沐浴。」孔疏：「凡居喪之禮，自小功以上恩重哀深，自宜去飾。以沐浴是自飾，故不有此數條祭事，則不自飾。言『小功以上』，則至斬同。然各在其服限如此耳。練祥不主大功、小功也。若三年之喪，虞祭之時但沐浴不櫛，故士虞禮云『沐浴不櫛』，鄭注云：『唯三年之喪不櫛，期以下櫛可也。』又士虞禮云：『明日，以其班祔，沐浴，櫛。』注云：『彌自飾。』此雖士禮，明大夫以上亦然。」

〔一三〕禮記曲禮曰：「居喪之禮，毀瘠不形，視聽不衰，升降不由阼階，出入不當門隧。居喪之禮，頭有創則沐，身有瘍則浴，有疾則飲酒食肉，疾止復初。不勝喪，乃比於不慈不孝。五十不致毀，六十不毀，七十唯衰麻在身，飲酒食肉，處於內。」孔疏：「『不勝喪』，謂疾不食酒肉，創瘍不沐浴，毀而滅性者也。不留身繼世，是不慈也。滅性又是違親生時之意，故云不孝。不云『同』而云『比』者，此滅性本心實非爲不孝，故言『比』也。」

〔一四〕底本、集注本、成書本、性理本、禮記喪服四制作「扶」，鈔配本、明刻本、四庫本、公善本作「杖」。

〔一五〕孔疏：「『百官備，百物具，不言而事行者，扶而起』者，此謂王侯也。喪具觸事，委任百官，不假自言而事得行，故許子病深，雖有扶病之杖亦不能起，故又須人扶乃起也。『言而後事行者，杖而起』者，此謂大夫、士，既無百官、百物，須已言而後喪事乃行，故不許極病，所以『杖而起』，不用扶也。『身自執事而後行者，面垢而已』者，此謂庶人也。卑無人可使，但身自執事，不可許病，故有杖不得用，但使面有塵垢之容而已也。子於父母，貴賤情同，而病不得一，故爲權制。『禿者不髽』，髽者，是婦人之大紒，重喪辮麻繞髮。禿者無髮，故不髽也。女禿不髽，故男子禿亦不髽也。」

〔一六〕按論語八佾林放問禮之本，子曰：「大哉問！禮，與其奢也，寧儉。喪，與其易也，寧戚。」論語述而子曰：「奢則不孫，儉則固。與其不孫也，寧固。」大戴禮記曾子立事曰：「君子入人之國，不稱其諱，不犯其禁，不服華色之服，不稱懼惕之言，故曰『與其奢也，寧儉』。」漢書五行志第七上曰：「古者天子諸侯，宮廟大小高卑有制，后夫人媵妾多少進退有度，九族親疏長幼有序。孔子曰：『禮，與其奢也，寧儉。』故禹卑宮室，文王刑於寡妻，此聖人之所以昭教化也。」左傳莊公二十四年引魯御孫語：「儉，德之共也；侈，惡之大也。」禮記檀弓曰：「昔者夫子居於宋，見桓司馬自爲石槨，三年而不成。夫子曰：『若是其靡也，死不如速朽之愈也。』」又同篇引子路語：「吾聞諸夫子，喪禮，與其哀不足而禮有餘也，不若禮不足而哀有餘也。祭禮，與其敬不足而禮有餘也，不若禮不足而敬有餘也。」〇又孟子滕文公上曰：「不亦善乎！親喪，固所自盡。曾子曰：『生，事之以禮；死，葬之以禮，祭之以禮，可謂孝矣。』諸侯之禮，吾未之學也。雖然，吾嘗聞之矣。三年之喪，齊疏之服，飦粥之食，自天子達於庶人，三代共之。」趙注曰：「曾子傳孔子之言孟子欲令世子如曾子之從禮也。時諸侯皆不行禮，故使獨行之也。孟子言我雖不學諸侯之禮，嘗聞師言，三代以前，君臣皆行三年之喪。」

致賻奠狀

〔22—1〕具位姓某。某物若干。右謹專送上　某人靈筵。聊備　賻儀，香茶酒食，云「奠儀」。伏惟　歆納。謹狀。　年月日，具位姓某狀〔一〕。降等，不用年。

封皮〔二〕狀上某官靈筵，具位姓〔三〕某，謹封〔四〕。降等，即用面簽，云「某人靈筵，具位姓某狀。謹封」。

校注

〔一〕底本「具位姓某狀」後脱注文「降等，不用年」，據鈔配本、集注本補。

〔二〕底本、性理本「封皮」二字原作正文大字，據鈔配本、集注本改爲注文小字。

〔三〕集注本「姓」字脱。

〔四〕底本「謹封」原作「謹狀」，據集注本、鈔配本改。底本「謹狀」後脱注「降等，即用面簽，云『某人靈筵，具位姓某狀謹封』」，據集注本、鈔配本補。

謝狀

三年之喪未卒哭，只令子姪發謝書〔一〕。

某郡姓名〔二〕，某物若干。右伏蒙　尊慈降等，云「仁私」。某親違世〔三〕，大官，云「薨没」。特賜平交，云「貺」。賻儀奠，即云「奠」〔四〕。下誠，平交不用此二字。不任哀感之至。謹具〔五〕，平交，作「奉」。狀上，平交，云「陳」〔六〕。謝。謹狀。餘並同前，但封皮〔七〕不用「靈筵」二字。

校注

〔一〕底本「謝書」原作「謝狀」，據鈔配本、集注本改。底本欄外所附校記云「注『狀』字，一作『書』」。

〔二〕底本、性理本、明刻本、四庫本「某郡姓名」原作「具位姓某」，據鈔配本、集注本改。

〔三〕底本「右伏蒙尊慈」後脱注「降等，云『仁私』」，據鈔配本、集注本補。底本、性理本、明刻本、四庫本兩「某」字間有注「發書者名」，據鈔配本、集注本删。

〔四〕底本「特賜」後脱注「平交云『貺』」，據鈔配本、集注本補。底本、性理本、明刻本、四庫本注「奠，即云奠」原作「襚奠隨事」，據鈔配本、集注本改。

〔五〕底本「謹具」後脱注「平交，作『奉』」，據他本補。

〔六〕底本、性理本「平交，云『陳』」原脱，據他本補。

〔七〕四庫本「皮」訛作「用」。

慰人父母亡疏

慰嫡孫承重者同。

〔23—1〕某頓首再拜言：降等，云「頓首」〔一〕。不意凶變，亡者官尊，即云「邦國不幸」〔二〕，後皆放此。先某位，無官，即云「先府君」。有契，即加「幾丈」〔三〕於「某位府君」之上。母，云「先某封」，無封，即云「先夫人」。承重，則云「尊祖考某位」「尊祖妣某封」，餘並同。奄棄榮養，

亡者官尊，即云「奄捐館舍」，或云〔四〕「奄忽薨逝」。母封至夫人者，亦云「薨逝」。若生者無官，即云「奄違色養」。承訃〔五〕驚怛，不能已已〔六〕。伏惟平交，云「恭惟」〔七〕。降等，云「緬惟」〔八〕。孝心純至，思慕號絶，何可〔九〕堪居？日月流邁，遽踰旬朔，經時，即云「已忽經時」。已葬，即云「遽經襄奉」。卒哭、小祥、大祥、禫除，各隨其時。哀痛奈何，罔極〔一〇〕奈何。

不審自罷荼毒，父在母亡，即云「憂苦」。氣力何如，平交，云「何似」〔一一〕？伏乞，平交，云「伏願」。降等，云「惟冀」。强加饘粥，已葬，則云「疏食」。俯從禮制，某役事所縻，在官，即云「職業有守」。未由奔慰，其於憂戀，無任下誠，平交以下〔一二〕，但云「未由〔一三〕奉慰，悲係〔一四〕增深〔一五〕」。謹奉疏，平交，云「狀」。伏惟鑒察，平交以下，去此四字。不備。謹疏，平交，云「不宣。謹狀」。月日具位，降等，用「郡望」。宋人以郡望注姓氏。姓某疏上平交，云「狀」。某官大孝。苫前，母亡，即云「至孝」。平交以下，云「苫次」。

封皮〔一六〕疏上「某官大孝」。苫前。

具位姓某謹封。降等，即用面簽，云「某官大孝，苫次，郡望姓名，狀謹封。」若慰人〔一七〕母亡，即云「至孝」。

重封〔一八〕疏上平交，云「狀」。某官。具位姓某謹封。

校注

〔一〕底本「降等，云『頓首』」作「降等，止云『頓首』。平交，但云『頓首言』」，據鈔配本、集注本改。周禮春官大祝曰：「辨九拜，一曰稽首，二曰頓首，三曰空首，四曰振動，五曰吉拜，六曰凶拜，七曰奇拜，八曰襃拜，九曰肅拜，以享右祭祀。」此處爲書簡表奏用語，致敬之謂。史記周本紀曰：「西周君奔秦，頓首受罪，盡獻其邑三十六，口三萬。」

〔二〕邦，底本原作「郡」，底本欄外所附校記云「『郡』，一作『邦』」，據他本改。邦國不幸，謂亡人有功於邦國者。唐語林補遺二曰：「邦國不幸，姚令公薨謝。」

〔三〕「幾丈」疑爲「先丈」之訛。按書儀卷九慰人父母亡疏狀曰：「無官有素契，改『先某位』爲『先丈』。無素契，爲『先府君』。」據改。

〔四〕成書本「云」訛作「亡」。

〔五〕鈔配本、公善本「訃」訛作「計」。

〔六〕底本、集注本「已已」原作「自已」，據他本改。

〔七〕「恭惟」原用於父母。千字文曰：「恭惟鞠養，豈敢毀傷。」

〔八〕四庫本「云」字脱，「緬惟」亦作「緬維」。

〔九〕底本、集注本、成書本、性理本、明刻本、四庫本作「何可」，鈔配本、公善本作「何以」。

〔一〇〕罔極，無窮盡。詩小雅蓼莪曰：「欲報之德，昊天罔極。」

〔一一〕鈔配本「何如」後脱注文「平交，云『何似』」。

〔一二〕底本「以下」，他本作「已下」。
〔一三〕鈔配本、四庫本「未由」二字前有「某」字。
〔一四〕底本欄外所附校記云「『係』，一作『悼』」。
〔一五〕集注本「增深」作「增彌」。
〔一六〕底本「封皮」二字原作正文大字，據鈔配本、集注本改爲注文小字。
〔一七〕成書本「人」字後衍一「人」字。
〔一八〕底本「重封」二字原作正文大字，據鈔配本、集注本改爲注文小字。

父母亡答人慰書〔一〕

嫡孫承重者〔二〕同。

〔24—1〕某稽顙再拜言，降等，云「叩首」去「言」字〔三〕。某罪逆深重，不自死滅，禍延先考，母，云「先妣」。承重，則祖父云「先祖考」，祖母云「先祖妣」。攀號擗踊，五内分崩，叩地叫天，無所逮及，日月不居，奄踰旬朔，隨時同前，酷罰罪苦，父在母亡，即云「偏罰罪深」。父先亡，則母與父同〔四〕。無望生全，即日蒙恩，平交以下，去此四字。祇奉几筵，苟存視息，伏蒙尊慈，俯賜慰問，哀感之至，無任下誠，平交，云「仰承〔五〕仁恩〔六〕，俯垂慰問，其爲哀感，

但切下懷」。降等，云「特承慰問，哀感良深」。司馬公曰：「凡遭父母喪，知舊不以書来弔問，是無相恤之心，於禮不當先發書，不得已須至先發，即刪此四句。」未由號訴，不勝隕絶，謹奉疏，降等，云「狀」。荒迷不次，謹疏，降等，云「狀」。月日孤子，母喪，稱「哀子」。倶亡，即稱「孤哀子」。承重者，稱「孤孫」「哀孫」「孤哀孫」。姓名疏上某位。座前謹空。〇〔七〕平交以下，去此二字。

封皮、重封，並同前。但改「具位」爲「孤子」〔八〕。

校注

〔一〕底本、成書本、性理本作「父母亡答人慰書」，集注本作「父母亡答人慰疏」，鈔配本、明刻本、四庫本、公善本作「父母亡答人書」。

〔二〕成書本「者」訛作「老」。

〔三〕底本、集注本、成書本、性理本作「降等，云『叩首』去『言』字」，鈔配本作「降等叩首」，明刻本、四庫本作「降等去『言』」。

〔四〕底本、集注本、成書本、性理本作「父先亡，則母與父同」，鈔配本、明刻本、四庫本、公善本作「祖父母亦如之」。

〔五〕四庫本「仰承」訛作「承仰」。

〔六〕底本、集注本、成書本、性理本、明刻本、四庫本作「仁恩」，鈔配本、公善本作「尊慈」。

〔七〕鈔配本、四庫本「〇」脱。

〔八〕鈔配本、四庫本本句注文脱。

慰人祖父母亡啓狀

謂非承重者。伯叔父母、姑、兄、姊、弟、妹、妻、子、姪、孫同。

〔25—1〕某啓：不意凶變，子、孫，不用此句。尊祖考某位，奄忽違世，祖母，曰「尊祖妣某封」。無官封有契，已見上。〇伯叔父母、姑，即加「尊」字。兄、姊、弟、妹，加「令」字。降等，皆加「賢」字。若彼一等之親有數人，即加行第，云「幾某位」。無官，云「幾府君」。有契，即加「幾丈」「幾兄」於「某位府君」之上。姑、姊、妹，則稱以夫姓，云「某宅尊姑令姊妹」。妻，則云「賢閤某封」。無封，則但云「賢閤」。子，即云「伏承令子幾某位」。姪、孫並同。降等，則曰「賢」。無官者，稱「秀才」。承訃驚怛，不能已已，妻，改「怛」爲「愕」。子孫，但云「不勝驚怛」。伏惟「恭緬」，見前〔一〕孝心純至，哀慟摧裂，何可勝任？伯叔父母、姑，云「親愛加隆，哀慟沉痛，何可堪勝」。〇兄、姊、弟、妹則云「友愛加隆」。妻，則云「伉儷義重，悲悼〔二〕沉痛」。子、姪、孫，則云「慈愛隆深，悲慟

沉痛」。餘與伯叔父母、姑同。孟春猶寒，隨時〔三〕。不審尊體何似，降等，云「所履」〔四〕。伏乞平交以下，如前。深自寬抑，以慰慈念，其人無父母，即但云「遠誠」，連書不上平。某事役所縻，在官如前。未由趨慰，其於憂想，無任下誠，平交以下，如前。謹奉狀，伏惟鑒察，平交，如前，不備，平交，如前。謹狀。月日，具位姓名狀上某位服前〔五〕。平交，云「服次」。

封皮、重封同前。

校注

〔一〕底本、性理本「『恭緬』，見前」原作「『恭惟』『緬惟』見前」，據他本改。

〔二〕集注本「悲悼」作「悲慟」。

〔三〕底本原作「温寒隨時」，「温寒」二字據鈔配本、集注本删。

〔四〕底本、性理本「降等，云『所履』」原作「稍尊，云『動止何如』，降等，云『所履何似』」，據鈔配本、集注本改。

〔五〕底本、集注本、成書本、性理本「服前」二字原作注文小字，據鈔配本改爲正文大字。

祖父母亡答人啓狀

謂非承重者。伯叔父母、姑、兄、姊、弟、妹、妻、子、姪〔一〕、孫同。

〔26—1〕其啓：家門凶禍，伯叔父母、姑、兄、姊、弟、妹，云「家門不幸」。○妻，云「私家不幸」。○子、姪、孫，云「私門不幸」〔二〕。先祖考，祖母，云「先祖妣」。○伯叔父母，云「幾伯叔父母」。○姑，云「幾家姑」。○兄、姊，云「幾家兄、幾家姊〔三〕」。○弟、妹，云「幾舍弟、幾舍妹」。○妻，云「室人」。○子，云「小子〔四〕某」。○姪，云「從子某」。○孫，曰〔五〕「幼孫某」。奄〔六〕忽棄背，兄、弟以下，云「喪逝」。○子、姪、孫，云「遽爾夭折」。痛苦摧裂，不自勝堪。伯叔父母、姑、兄、姊、弟、妹，云「摧痛酸楚〔七〕，不自堪忍」。○妻，改「摧痛」〔八〕爲「悲悼」。○子、姪、孫，改「悲悼」〔九〕爲「悲念」。伏蒙尊慈，特賜慰問，哀感之至，不任下誠。平交，降等如前。孟春猶寒，寒溫隨時〔一〇〕。伏惟，「恭緬」，如前〔一一〕。某位尊體，起居萬福，平交，不云〔一二〕「起居」。降等，但云「動止萬福」。某即日侍奉，無父母，即〔一三〕不用此句。幸免它苦，未由面訴，徒增哽塞，謹奉狀上，平交云「陳」。謝，不備，平交如前。謹狀。月日，某郡姓名狀上某位。座前謹空。○平交，如前〔一四〕。封皮、重封，如前。

家禮卷之四畢〔一五〕

校注

〔一〕底本「子、姪」訛作「姪、子」，據他本改。
〔二〕底本、集注本、成書本、性理本、明刻本、四庫本作「妻，云『私家不幸』。子、姪、孫，云『私門不幸』」，鈔配本作「妻云，私家云，私門不幸」。
〔三〕四庫本「姊」字脱。
〔四〕成書本「小子」訛作「小一」。
〔五〕底本「曰」原作「云」，據他本改。
〔六〕四庫本「奄」訛作「姊」。
〔七〕底本、性理本、四庫本「酸楚」原作「酸苦」，據他本改。
〔八〕公善本「摧痛」訛作「悲痛」。
〔九〕成書本「悲悼」後衍一「字」字。
〔一〇〕底本、性理本、四庫本原作「温寒隨時」，「温寒」二字，據鈔配本、集注本改。
〔一一〕底本、性理本「『恭緬』，如前」原作「『恭惟』『緬惟』，如前」，四庫本作「『恭怍』『緬惟』，如前」，據鈔配本、集注本改。
〔一二〕集注本「不云」作「不用」。
〔一三〕成書本「即」字脱。
〔一四〕成書本「〇平交，如前」脱。

〔一五〕底本作「家禮卷之四畢」，鈔配本、明刻本、公善本作「家禮卷四終」，集注本作「右喪禮附注凡四十九條，文公家禮卷第八」，四庫本作「家禮卷四」，成書本、性理本卷末尾題脫。

家禮卷之五〔一〕

祭禮〔二〕

四時祭

〔1—1〕時祭〔三〕用仲月。前旬卜日。孟春〔四〕下旬之首，擇仲月三旬各一日，或丁或亥〔五〕。主人盛服，立於祠堂中門外，西向。兄弟立於主人之南，少退，北上。子孫立於主人之後，重行，西向，北上。置卓子於主人之前，設香爐、香合、环珓及盤於其上。主人搢笏，焚香，薰珓〔六〕，而命以上旬之日，曰：「某將以來月某日諏此歲事，適其祖考。尚饗。」即以珓擲於盤，以一俯一仰爲吉。不吉，更卜中旬之日。又不吉，則不復卜，而直用下旬之日。既得日，祝開中門，主人以下北向立，如朔望之位，皆再拜。主人升，焚香再拜。祝執辭，跪於主人之左，讀曰：「孝孫某，將以來月某日，祗薦歲事於祖考。卜既得吉。敢告。」用下旬日〔七〕，則不言「卜既得吉」〔八〕。主人再拜，降復位，與

在位者皆再拜。祝闔門，主人以下復西向位〔九〕。執事者立於門西，皆東面，北上。祝立於主人之右，命執事者曰：「孝孫某〔一〇〕，將以來月某日，祗薦歲事於祖考。」有司具脩，執事者應曰：「諾」，乃退。

〔1—2〕**前期三日，齋戒。**前期三日，主人帥衆丈夫致齋於外。主婦帥衆婦女致齋於内。沐浴更衣，飲酒不得至亂，食肉不得茹葷〔一一〕。不弔喪，不聽樂。凡凶穢之事，皆不得預。

〔1—3〕**前一日，設位〔一二〕陳器。**主人帥衆丈夫，深衣，及執事灑掃正寢，洗拭倚卓，務令蠲潔。設高祖考妣位於堂西北壁下，南向，考西妣東，各用一倚一卓而合之。曾祖考妣、祖考妣、考妣以次而東，皆如高祖之位。世各爲位，不屬。祔位皆於東序，西向北上，或兩序〔一三〕相向，其尊者居西。妻以下則於階下。設香案於堂中，置香爐、香合於其上。束〔一四〕茅聚沙於香案前及逐位前地上〔一五〕。設酒架於東階上，别置卓子於其東，設酒注一、酹酒盞一、盤一、受胙盤一、匕〔一六〕一、巾一、茶合、茶筅、茶盞托、鹽楪、醋瓶於其上。火爐、湯瓶、香匙〔一七〕、火筯於西階上，别置卓子於其西，設祝版於其上。設盥盆〔一八〕、帨巾各二於阼階下之東〔一九〕，其西者有臺架。又設陳饌大牀於其東。

〔1—4〕**省牲〔二〇〕，滌器，具饌。**主人帥衆丈夫，深衣，省牲，涖〔二一〕殺。主婦帥衆婦女，背子，滌濯祭器，潔釜〔二二〕鼎〔二三〕，具祭饌。每位果六品，蔬菜〔二四〕及脯〔二五〕醢〔二六〕各三品，肉、魚、饅

頭、糕各一盤，羹〔二七〕飯各一椀，肝各一串，肉各二串，務令精潔。未祭之前，勿令人先食，及爲貓犬蟲鼠所污〔二八〕。

〔1—5〕厥明，夙興，設蔬果酒饌。主人以下深衣，及執事者俱詣祭所，盥手，設果楪於逐位卓子南端，蔬菜脯醢相間次之，設盞盤、醋楪於北端。盞西，楪東，匙筯居中。設玄酒及酒各一瓶於架上。玄酒，其日取井花水，充在酒之西。熾炭於爐，實水於瓶。主婦背子，炊〔二九〕煖祭饌，皆令極熱，以合盛出，置東階下大牀上。

〔1—6〕質明，奉主就位。主人以下各盛服，盥手，帨手，詣祠堂前。衆丈夫叙立如告日之儀。主婦西階下，北向立。主人有母，則特位於主婦之前。諸伯叔母、諸姑繼之，嫂及弟婦、姊妹在主婦之左。其長於主母主婦者皆少進，子孫婦女、內執事者在主婦之後，重行，皆北向東上。立定，主人升自阼階，搢笏，焚香，出笏，告曰：「孝孫某，今以仲春之月，有事於皇〔三〇〕高祖考某官府君，皇高祖妣某封某氏，皇曾祖考某官府君，皇曾祖妣某封某氏，皇祖考某官府君，皇祖妣某封某氏，皇考某官府君，皇妣某封某氏，以某親某官府君，某親某封某氏祔食。敢請神主，出就正寢，恭伸奠獻。」告辭，仲夏秋冬各隨其時，祖考有無，官爵封謚，皆如題。主之交〔三一〕祔食，謂旁親無後者及卑幼〔三二〕先亡者，無即不言。告訖，搢笏，斂〔三三〕櫝。正位祔位各置一笥，各以執事者一人捧之。主人出笏前導，主婦從後，卑幼在後。至正寢，置於西階卓子〔三四〕上。主人搢笏，啓櫝，奉諸考神主

出就位。主婦盥帨升〔三五〕，奉諸妣神主亦如之。其祔位則子弟一人奉之。既畢，主人以下皆降，復位。

〔1—7〕參神，主人以下叙立如祠堂之儀。立定，再拜。若尊長老疾者，休於他所。

〔1—8〕降神。主人升，搢笏，焚香，出笏〔三六〕，少退立。執事者一人開酒，取巾拭瓶口，實酒於注，一人取東階卓子〔三七〕上盤盞，立於主人之左，一人執注立於主人之右。主人搢笏，跪。奉盤盞者亦跪，進盤盞，主人受之。執注者亦跪，斟酒於盞。主人左手執盤〔三八〕，右手執盞，灌於茅上，以盤盞授執事者，出笏，俛伏興，再拜，降復位。

〔1—9〕進饌。主人升，主婦從之。執事者一人以盤奉魚肉，一人以盤奉米麪食，一人以盤奉羹飯，從升至高祖位前。主人搢笏，奉肉奠於盤盞之南。主婦奉麪食奠於肉西。主人奉魚奠於醋楪之南，主婦奉米食奠於魚東。主人奉羹奠於醋楪之東，主婦奉飯奠於盤盞之西。主人出笏，以次設諸正位，使諸子弟婦女各設祔位。皆畢，主人以下皆降，復位。

〔1—10〕初獻，主人升，詣高祖位前。執事者一人執酒注，立於其右，冬月〔三九〕即先煖之〔四〇〕。主人搢笏，奉高祖考盤盞，位前東向立。執事者西向，斟酒於盞。主人奉之，奠於故處。次奉高祖妣盤盞，亦如之。出笏，位前北向立。執事者二人奉高祖考妣盤盞，立於主人之左右。主人搢笏，跪，執事者亦跪。主人受高祖考盤盞，右手取盞，祭之茅上，以盤盞授執事者，反之故處。受高祖

妣盤盞，亦如之。出笏，俛伏，興，少退立。執事者炙肝於爐，以楪盛之。兄弟之長一人奉之，奠於高祖考妣前，匙筯之南。祝取版，立於主人之左，跪讀曰：「維年歲月朔日子〔四一〕，孝玄孫某官某，敢昭告於皇高祖考某官府君、皇高祖妣某封某氏。氣序流易，時維仲春，追感歲時，不勝永慕。敢以潔牲柔毛〔四二〕，粢盛醴齊，祗薦歲事。以某親某官府君、某親某封某氏祔〔四三〕食。尚饗。」畢，興。曾祖前稱「孝曾孫」〔四四〕，考前稱「孝子」，改「不勝永慕」爲「昊天罔極」。凡祔者，伯叔祖父祔於高祖，伯叔父祔於曾祖，兄弟祔於祖，子姪〔四五〕祔於考。餘皆倣此。如本位無，即不言以某親祔食。

祖考無官及改夏秋冬字，皆已見上。主人再拜，退詣諸位，獻祝如初。每逐位讀祝，畢，即兄弟衆男之不爲亞終獻者，以次分詣〔四六〕本位所祔之位，酌獻如儀，但不讀祝。獻畢，皆降復位。執事者以它器徹酒及肝，置盞故處。

〔1—11〕亞獻〔四七〕，主婦爲之。諸婦女奉炙〔四八〕肉及分獻如初獻儀，但不讀祝。

〔1—12〕終獻。兄弟之長或長男或親賓爲之。衆子弟奉炙肉及分獻如亞獻儀。

〔1—13〕侑食，主人升，搢笏，執注，就斟諸位之酒皆滿，立於香案之東南。主婦升，扱匙飯中西柄，正筯，立於香案之西南。皆北向〔四九〕再拜，降復位。

〔1—14〕闔門。主人以下皆出。祝闔門，無門處即降簾可也。主人立於門東，西向。衆丈夫

在其後。主婦立於門西，東向。衆婦女在其後。如有尊長，則少休於他所。此所謂厭也。

〔1—15〕啓門，祝聲三噫歆，乃啓門。主人以下皆入。其尊長先休於他所者亦入，就位。主人主婦奉茶，分進於考妣之前，祔位使諸子弟婦女進之。

〔1—16〕受胙〔五〇〕。執事者設席於香案前。主人就席，北面。祝詣高祖考前，舉酒盤盞，詣主人之右。主人跪，祝亦跪，主人搢笏，受盤盞，祭酒，啐酒。祝取匙並盤，抄取諸位之飯各少許，奉以詣主人之左，嘏於主人曰：「祖考命工祝，承致多福，于汝孝孫，來汝孝孫〔五一〕，使汝受禄于天，宜稼于田，眉壽永年，勿替引之。」〔五二〕主人置酒於席前，出笏，俛伏興，再拜，搢笏，跪，受飯嘗之，實於左袂，掛袂於季指，取酒卒〔五三〕飲。執事者受盞，自右置注旁。受飯，自左亦如之。主人執笏，俛伏興，立於東階上，西向。祝立於西階上，東向〔五四〕，告利成〔五五〕，降復位，與在位者皆再拜。主人不拜，降復位。

〔1—17〕辭神。主人以下皆再拜。

〔1—18〕納主，主人主婦皆升，各奉主納於櫝。主人以笥歛櫝，奉歸祠堂如來儀。

〔1—19〕徹。主婦還，徹酒之在盞注他器中者，皆入於瓶，緘封之。所謂福酒。果蔬肉食並傳於燕器。主婦監滌祭器而藏之。

〔1—20〕餕〔五六〕。是日，主人監分祭胙品，取少許置於合，並酒皆封之，遣僕執書，歸胙於親

友。遂設席，男女異處，尊行自爲一列，南面。自堂中東西分首。若止一人，則當中而坐，其餘以次相對，分東西向。尊者一人先就坐，衆男叙立，世爲一行，以東爲上，皆再拜。子弟之長者一人少進立〔五七〕，執事者一人執注立於其右，一人執〔五八〕盤盞立於其左。獻者搢笏跪，弟獻則尊者起立，子姪則坐〔五九〕，受注斟酒，反注受盞。祝曰：「祀事既成，祖考嘉饗。伏願某親，備膺五福，保族宜家。」授執盞者，置於尊者之前。長者出笏，尊者舉酒畢。長者俛伏興，退復位，與衆男皆再拜。尊者命取注及長者之盞置於前，自斟之，祝曰：「祀事既成，五福之慶，與汝曹共之。」命執事者以次就位，斟酒皆徧。長者進跪受飲畢，俛伏興，退立。衆男進揖，退立，飲。長者與衆男皆再拜。諸婦女獻女尊長於内如衆男之儀，但不跪。既畢，乃就坐，薦肉食。諸婦女詣堂前，獻男尊長壽，男尊長酢之如儀。衆男詣中堂，獻女尊長壽，女尊長酢之如儀。乃就坐，薦麪食。内外執事者各獻内外尊長壽如儀而不酢，遂就斟在坐者徧，俟皆舉，乃再拜退。遂薦米食，然後泛行酒，間以祭饌，酒饌不足，則以他酒他饌益之。將罷，主人頒胙於外僕，主婦頒胙於内執事者。徧及微賤，其日皆盡，受者皆再拜，乃徹席。

〔1—21〕凡祭，主於盡愛敬之誠而已。貧則稱家之有無，疾則量筋力而行之。財力可及者，自當如儀〔六〇〕。

校注

〔一〕底本作「家禮卷之五」，集注本作「文公家禮卷第九」，鈔配本作「家禮」，四庫本作「家禮卷五」，明刻本、公善本作「家禮第五」，性理本、成書本標題脱。

〔二〕集注本作「祭禮第五」，鈔配本「祭禮」二字脱。

〔三〕禮記祭統曰：「凡治人之道，莫急於禮。禮有五經，莫重於祭。」家禮宗注曰：「祭猶言察也，察者至也，言人事至於神也。」丘濬大學衍義補卷五九宗廟饗祀之禮引吴澂禮記纂言曰：「天道三月一小變而爲一時，天道一歲有四時，故君子之祭，取法于天道，而一時一祭也。」

〔四〕底本「春」原作「月」，據他本改。

〔五〕或丁或亥，新井白石注曰：「郊天用辛，新也。釋奠于夫子，用丁，文明之方也。不用丙，丙乃陽干之終，丁乃陰干之始也。如祭祀用戊，戊乃陽土故也。禮，大祥後，卜祭日不丁，即云亥，取陰干之始，陽干之終，事死道也。」

〔六〕薰，同「熏」「燻」，「燻玟」見前。

〔七〕集注本「日」字脱。

〔八〕「用下旬日，則不言『卜既得吉』」一句，集注本、性理本注爲小字。

〔九〕底本「位」原作「立」，據他本改。

〔一〇〕鈔配本、公善本「某」字脱。

〔一一〕羅願爾雅翼卷五釋草云：「西方以大蒜、小蒜、興渠、慈蒜、茖葱爲五葷，道家以韭、蒜、芸臺、胡荽、薤爲五葷。」莊子人間世云：「仲尼曰：『齋，吾語若。』顔回曰：『回之家貧，唯不飲酒不茹葷者數月矣。若此則可以爲齊乎？』曰：『祭祀之齋，非心齋也。』」成玄英疏曰：「葷，辛菜也。」按説文艸部：「葷，臭菜也。」繫傳曰：「通謂芸薹、椿、韭蔥、蒜、阿魏之屬，方術家所禁，謂氣不潔也。」荀子哀公篇引孔子曰：「夫端衣、玄裳，絻而乘輅者，志不在於食葷。」注云：「葷菜蔥韭之屬。」論語鄉黨：「齋必變食。」周禮天官膳夫：「王齋日三舉。」鄭注云：「齋必變食也。」賈疏曰：「齋必變食，故加牲體至三太牢，牛、羊、豕具爲一牢。」齊東野語卷八齋不茹葷必變食：「胡明仲論梁武曰：『祭祀之齋，居必遷坐，不必變服，齋必變食，食爲盛饌。一其心志，潔其氣體，以與神明交，未嘗不飲酒不茹葷也。』晦庵釋『齋必變食』，亦取莊子，而黄氏亦兼取之。朱又謂『葷是五辛』，又曰：『今致齋有酒，非也。』然禮中有『飲不至醉』之説，何耶？」胡鳴玉訂訛雜録卷七葷腥之辨曰：「東坡年譜載程、蘇當致齋，厨禀造食葷素。蘇令辦葷，程令辦素，蘇謂致齋在心，豈拘葷素。爲劉者左袒，時館中附蘇者令辦葷，附程者令辦素。予謂不然，齋之禁葷，見於法令，乃禁五辛，慮耗散人之氣，間其精誠，與禁飲酒、聽樂、嗜欲悲哀一同，欲其致一之妙，通於神明耳。二公未免以葷爲魚肉，徒有是非之辨。莊子載顔回不飲酒不茹葷，謂祭祀之齋是也。」

〔一二〕家禮宗卷四設位曰：「高祖考妣位於堂之中東，曾祖考妣位於堂之中西，祖考妣位於高祖東，考妣位於曾祖西，俱考左妣右。按祭圖，須祠堂寬敞者可行，狹者奉神主出就正寢而祭，如未立祠堂者，可隨時用紙書高曾祖考並祔位之主，就本家正所致祭，行禮畢，焚之，亦不必拘。無祠堂而廢奉先之禮，有不立主之家同。」家禮補注曰：「繼高祖宗子，則祭高祖以下考妣，繼曾祖宗子，則祭曾祖以下考妣，繼祖宗子則祭祖以下考妣，繼禰宗子，則祭考妣二位而已。○按本注設位之次，愚未敢以爲然。蓋神主在四龕中，則以西爲上。先高祖考妣，次曾祖考妣，次祖考妣，次考妣，以東西分昭穆也。至於大祭祀，出主在堂，或於正寢，唯高祖考在西，高祖妣在東南向，其餘曾祖考、祖考與考，皆西旁東向，曾祖妣、祖妣與妣，皆東旁西向。而祔祭神主，高祖兄弟則祔於高祖左右，亦南向，曾祖考、祖考與考兄弟則祔於曾祖考、祖考與考上下，皆東向。其妣祔於高祖妣左右，亦南向，祔則曾祖妣祖妣與妣上下皆西向。卑幼男女祔位，則在兩序，以上下分昭穆也。至於子孫敘立，惟宗子在東，宗婦在西北向，其餘男在宗子之右，女在宗婦之左，皆北向。先大伯叔祖，次伯叔祖，次伯叔，次兄弟，在宗子宗婦之前，次子姪，次執事，在宗子宗婦之後，以前後分昭穆也。蓋繼高宗子則爲高廟，故高祖考妣得居正位；繼曾宗子，則爲曾廟，故曾祖考妣得居正位；繼祖宗子，則爲祖廟，故祖考妣得居正位；繼禰宗子，則爲禰廟，故考妣得居正位，非正位者當在側。而祔祭者，亦世爲一列，當祔正位者亦正位，當祔側位者亦側位，如天子諸侯太廟祫祭，惟太祖東向自如，其餘在南北牖下，亦南北向，此自然之理也。張子曰：『雖一人數娶，猶不妨東方虛其位以應廟之數，其世次則之復對西方之配也。』」

〔一三〕底本、成書本、性理本、明刻本、四庫本作「兩序」，鈔配本、集注本、公善本作「西序」。

〔一四〕四庫本「東」訛作「東」。

〔一五〕性理本「上」訛作「主」。

〔一六〕性理本「匕」訛作「七」。

〔一七〕韻會曰：「匙箸，惟南都白銅製者適用，製佳。」

〔一八〕底本、性理本「盆」訛作「盤」，據他本改。

〔一九〕底本、鈔配本、性理本、公善本作「東」，集注本、成書本、明刻本、四庫本作「東西」。

〔二〇〕家禮宗卷四省牲曰：「若用猪羊，前期一日午後，設香案於堂兩階間，令執事者牽牲於案前，主人盛牲，以盞酒各澆過宰之。」章潢圖書編卷百十一曰：「何休曰：『有牲曰祭，無牲曰薦。』大夫牲用羔，士牲特豚，猪也。無人無常牲。」春薦韭以卵，夏薦麥以魚，秋薦黍以豚，冬薦稻以雁，取其物之相宜。凡庶羞不踰牲，若祭以羊，則不以牛爲羞也。今人鮮用牲，惟設無羞而已。」

〔二一〕底本作「蒞」，鈔配本、集注本、明刻本、四庫本、公善本作「涖」，性理本作「莅」。

〔二二〕説文鬲部曰：「鬴，鍑屬，或作釜。」古史考曰：「黄帝始作釜。」詩召南采蘋毛注曰：「有足曰錡，無足曰釜。」

〔二三〕説文鼎部曰：「三足兩耳，和五味之器也。」爾雅释器曰：「鼎絶大，謂之鼐。圜弇上，謂之鼒。附耳在外，謂之釴。空足，謂之鬲。舉鼎具，謂之鉉。」

〔二四〕底本、集注本、成書本、性理本作「蔬菜」，鈔配本、明刻本、四庫本、公善本作「菜蔬」。

〔二五〕説文肉部曰：「乾肉也。」禮記内則曰：「牛脩，鹿脯。」周禮天官臘人鄭注曰：「薄折曰脯，捶之而施薑桂曰鍛脩。」禮記曲禮孔疏曰：「脯訓始，始作即成，脩亦脯，訓治，脩治乃成。」釋名曰：「搏也，乾燎相搏著也。」

〔二六〕説文酉部曰：「肉醬。」周禮醢人注：「肉汁，用肉作醢，多汁，其無汁者，自以所用之肉魚爲名。」詩行葦曰：「醓醢以薦。」疏云：「凡作醢者，必先膊乾其肉，莝之雜以粱麴及鹽，漬以美酒，塗置甀中，百日即成。」

〔二七〕説文鬻部曰：「五味和鬻也。」釋名釋飲食曰：「羹，汪也，汁汪郎也。」廣韻曰：「羹謂之湆，又肉謂之羹。」

〔二八〕底本「務令精潔」一句後脱「未祭之前，勿令人先食，及爲貓犬蟲鼠所污」。據他本補。底本欄外所附校記云「未祭之前，勿令人先食，及爲貓犬蟲鼠所污也」。性理本「及爲貓犬蟲鼠所污也」之「也」字衍。

〔二九〕底本欄外所附校記云「『炊』，一作『灼』」。

〔三〇〕底本、成書本、性理本「皇」字原脱，據他本補。以下「皇」字皆同，不再出校。

〔三一〕性理本、四庫本、公善本「交」訛作「文」。

〔三二〕底本「卑幼」原作「早世」，據他本改。性理本作「早逝」。

〔三三〕成書本「歛」訛作「飲」，公善本「歛」作「斂」。

〔三四〕鈔配本、公善本「子」字脱。

〔三五〕集注本「升」字脱。

〔三六〕鈔配本、公善本「出笏」二字脱。

〔三七〕底本、集注本、性理本作「卓子」，鈔配本、成書本、四庫本、明刻本、公善本作「卓」。

〔三八〕鈔配本、公善本「執盤」作「受盤盞」。

〔三九〕底本欄外所附校記云「『冬月』，一本作『冬日』」。

〔四〇〕成書本「冬月即先煖之」一句脱。

〔四一〕底本「日子」訛作「甲子」，據他本改。

〔四二〕底本、性理本「敢以潔牲柔毛」一句後有注「牲用彘則曰剛鬣」，據他本删。

〔四三〕四庫本「祔」訛作「祇」。

〔四四〕「曾祖前稱孝曾孫」後，公善本、明刻本、四庫本多「祖前稱孝孫」。

〔四五〕底本作「子姪」，集注本、性理本作「子孫」，鈔配本、明刻本、公善本、四庫本作「子行」。

〔四六〕性理本「詣」訛作「請」。

〔四七〕朱子語類卷九〇禮七曰：「祭禮，主人作初獻，未有主婦，則弟得爲亞獻，弟婦爲終獻。」○家禮附注曰：「按亞獻如初儀。潮州所刊家禮云：『惟不祭酒於茅。』潮本所云：『不祭酒於茅，是乎？』曰：『所謂祭酒於茅者，爲神祭也。古者飲食必祭，及祭祖考，祭外神，亦爲神祭。少牢饋食禮，主人初獻尸，尸祭酒而後，啐酒，卒爵。主婦亞獻尸，尸祭酒而後卒爵，賓長三獻尸，祭酒而後卒爵。士虞特牲亦然。凡三獻尸皆祭酒，爲神祭也。鄉射大射，獲者獻侯，先右个，次中，次左个，皆祭酒，爲侯祭也。以此觀之，三獻皆當祭酒於茅。』潮本蓋或者以意改之，故與他本不同，失之矣。」

〔四八〕説文炙部曰：「炙，炮肉也。」詩瓠葉注：「炕火曰炙。」孔疏云：「炕，舉也。以物貫之，舉於火上以炙之。」

〔四九〕集注本「北向」作「北面」。

〔五〇〕家禮補注曰：「韓魏公家祭云：凡祭飲福受胙之禮，久已不行。今但以祭餘酒饌，命親屬長幼分飲食之，可也。」事物紀原卷二飲福引宋會要云：「乾德元年十二月，以南郊禮畢，大宴於廣德殿，自後凡大禮畢，皆設宴如此例，曰飲福宴。」

〔五一〕鈔配本、明刻本、公善本、四庫本「來汝孝孫」脱。底本欄外所附校記云「少牢禮注『來』，讀曰『釐』，釐，『賜』也」。

〔五二〕此段出自儀禮少牢饋食禮。

〔五三〕底本、公善本「卒」訛作「晬」，據他本改。

〔五四〕鈔配本、公善本「東向」二字脫。

〔五五〕朱子詩集傳卷一三鼓鐘北山之什六之二曰：「祝傳尸意，告利成於主人，言孝子之利養成畢也。」

〔五六〕禮記祭統曰：「夫祭有餕，餕者祭之末也，不可不知也。是故古人有言曰：『善終者如始，餕其是也。』」劉垓孫曰：「祭畢而餕餘，是祭之終事也。必謹夫餕之禮者，慎始慎終也。」家禮宗卷四餕曰：「司馬公書儀曰：禮，祭祀既畢，兄弟及賓，迭相獻酬，有無等爵，所以因其接會，使之恩定優勸之。今亦取此儀。」

〔五七〕成書本「立」字脫。

〔五八〕底本「執」作「取」，據他本改。

〔五九〕底本、性理本「弟獻則尊者起立，子姪則坐」一句原爲正文，據他本改爲小注。成書本此注脫。

〔六〇〕集注本「自當如儀」後爲「九卷終」。

初祖〔一〕

惟繼始祖之宗得祭。

〔2—1〕冬至祭始祖。程子曰：「此厥初生民之祖也。」冬至，一陽之始，故象其類而祭之。

〔2—2〕前期三日，齋戒。如時祭之儀〔二〕。

〔2—3〕前期一日，設位。主人衆丈夫，深衣，帥執事者灑掃祠堂，滌濯器具，設神位於堂中

間北壁下，設屏風於其後，食牀於其前。

〔2—4〕**陳器**，設火爐於堂中，設炊烹之具於東階下盥東，炙具在其南。東〔三〕茅以下，並同時祭。主婦衆婦女，背子，帥執事者滌濯祭器，潔釜鼎，具果楪六，盤三，杅〔四〕六，小盤三，盞盤匙筯各二，脂盤一〔五〕，酒注、酹酒盤盞一，受胙盤匙一。

○按，此本合〔六〕用古祭器，今恐私家或不能辨〔七〕，且用今器以從簡便。神位用蒲薦加草席，皆有緣，或用紫褥。皆長五尺，闊二尺有半。屏風如枕屏之制，足以圍席三面。食牀，以版爲面，長五尺，闊三尺餘，四圍亦以版，高一尺二寸，二寸之下乃施版，面皆黑〔八〕漆。

〔2—5〕**具饌**。哺時殺牲，主人親割毛血爲一盤〔九〕，首、心、肝、肺爲一盤，脂雜以蒿〔一〇〕爲一盤，皆腥之。左胖〔一一〕不用，右胖前足爲三段。脊爲三段，脅爲三條〔一二〕，後足爲三段，去近竅一節不用，凡十一〔一三〕體。飯米一杅，置於一盤。蔬果各六品。切肝一小盤，切肉一小盤。

〔2—6〕**厥明，夙興，設蔬果酒饌**。主人深衣，帥〔一四〕執事者設玄酒瓶及酒瓶於架上。酒注、酹酒盤盞、受胙盤〔一五〕匙各一於東階卓子上。祝版及脂盤於西階卓子上，匙筯各一於食牀北端之東西，相去二尺五寸。盤盞各一於筯西。果子〔一六〕在食牀南端，蔬在其北。毛血腥盤、切肝肉，皆陳於階下饌牀上。米實階下炊具中。十一〔一七〕體實烹具中，以火爨而熟之。盤一，杅六，置饌牀上。

〔2—7〕**質明，盛服就位**〔一八〕。如時祭儀。

〔2—8〕降神，參神。主人盥，升，奉脂盤詣堂中爐前，跪告曰：「孝孫某，今以冬至有事於皇始祖考、皇始祖妣，敢請尊靈，降居神位，恭伸奠獻。」遂燎脂於爐炭上，俛伏，興，少退立，再拜。執事者開酒，主人跪，酹〔一九〕。如〔二〇〕時祭之儀。

〔2—9〕進饌。主人升，詣神位前。執事者〔二一〕奉毛血腥肉以進。主人受設之於蔬北，西上。執事者出熟肉，置於盤，奉以進。主人受，設之腥盤之東。執事者以杅二盛飯〔二二〕，杅〔二三〕二盛肉湆不和者，又以杅二盛肉湆〔二四〕以菜者，奉以進。主人受設之，飯在盞西，大羹在盞東，鉶羹〔二五〕在大羹東。皆降復位。

〔2—10〕初獻，如時祭之儀。但主人既俛伏興，兄弟炙肝加鹽，實於小盤以從。祝詞曰：「維年歲月朔日子〔二六〕，孝孫姓名，敢昭告于皇初祖考，皇初祖妣。今以中〔二七〕冬陽至之始，追惟報本，禮不敢忘。謹以潔牲柔毛，粢盛醴齊，祗薦歲事。尚饗〔二八〕。」

〔2—11〕亞獻，如時祭之儀。但衆婦炙肉加鹽以從。

〔2—12〕終獻。如時祭及上儀。

〔2—13〕侑食，闔門，啓門，受胙，辭神，徹，餕〔二九〕。並如時祭之儀。

校注

〔一〕集注本「初祖」前爲標題「文公家禮卷第十，門人楊復、劉垓孫集注」。

〔二〕成書本「儀」訛作「宜」。

〔三〕集注本「束」訛作「東」。

〔四〕陳元龍格致鏡原卷五二匜曰：「博古圖，周有季姜杅，形圜而鋭其底，非執不能定，兩耳各長二寸二分，容一斗五升。漢有挈杅，形如罌，純素無紋，連貫以提梁，便於持挈，容六升，皆銅爲之。」○新井白石按：「『杅』，家禮宗皆作『盂』。按，杅本浴器。『盂』，説文曰：『飲器也。』方言：『宋、楚之間，或謂之盌，乃甌碟之類耳。』當從宗作『盂』爲是。○又按，公羊傳宣公十二年：『杅不穿，皮不蠹，則不出於四方。』何注：『杅，飲水器。』又禮既夕注：『杅，亦作桙。盛湯漿器也。』據此，則作『杅』亦可。」

〔五〕成書本「二」字脱。

〔六〕集注本「合」訛作「各」。

〔七〕性理本「辦」訛作「辨」。

〔八〕性理本「黑」訛作「墨」。

〔九〕國語楚語下曰：「毛以示物，血以告殺，接誠拔取以獻具，爲齋敬也。」韋注云：「接誠於神也。拔毛取血，獻其備物也。齋，潔也。」

〔一〇〕説文艸部曰：「萩，蕭也。蕭，艾蒿也。」詩王風黍離孔穎達疏引陸璣曰：「今人所謂萩蒿者是也。或云牛尾蒿，似白蒿，白葉莖粗，科生多者數十莖可作燭，有香氣，故祭祀以脂爇之爲香。許慎以爲艾蒿，非也。」

〔一一〕説文半部曰：「半體肉也。」段注曰：「禮家以胖爲半體，元謂宜如脯而腥。胖之言片也，析肉意也。」

〔一二〕公善本「條」作「段」。

〔一三〕底本、集注本、性理本「十一」原作「十二」，據他本改。底本欄外所附校記云「『十二』，當作『十一』」。

〔一四〕成書本「帥」作「率」。

〔一五〕集注本「盤」字後衍一「盞」字。

〔一六〕底本、成書本、性理本「子」字原脱，據他本補。

〔一七〕底本、性理本「十一」原作「十二」，據他本改。底本欄外所附校記云「『十二』，當作『十一』」。

〔一八〕家禮補注曰：「按，『家衆叙立』之儀，在小宗家之祭四親廟，則男在主人之右，女在主婦之左，世爲一列，前爲昭而後爲穆也。在大宗家之祭祀先祖，則一世居左，二世居右，三世居左，四世居右，左爲昭而右爲穆也。而女不在内者，蓋祭四親廟，則四親之子孫皆在世，則自始祖先祖以下子孫皆在世遠屬疎，又人數衆多，故女不得在内列者，莫非自然之理也。」

〔一九〕底本、性理本「主人跪，酹」原作「跪，酹酒於茅上」，據他本改。

〔二〇〕集注本「如」作「始」。

〔二一〕成書本「者」字脱。下二「執事者」同。

〔二二〕集注本「飯」訛作「飲」。

〔二三〕底本「杅」原作「盂」，據他本改。下同。

〔二四〕乞及切。韻會曰：「肉汁也。」

〔二五〕家禮補注曰：「本注『肉湆不和者』即大羹。肉湆以菜者，即鉶羹。」周禮天官亨人鄭注曰：「大羹，不致五味也。鉶羹加鹽菜矣。」賈疏曰：「大羹，肉湆，盛於登，謂大古之羹，不調以鹽菜及五味。『鉶羹』者，皆是陪鼎，膷臐膮，牛用藿，羊用苦，豕用薇，調以五味，盛之於鉶器，即謂之鉶羹。若盛之於豆，即謂之庶羞。」○新井白石按：「韻會：鉶羹和羹器。史記：堯舜啜土鉶注瓦器也。」儀禮特牲饋食禮鄭注曰：「大羹湆，煮肉汁也。不和，貴其質，設之所以敬尸也。」

〔二六〕底本「日子」訛作「甲子」，據他本改。底本欄外所附校記云「『甲子』，大全作『日子』」。

〔二七〕底本「中」原作「仲」，據他本改。

〔二八〕四庫本「尚饗」二字脱。

〔二九〕家禮補注曰：「祭畢而餕，設大席於堂東西二向，東向爲昭，西向爲穆，世爲一席，各以齒而坐，所以會宗族而篤恩義也。」

先祖

繼始祖高祖之宗得祭。繼始祖之宗則自初祖而下。繼高祖之宗則自先祖而下。

〔3—1〕立春祭先祖〔一〕。程子曰：「初祖以下，高祖以上之祖也。」〔二〕立春，生物之始，故象其類而祭之。

〔3—2〕前三日，齋戒。如祭始祖〔三〕之儀。

〔3—3〕前一日，設位陳器，如祭初祖之儀。但設祖考神位於堂中之西，祖妣神位於堂中之東〔四〕。蔬果楪各十二，大盤六。小盤六，餘並同。

〔3—4〕具饌。如祭初祖之儀。但毛血爲一盤，首心爲一盤，肝肺爲一盤，脂膋〔五〕爲一盤，切肝兩小盤，切肉四小盤，餘並同。

〔3—5〕厥明，夙興，設蔬果酒饌。如祭初祖之儀，但每位匙筯各一，盤盞各二，置階下饌牀上。餘並同〔六〕。

〔3—6〕質明，盛服就位，降神，參神〔七〕。如祭始祖〔八〕之儀，但告詞改「始」爲「先」。餘並同。

〔3—7〕進饌。如祭初祖之儀。但先詣祖考位，奉〔九〕毛血〔一〇〕、首心〔一一〕、前足上二節、脊三〔一二〕節，後足上一節。次詣祖妣位，奉肝肺、前足一節、脅三節、後足下一節。餘並同。

〔3—8〕初獻，如祭初祖之儀。但獻兩〔一三〕位，各俛伏興，當中少退〔一四〕。兄弟炙肝兩小盤以從。祝詞改「初」爲「先」，「中〔一五〕冬陽至」爲「立春生物」。餘並同。

〔3—9〕亞獻，終獻。如祭初祖之儀。但從炙肉各二小盤。

〔3—10〕侑食，闔門，啓門，受胙，辭神，徹，餕。並如〔一六〕祭初祖儀。

校注

〔一〕家禮補注曰：「大宗之家，其第二世以下祖親盡，及小宗之家高祖親盡，所謂先祖也。」又曰：「羅倫曰：『初祖之祭，古未有也。自程子爲禮以義起者也。朱子廢焉，以疑於禘也，爲義而起者，重本也，厚天下之大經也，爲疑而廢者，明分也，正天下之大法也。二子之意，並行而不相悖也。記云：禮從宜，宜者合從，程子也。今夫壘井之氓，始爲宫室者祀之，始爲稼穡者祀之，始爲飲食者祀之，凡有功於生民者，皆祀之，不忘其始也。况吾之身之所始乎？』又曰：『初祖而下，高祖而上，簡其有功德，古所謂鄉先生者配之，群祖則皆於墓而已。高祖而下，則各祭於小宗之家。』○義門鄭氏以始遷祖，初生之辰，遷神主，行一獻禮。今之家以有功德之祖，嫡長子孫百世祀之，似亦可行。」

〔二〕河南程氏文集卷一○祭禮原作：「祭先祖者，自始祖而下，高祖而上，非一人也，故設二位。」

〔三〕底本、集注本、成書本、性理本作「始祖」，鈔配本、明刻本、四庫本、公善本作「初祖」。

〔四〕集注本「東」訛作「菜」。

〔五〕底本欄外所附校記云「『蒿』，大全作『膏』」。

〔六〕成書本本段脱。

〔七〕家禮大全引北溪陳氏語：「廖子晦廣州所刊本，『降神』在『參神』之前，不若臨漳傳本『降神』在『參神』之後爲得之。蓋既奉主於其位，則不可虚視其主，而必拜以肅之。故參神宜居於前，至灌，則又所以爲將獻，而親享其神之始也，故『降神』宜居於後。然始祖先祖之祭，只設虚位而無主，則又當降神而後參，亦不容以是爲拘也。」

〔八〕底本、集注本、成書本、性理本作「始祖」，鈔配本、明刻本、四庫本、公善本作「初祖」。
〔九〕底本、性理本「奉」作「瘞」，據他本改。
〔一〇〕成書本「毛血」二字脱。
〔一一〕底本、性理本「首心」前衍一「奉」字，據他本删。
〔一二〕底本、性理本「三」原作「二」，據他本改。底本欄外所附校記云「『脊二』之『二』，疑當作『三』」。
〔一三〕集注本「兩」作「正」。
〔一四〕性理本「退」訛作「立」。
〔一五〕底本「中」原作「仲」，據他本改。
〔一六〕性理本「如」訛作「爲」。

禰〔一〕

繼禰之宗以上皆得祭，惟支子不祭。

〔4—1〕季秋祭禰。程子曰：「季秋，成物之始。」亦象其類而祭之。

〔4—2〕前一月下旬，卜日。如時祭之儀。惟告辭改「孝孫」爲「孝子」，又改「祖考妣」爲「考妣」。若母在，則止云皇〔二〕考〔三〕，告於本龕之前。餘並同。

〔4—3〕前三日，齋戒。前一日，設位陳器。如時祭之儀。但止於正寢，合〔四〕設兩位於堂

中，西上。香案以下並同。

〔4—4〕具饌。如時祭之儀。二分。

〔4—5〕厥明，夙興，設蔬果酒饌。如時祭之儀。

〔4—6〕質明，盛服，詣祠堂，奉神主出就正寢。如時祭於正寢之儀。但告詞云：「孝子某，今以季秋成物之始，有事於皇考某官府君，皇妣某封某氏。」

〔4—7〕參神，降神，進饌，初獻。如〔五〕時祭之儀，但祝辭云：「孝子某官某，敢昭告於皇考某官府君，皇妣某封某氏〔六〕。今以季秋成物之始，感時追慕，昊天罔極。」餘並同〔七〕。

〔4—8〕亞獻，終獻，侑食，闔門，啓門，受胙，辭神，納主，徹，餕。並如時祭之儀。

校注

〔一〕家禮宗曰：「父廟曰禰，禰，近也。」朱子語類卷八七禮四曰：「某家舊時常祭：立春、冬至、季秋祭禰三祭。後以立春、冬至二祭近禘、祫之祭，覺得不安，遂去之。季秋依舊祭禰，而用某生日祭之，適值某生日在季秋，遂用此日。」

〔二〕底本、成書本、性理本「皇」字原脱，據他本補。

〔三〕性理本「考」後衍一「而」字。

〔四〕底本「合」訛作「各」，據他本改。

〔五〕明刻本、四庫本「如」作「竝如」。

〔六〕明刻本、四庫本「孝子某官某，敢昭告於皇考某官府君，皇妣某封某氏」一句脱。

〔七〕鈔配本「如時祭之儀，但祝辭云：『孝子某官某，敢昭告於考某官府君，妣某封某氏，今以季秋成物之始，感時追慕，昊天罔極。』餘並同」一句脱。公善本「餘並同」三字脱。

忌日〔一〕

〔5—1〕前一日，齋戒。如祭禰之儀。

〔5—2〕設位，如祭禰之儀。但止設一位。

〔5—3〕陳器，如祭禰之儀。

〔5—4〕具饌。如祭禰之饌〔二〕。一分。

〔5—5〕厥明，夙興，設蔬果酒饌。如祭禰之儀。

〔5—6〕質明，主人以下變服〔三〕。禰則主人兄弟黲紗幞頭、黲布衫、布裹、角帶。祖以上〔四〕則黲紗衫。旁親則皂紗衫。主婦特髻，去飾，白大衣、淡黃帔。餘人皆去華盛〔五〕之服。

〔5—7〕詣祠堂，奉神主出就正寢。如祭禰之儀。但告辭云：「今以某親某官府君遠諱之

辰，敢請神主，出就正寢，恭伸追慕。」餘並同。

〔5—8〕參神，降神，進饌，初獻。如祭禰之儀。但祝辭云：「歲序遷易〔六〕，諱日復臨。追遠感時，不勝永慕。」考妣改「不勝永慕」爲「昊天罔極」。旁〔七〕親云：「諱日復臨，不勝感愴〔八〕。」若考妣，則祝興，主人以下哭盡哀。餘並同。

〔5—9〕亞獻，終獻，侑食，闔門，啓門。並如〔九〕祭禰之儀，但不受胙。

〔5—10〕辭神，納主，徹。並如祭禰之儀，但不餕〔一〇〕。

〔5—11〕是日不飲酒，不食肉，不聽樂，黲巾〔一一〕素服素帶以居，夕寢於外。

校注

〔一〕家禮宗卷四忌日曰：「忌日，親之死日也。○如父之忌日，止設父一位；母之忌日，止設母一位；祖以上及旁親之忌日，皆倣此。」家禮大全曰：「或有問於張橫渠曰：『忌日有薦，可乎？』曰：『在古則無之，今時有之，於人情自亦不害。』」

〔二〕底本、成書本、性理本、公善本「儀」作「饌」，據鈔配本、集注本改。

〔三〕朱子語類卷八七禮四曰：「問『先生忌日何服？』曰：『某只著白絹凉衫、黲巾，不能做許多樣服得。』問：『黲巾以何爲之？』曰：『紗絹皆可。某以紗。』又問黲巾之制。曰：『如帕複相似，有四隻帶，若當襆頭然。』」○楊復曰：「先生母夫人忌日，著黲黑布衫，其巾亦然。問：『今日服色何謂？』曰：『豈不聞君子有終身之喪。』」家禮宗曰：「有官，用烏紗帽、墨角帶、素衣、白靴；無官者，頭巾、素衣履，旁親其餘皆弃華飾之服。」

〔四〕集注本「上」作「下」。
〔五〕底本欄外所附校記云「『盛』，一作『飾』」。
〔六〕底本、集注本、成書本、性理本作「遷易」，鈔配本、明刻本、四庫本、公善本作「流易」。
〔七〕成書本「旁」訛作「勞」。
〔八〕性理本「愴」訛作「搶」。
〔九〕集注本「如」作「同」。
〔一〇〕底本、成書本、性理本「餕」原作「哭」，據他本改。
〔一一〕四庫本「巾」作「布」。

墓祭〔一〕

〔6—1〕三月上旬〔二〕擇日，前一日齋戒。如家祭之儀。

〔6—2〕具饌。墓上每分如時祭之品，更設魚、肉、米、麪、食各一大盤，以祭〔三〕后土。

〔6—3〕厥明，灑掃。主人深衣，帥執事者詣墓所，再拜，奉行塋域〔四〕内外，環繞哀省〔五〕三

周。其有草棘〔六〕，即用刀斧鉏斬芟夷。灑掃訖，復位再拜。又除地於墓左，以祭后土。

〔6—4〕布席，陳饌。用新潔席，陳於墓前，設饌如家祭之儀。

〔6—5〕參神，降神，初獻。如家祭之儀。但祝辭云：「某親某官府君之墓，歲〔七〕序流易，雨露既濡。瞻掃封塋，不勝感慕。」餘並同。

〔6—6〕亞獻，終獻。並以子弟親賓〔八〕爲〔九〕之。

〔6—7〕辭神，乃徹。遂祭后土〔一〇〕，布席，陳饌。四盤〔一一〕於席南端，設〔一二〕盤盞匙筯於其北。餘並同上。

〔6—8〕降神，參神，三獻。同上。但祝辭云：「某官姓名，敢昭告于后土氏之神，某恭修歲事於某親某官府君之墓。惟時保佑，實賴神休。敢以酒饌，敬伸奠獻。尚饗。」

〔6—9〕辭神，乃徹而退。

家禮卷之五畢〔一三〕

校注

〔一〕事物紀原卷八拜掃曰：「開元禮曰：宗子去在他國，庶子無廟。孔子許望墓，以時祭祀。唐禮每新改，命釋褐結綬，皆往墓見。開元二十二年，敕寒食上墓，禮經無文，近代相傳，浸以成俗，士庶有不合廟享者，何以表其孝恩，宜許上墓，編入五禮。按漢官儀曰：古不墓祭。秦始皇起寢墓側，漢因不改，四時上飯。後漢光武紀云：『建武十年八月，幸長安，有事十一陵。』蓋躬祭於墓也，即今上墳拜掃，蓋起於此。明帝紀：『永平元年正月，帝率公卿，朝於原陵，如元會儀。』刘昭補注後漢禮儀志亦有上陵儀。謝承書曰：『建寧五年正月，車駕上原陵。』蔡邕曰：『明帝至孝，光武即世，帝嗣位，群臣朝正，感先帝不復聞見此禮，乃率百僚，就原陵創焉。』然則上墳之禮，疑自是以來，民間視上所行，因習以爲俗也。」家禮補注曰：「伊川曰：『嘉禮不野合，故生不野合，則死不墓祭。蓋燕享祭祀，乃宫室中事，後世習俗廢禮，故墓亦有祭，如禮望墓爲壇，並冢人爲墓祭之尸，亦有時爲之，非經禮也。』南軒曰：『墓祭非古也。然考之周禮，則有冢人之官，凡祭於墓爲尸，是則成周盛時，固亦有祭於其墓者，雖非制禮之本經，而出於人情之所不忍，而其義理不至於甚害，則先王亦從而許之，其必立之尸者，乃亦所以致其精神而示享之者，非體魄之謂，其爲義亦精矣。』」丘濬大學衍義補卷五二家鄉之禮引朱子曰：「祭儀以墓祭節祠爲不可，然先正皆言墓祭不害義理，又節物所尚，古人未有，故止於時祭。今人時節，隨俗燕飲，各以其物，祖考生存之日，蓋嘗用之。今子孫不廢此，而能恝然於祖宗乎？」○家禮補注曰：「夫人死之後，葬形於原野之中，與世隔絶。孝子追慕之心，何有限極。當寒暑變移之際，益用增感，是宜省謁墳墓，以寓時思之敬。今寒食上墓之祭，雖禮經無文，世代相傳，寖以成俗。上自萬乘有上陵之禮，下達庶人有上墓之祭。田野道路，士女遍滿，皂隸庸丐之徒，皆得登父母丘隴，馬醫夏畦之鬼，無不受子孫追養。凡祭祀品味，亦稱人家貧富，不貴豐腆，貴在修潔，罄極誠慤而已。事亡如事存，祭祀之時，此心致敬，常在乎祖宗，而祖宗洋洋如在，安得不格我之誠而歆我乎祀乎？」家禮宗卷四墓祭引吴文正公語：「墓焉而體魄安，廟焉而神魂聚，人子之所以孝其親者，兩端而已。葬之後迎精而返於家，蓋於其不可見而疑於有知者，謹求之而如或見其存。方其迎精而返於家也，一旬五祭，而不爲數，唯恐其未聚也。及其除喪而遷於廟也，一歲四祭，而不敢疏，唯恐其或散也。家有廟，廟有主，野有墓，墓有塚，禮之宜也。」

〔二〕家禮宗卷四墓祭曰：「三月上旬擇吉，或就用寒食日亦可。○守墳者及地主，各以物須賜。」家禮大全引刘璋語：「若拜掃，非寒食，則先期卜日，或有憑依，不卜日耳。今或羈官寓於他邦，不及此時，拜掃松櫝，則寒食在家亦可祠祭。」

〔三〕底本、集注本、成書本、性理本作「祭」，鈔配本、明刻本、四庫本、公善本作「祀」。

〔四〕性理本「域」訛作「或」。

〔五〕底本「哀省」原作「展省」，據他本改。

〔六〕底本「草棘」原作「荁棘」，據他本改。

〔七〕集注本「歲」作「氣」。

〔八〕底本「賓」原作「朋」，據他本改。

〔九〕底本、成書本、性理本「爲」原作「薦」，據他本改。

〔一〇〕家禮宗卷四祀后土曰：「或問：『祠后土如何不在墓祭之前？』曰：『今爲吾親來薦歲事，專誠在墓土，神自宜後祭，蓋有吾親，方有是神也。』○按白虎通曰：『王者所以有社者何？爲天下求福報功也。』又曰：『王者自親祭社者何？社者，土地之神也。土生萬物，天下之所生也。尊重之故自祭也。禮，王者二社，爲天下立社曰太社，自立其社曰王社，太社爲天下報功，王社爲京師報功。』祖宗之體魄藏於山林，固當祀其主以報之，至於祖宗之神，棲於廟祔亦必有主之者，而獨不知所以報之可乎？四時之祀土地，亦爲吾祖宗報功焉，爾豈比於諂耶？」

〔一一〕底本「四盤」前衍一「設」字，據他本删。

〔一二〕底本「設」字原脱，據他本補。

〔一三〕底本作「家禮卷之五畢」，鈔配本作「家禮」，明刻本、公善本作「家禮卷五終」，集注本作「右祭禮附注凡十六條，文公家禮卷第十」，成書本作「家禮附録終」，四庫本作「家禮卷五」，性理本卷末尾題脱。

淺見絅齋跋〔一〕

年譜曰：「孝宗乾道五年九月，朱子丁母孺人〔二〕祝氏憂。六年正月，葬孺人。朱子時四十一歲，居喪盡禮，參酌古今，咸盡其變，因成喪、祭禮，又推之於冠、昏，共爲一編，命曰家禮。既成，爲一童行〔三〕竊去，至易簀〔四〕後，其書始出。」

黄榦〔五〕曰：「朱子所輯家禮，其後亦多損益，未暇更定。」今按其所損益者，特體制、品節之異，而序文所謂務本實、從先進者，未嘗以早晚而少變也。其後因家禮而著者，如楊氏附注、丘氏儀節，固不爲無益。而頗傷煩屑，輒違本意者或有之，讀者宜據朱子本書，平生成說，折衷之可也。若夫酌古今之變，從時俗之宜〔六〕，本國制而盡自分，則亦在其人審焉。

黄瑞節〔七〕曰：「家禮以宗法爲主，所謂非嫡長子不敢祭其父，皆是意也。至於冠、昏、喪、祭，莫不以宗法〔八〕行其間云。」

丘濬〔九〕曰：「文公家禮五卷，而不聞有圖，今刻本載於卷首，而不言作者。圖注多不合於本書，非文公作明矣。」其説具於儀節，而今性理大全所載增説，不亦惟丘氏所議也。

蓋朱子時既有數圖，學者别傳録之，而後人仍補湊，以爲全篇，冠於此書耳。今不敢删，且因見本，别爲一卷附焉。

元禄丁丑季冬日　淺見安正謹識

校注

〔一〕標題爲筆者所加。小樽商科大學圖書館藏性理大全書第二十一卷家禮，書後有一段手書跋文，云：「元禄丁丑冬日淺見絅齋謹識，右數語見刻本家禮跋。」書中校勘字迹與跋文同。取之與元禄本對比，無一字相異。此外，從校勘情况來看，性理本與元禄本差異極小。但元禄本編排參照周復五卷本系統，内容上則與性理本近似，故可推知性理本爲淺見絅齋校訂時所採用之底本，但性理本所補注部分，被悉數删去。同時據吾妻重二分析，元禄本是以依據性理本而成立的五卷本作爲自身的底本。

〔二〕禮記曲禮曰：「天子之妃曰『后』，諸侯曰『夫人』，大夫曰『孺人』，士曰『婦人』，庶人曰『妻』。」類書纂要曰：「七品曰孺人。」

〔三〕童行，家禮考證卷一童行曰：「按續綱目集覽：行，合浪切，輩行也。童行，猶稚之行。禪家稱年少有髮者謂之童行。」

〔四〕易簀，言人臨終曰易簀之際。禮記檀弓曰：「曾子寢疾，病。童子曰：『華而睆，大夫之簀歟？』曾子曰：

『然，斯季孫之賜也，我未之能易也。元，起易簀。』舉扶而易之，反席未安而沒。」

〔五〕黃榦，字直卿，閩縣人。父瑀，高宗時御史，以篤行直道著聞。榦師事朱熹，熹以女妻之。歷官知漢陽軍、安慶府，皆有善政，在位者忌其聲譽，群起擠之。榦遂歸里，弟子日盛。没，謚文肅。所著有經解、文集。又楊復，長溪人。受業朱子與黃榦，相友善，著祭禮十四卷，儀禮圖十四帙，又有家禮集説、附注二説。

〔六〕伊藤仁齋續家禮曰：「禮者，時爲大矣。時者，命之所在也。禮之興也，命也；禮之廢也，命也。不待命而行，謂之妄；命至而不行，謂之愚。命之所在，聖人樂焉。故孔子曰：『不知命，無以爲君子也。』又曰：『夏禮，吾能言之，杞不足徵也；殷禮，吾能言之，宋不足徵也，文獻不足故也，足則吾能徵之矣。』蓋夫子之時，去夏、殷之代未遠，而二代之後尚存焉。然其禮既失，無所考證，豈非命耶？夫子雖嘗學夏、殷之禮，然其不言之者，非不惜其禮之廢也，實知其命之既絶也。故命之所無，雖聖人無如之何，若使文公，以其他禮若喪祭之禮，而酌古通今以爲自行之儀，而無意於爲後學之規，則不亦善乎？」

〔七〕四庫全書總目提要曰：「考吉安府志，瑞節字樂觀，安福人。舉鄉試，授泰和州學正。元季棄官隱居，嘗輯太極圖、通書、西銘、易學啓蒙、家禮、律呂精義、皇極經世諸書。並加釋注，名曰朱子成書。」

〔八〕秦蕙田五禮通考卷百四十五嘉禮十八曰：「君適長爲世子，繼先君正統，自母弟以下，皆不得爲宗。其次適爲別子，不得禰其父，又不可宗嗣君，又不可無統屬，故死後立爲大宗之祖，所謂別子爲祖也。其適子繼之，則爲大宗，直下相傳，百世不遷。別子若有庶子，又不敢稱別子，死後立爲小世之祖。其長子繼之，則爲小宗，五世則遷。別子爲祖者，謂此別子子孫爲卿大夫，立此別子爲始祖也。五世則遷者，上從高祖下至玄孫之子，高祖廟毀，不復相宗，又別立宗也。」朱子大全曰：「魯季友乃桓公別子所自出，故爲一族之大宗。滕文之昭，武王爲天子，以此則周公爲長，故滕謂魯爲宗國。又有有大宗而無小宗者，有適則不立小宗也；有有小宗而無大宗者，無適則不立大宗也。今法，長子死，則主父喪用次子，不用姪。若宗子法立，則用長子之子。」○新井白石按：「季友爲桓公別子者，杜氏以爲季友，莊公之母弟也；慶父，莊公之庶兄；叔牙，慶父之同母弟也。『所自出』三字，疑衍文也，不然則『友』作『氏』字爲是。蓋莊公使公子友爲宗領仲叔庶昆弟也。」朱子語類卷九十禮七曰：「宗子只得立適，雖庶長，立不得。若無適子，則亦立庶子，所謂『世子之同母弟』。世子是適，若世子死，則立世子之親弟，亦是次適也。是庶子不得立者也。」

〔九〕丘濬，字仲深，瓊山人。景泰進士，改庶吉士，授編修。仕至少保、户部尚書、武英殿大學士，卒贈大傅，謚文莊。濬好論議上下千古，尤熟國家典故，政事可否，反復與大臣諍言是非，不肯媕附，所説能以辯博濟其説，對人語，滾滾不休，人無敢難者。然性剛褊，頗不爲衆所與。著有文公家禮儀節。

徵引書目

（宋）朱熹等儀禮經傳通解二十三卷，經傳通解續二十九卷，嘉定中刊元明間遞修刊本。
（元）龔端禮五服圖解，元泰定元年（一三二四）杭州路儒學刻本。
（宋）司馬光司馬書儀十卷，清雍正二年（一七二四）方春樓藏本。
〔日本〕新井白石家禮儀節考八卷，和刻本。
（元）鄭泳鄭氏家儀，續金華叢書本。
（明）吕柟涇野先生禮問，明嘉靖三十二年（一五五三）謝少南刻涇野先生五經説本。
（明）宋纁四禮初稿，清康熙四十年（一七〇一）宋氏刻本。
（明）吕坤四禮疑五卷喪禮餘言一卷，明萬曆刻，清同光間補修本。
（明）吕坤四禮翼八卷，明萬曆刻，清同光間補修本。
（明）吕維祺四禮約言四卷，中國科學院圖書館藏清刻本。
（清）李光地朱子禮纂五卷，四庫全書本。

(清)王復禮家禮辨定十卷首一卷,清康熙刻本。
(清)許三禮讀禮偶見,北京圖書館藏清康熙刻本。
(清)王心敬四禮寧儉編不分卷,民國關中叢書本。
(明)張大翎時俗喪祭便覽一卷,清鈔本。
(清)趙執信禮俗權衡二卷,清康熙四十八年(一七〇九)序刊本。
(晉)王肅孔子家語十卷,日本寬永十五年(一六三八)風月宗知刊本。
(清)顔元禮文手鈔五卷,民國四存學會本。
景宋本禮記正義,民國潘氏寶禮堂據宋紹熙本影刻本。
〔朝鮮〕金長生喪禮備要,崇禎四戊申春嶺營刊本。
(清)武先慎家禮集議,清乾隆五十八年(一七九三)聚順堂刊本。
(清)張汝誠家禮會通,清雍正十二年(一七三四)集新堂藏板。

附録一：明清東亞國家「家禮」文獻的刊刻與影響

明代理學家丘濬在文公家禮儀節序言中説：「中國所以異於夷狄，人類所以異於禽獸，以其有禮也。」①這意味着，對先王禮制的認知、運用乃至解釋是區分「文明」與「蠻貊」、「華夏」與「夷狄」、「中心」與「周邊」的重要標準②。明清之際，朱子學聲教迄於四海，隨着家禮一書在朝鮮、日本、越南等東亞國家廣爲流布，華夏禮教文明以一種「太山遍雨、河潤千里」的姿態澤及海外、輻射周邊③，其中重要的影響，即使得文明之外的國家與區域對於華夷觀形成了各自的主張。朝鮮自以爲「禮讓之厚，刑政之美，非他外國之所可及者，故中國之人皆以『禮義之邦』稱之，或以『小中華』目之。此不同道而歸於治也」④。日本强調「中國有父子、君臣、夫婦、長幼、朋友之倫，夷狄亦有父子、君臣、夫婦、長幼、朋友之倫，天寧有厚薄愛憎於其間？所以此道只是一貫」⑤。越南則宣稱「同文之治，則有日本、朝鮮諸邦，而安南爲尤盛。……略如中華，風俗所趨，蔚爲文采」⑥。這意味着，東亞周邊各區域間「主體性」與本土意識的自我强化的過程，與禮教文明體系的東亞化具有某種内在的契合性。本文即重在考察家禮文獻在明清之際的中國、朝鮮、日本、越南等國家的刊刻流傳情況，並初步討論「四禮」學在東亞播遷過程中族群彼此認知與認同的問題。

一、明清中國：家禮卷次多樣化與「禮俗共治」的格局

宋乾道己丑年（一一六九），朱熹丁母憂時，草成家禮的喪、葬、祭禮部分，後補足冠、昏禮，成五篇。朱熹死後，其門人後學將家禮加以注疏、校訂、增補，刊刻出「廣州本」「餘杭本」「臨漳本」「潮州本」「萍鄉本」等多種不分卷的版本，但這些版本都已散佚。後世學者將家禮的卷次、目次重新整理，區分爲「不分卷本」「四卷本」「五卷本」「八卷本」「十卷本」等多種版本系統。在目前已知且存世的刊本中僅存兩種宋刊本，即「五卷本」系統中的宋刻楊注附圖本以及「十卷本」系統中的纂圖集注文公家禮。前者爲「餘杭本」與「廣州本」基礎上的翻刻本，卷首有門人黄榦書晦庵先生家禮以及木主全式、程頤語、潘時舉識語等，今北京國家圖書館藏有宋刻鈔配本，爲存世孤本；後者爲加入了門人楊復、劉垓孫的附、補注本，今東京大學東洋文化研究所藏有該書的第三、第四卷，北京國家圖書館藏有第六、第七卷，上海圖書館藏有第五卷，亦爲世所罕見的孤本。

明清之際，家禮一書被廣爲刊刻。其中「五卷本」系統中，有明刊家禮五卷附録一卷、清雍正十年（一七三二）壽昌講堂刊本、同治四年（一八六五）盱眙吴氏望三益齋刊本、四庫全書本、光緒六年（一八八〇）洪氏公善堂影宋本、光緒十七年（一八九一）長沙思賢講舍刊郭嵩燾校訂本、光緒

十七年（一八九一）陝西三原西京清麓叢書編本等。「十卷本」系統中，有景泰元年（一四五〇）金陵湯氏執中堂刊本、嘉慶六年（一八〇一）重刊本、嘉慶十四年（一八〇九）麟經閣重刊本、清通德堂重刊本等。「八卷本」系統中，有成化甲午（一四七四）丘濬序刊本、弘治三年（一四九〇）順德知縣吴廷舉刊本、正德十二年（一五一七）應天府、直隸太平府刻本、正德十三年（一五一八）常州府重刊本、嘉靖元年至五年間（一五二二—一五二六）廣西刊本、陳錫仁重訂本，嘉靖九年（一五三〇）序刊本（天啓、崇禎間刻本）、萬曆二十七年（一五九九）閩書林自新齋余明吴刻本、萬曆三十六年（一六〇八）常州府推官錢時刊本、萬曆四十年（一六一二）刊本、萬曆四十六年（一六一八）何士晉刊本、康熙四十一年（一七〇二）紫陽書院本、雍正元年（一七二三）善成堂書坊刊汪郊校刻本、乾隆十二年（一七四七）刊本、乾隆三十五年（一七七〇）寶敕樓重修本、嘉慶元年（一七九六）重刊本、咸豐六年（一八五六）翻刻本、同治八年（一八六九）重刊本、光緒七年（一八八一）何國楨翻刻本、光緒十三年（一八八七）上海江左書林影宋原刻本等。

明清時期家禮文獻的著述形式主要表現爲三種。一是體現家禮典制化與國法化的文獻，如大明集禮、大清通禮、大清通禮品官士庶人喪禮傳、吾學録等，這些官修禮書中所規定的婚喪祭禮，體現了家禮的典章化，即通過國家權威來規定官民士庶的禮儀規範。比如吴榮光在其吾學録中說：「荒陬辟壤於冠婚喪祭之禮，尚有沿前明之舊、徇時俗之陋者，蓋以官民禮制，具載大清會典而卷帙浩繁，不能家有其書，以爲率循之準。……取大清會典、通禮、刑部律例、五部則例、學政全書等書，於人心風俗之所關政教倫常之衆者，手自節録。」⑦二是理學家或漢學家對「四禮」的考訂之學，如朱廷立的家禮節要、武先慎的家禮集議、毛奇齡的喪禮吾説、毛先舒的喪禮雜録、張履祥的喪葬雜録、王廷相的喪禮備纂、林伯桐的士人家禮考、張汝誠的家禮會通、趙執信的禮俗權衡、張大翎的時俗喪祭便覽等⑧。清代考訂之學大興，禮學研究重三禮的箋釋，呈現出「以博爲能，以復古爲高」的特徵，家禮似乎並不是學者們關注的重點：「世不多行，學士亦往往不肯求觀，而坊間所看率皆俗本，丘氏儀節尚難其得，是以無以正其是非。」⑨三是民間刊行的日用類書，如文林妙錦萬寶全書、新編事文類聚翰墨全書、新刻天下四民便覽三臺萬用正宗、新刻群書摘要士民便用一事不求人、新刊翰苑廣記補訂四民捷用學海群玉、新刻鄴架新裁萬寶全書等，這些類書所收録的諸如「冠禮指南」「婚禮附儀」「喪禮品節」「治喪儀制」「喪祭款式」等條目與儀節基本上全部沿襲自家禮。

明清禮學的興盛在某種程度上是禮學家對經典的「群體失憶」或「沉默」造成的，但作爲考訂的禮學是普世而絶非僅僅是埋首故紙堆的學問，家禮研究便是明證。明清以來，關於家内儀式考訂與發揮的著作可謂汗牛充棟，禮學家們各據所見、各記舊聞，至於各家、宗、族譜所載的冠昏喪祭程序與條目，更是不勝枚舉。一方面，學者們素知禮學考證繁複，讓蒙學之士開卷了然，倉促之間有所考據而無失尚且困難，更何況讓販夫走卒、鄉野草莽之流本一家之説而通禮學精義，更需要反覆揣摩古經本義，纔能有所發明。另一方面，明清之際的家禮學雖有司馬光與朱熹之説爲藍本，但能做到確守家法而無一言出入者甚寡。學者們爲求蓋棺之論，爲讓各家尊己之説而反覆考索，左右徵引，最終反而使得家禮之學無頭無緒，混亂不堪。且明清時期的家禮學已經抛棄了先秦「固所自盡」的基準，民俗多爲僧侶誑誘，認爲須世道輪回而大興水陸道場，斥巨資開堂找僧演劇，宴請賓朋，使民風頽弊而盡失哀喪本義。

二、李氏朝鮮：家禮研究體系化與「小中華」觀的形成

韓國學者對家禮的關注可以追溯到二十世紀三十年代。以家禮輯覽、四禮便覽、家禮疾書等爲代表的朝鮮禮學與禮書，對家禮的「變容性」以及家禮在李氏朝鮮前期、中期與後期對國制的影響，是韓國學術界相關研究關注的重點。韓國所藏家禮文獻的著録散見於鏤板考、古鮮册譜、朝鮮圖書解題、五州衍文長箋散稿等文獻提要中。從文獻整理的角度來看，韓國學者盧仁淑除考訂家禮成書真僞外，還率先著録李氏朝鮮時期的家禮文獻[10]。韓國延世大學教授張東宇在其朝鮮時代的朱子家禮研究一文中，詳盡列舉了十五至十六世紀（合計六十二種，其中散佚三十一種）、十七世紀（合計八十二種，其中散佚三十九種）、十八世紀（合計九十七種，其中散佚四十二種）、十九世紀（合計一百〇二種，其中散佚三十三種）的所有家禮研究成果總計三百四十三種[11]。從文獻集

成的角度來看，慶星大學韓國學研究所於二〇一一年編輯出版了韓國禮學叢書，該叢書分前（六十卷四十八種）、中（六十二卷一百〇二種）、後（十六卷二十二種）三編，分別收李氏朝鮮不同時期的家禮漢籍總計一百三十八卷一百七十二種，這是迄今爲止東亞禮學文獻整理規模最龐大、收録種類最豐富的一項重要成果。

首先，梳理家禮在朝鮮的刊校與流傳情況。目前已知最早傳入朝鮮的家禮刊本應是輯於永樂十三年（一四一五）的性理大全書，該書第十八卷至第二十一卷收録了一部五卷本的家禮。此書大約在一百年之後傳入朝鮮，朝鮮於中宗二十三年（一五二八）、二十六年（一五三一）、三十二年（一五三七）及仁祖二十一年（一六四四）、英祖二十年（一七四四）分別在慶州道、濟州道、全州道等地重刊。由於刊刻的頻率與數量遠遠無法滿足官方與民間社會對家禮的需求，於是明宗十八年（一五六三）家禮得以從性理大全書中抽出加以單獨刊行，此即朝鮮最早的家禮刊本——家禮大全書本。而最早傳入朝鮮的文公家禮儀節應是正德十三年（一五一八）常州府刊本，這一刊本後於明宗十年（一五五五）與仁祖四年（一六二六）在清州郡、靈光郡刊行。此外據不完全統計，家禮在朝鮮的刊本應該還包括奎章閣藏明刊本、宣祖三十六年（一六〇三）川谷書院本、孝宗九年（一六五八）三陟府刊本、朴世采（一六三一——一六九五）家禮外編本、英祖三十五年（一七五九）藝閣校印本、西序書目草本、芸閣活字刻本、摛文院書目本、濟州牧册板庫抄本、正祖十九年（一七九五）官定鑄本以及大正六年（一九一七）張焕舜校勘本等。

其次，整理李氏朝鮮時期的四禮學文獻。十六世紀中葉至十八世紀末期，嶺南禮學與畿湖禮學兩大派系的性理學家們通過對喪、祭禮加以反復考辨，形成了「通論」（如家禮輯覽、家禮考證、家禮輯解等）、「諸先生禮説問答」（如退溪先生喪祭禮問答、寒岡先生四禮問答匯類、五先生禮説分類等）、「常變」（如常變纂要、常變通考、常變要義等）、「疑禮」（如禮疑類輯、疑禮類説、疑禮問解等）、「禮式」（如四禮祝式、星湖禮式、諸禮祝輯等）、「家範」（如安陵世典、滄海家範、傳家禮儀等）等多種形式的文本。這些大部分都收在韓國禮學叢書之中，但目前尚有三類文獻可以繼續加以搜集整理。第一類，即收在韓國文集叢刊中未見單行的文獻，如家禮正傳集解、喪禮答問、家禮講録等，不過這些文獻都算不上家禮的專論，即研究主旨往往並不局限於所謂「儀章度數」的討論，撰著體例並不嚴格按照冠、昏、喪、祭四儀展開。第二類，在「問答」「疑禮」之外，展現出性理學家學術争鳴特徵的文獻，如金長生在著成喪禮備要之後，後世學者對其著作加以批評與發揮，著成喪禮備要紙頭私記、喪禮備要抄、喪禮備要疑義等書，這些著作的整理發掘，有助於爲朝鮮禮學派系與思想的梳理研究提供重要的史料基礎。第三類，李氏朝鮮後期未見刊行的抄本，四禮節要抄、祭禮考定、慎終要覽等，這類文獻學術影響力較小，基本上都作爲地方或宗族的日用參考類書。

再次，考察家禮在李氏朝鮮文教統治上的獨尊地位。作爲明清的藩國，李氏朝鮮對儒學的尊奉注入了强烈的「華夷觀」，尤其是在對以家禮爲代表的朱子學的尊奉上表現出與東亞其他國家截然不同的姿態：一方面，朝鮮舉國獨尊朱學，摒斥異端，以「小中華」的姿態自居東亞文明之首，比如朝鮮通信使李鳳焕曾對日本朱子學者上月信敬自誇道：「先王文物之盛，具在方册，我朝鮮講而行之。所尊者，堯舜、文武、孔孟、程朱；所講者，詩、書、四子、小學、近思；所致謹者，冠、昏、喪、祭……苟有執左道而務末技者，皆斥而遠之。」[12]甚至，這種優越感使得李氏朝鮮在對宗主國禮制批判的同時産生文化上的自我優越感，比如朝鮮使節徐有聞在評論清代喪制習俗時説：「漢人三年之喪，百日服之；漢人百日之服，二十七日後脱之；漢人二十七日之服，清人不服，聞之可痛。孟子所謂近於禽獸者，此之謂歟。」[13]另一方面，家禮同時被國家典章與士庶日用遵爲不刊之典，「一遵家禮之訓，行於家而施於國」[14]，呈現出「國法化」與「士庶化」的雙重特徵。由於朝鮮性理學者對朱子學説的反復闡釋與鄉村儒學精英對「四禮」文獻的不斷創制，民間社會「謹守禮法，敦尚學教。三年之喪，自王家達於庶人，雖氓庶賤品，稍自好者，無改嫁之法，内外之分甚嚴。……四禮歲遵家禮，不事浮屠，名分截嚴」[15]。李氏建國之初，要求王室喪葬之禮「一用朱子家禮」[16]，並先後編纂經國大典、經濟六典元集續集、六典謄録、國朝五禮儀、甲午經國大典、大典續録、大典後續録等通典，這些典章所涉及的王室冠婚喪祭禮幾乎全部來自家禮。而到了李氏朝鮮後期，隨着律法體系不斷完善，官方意識到除了禮教治國，「苟無精思巧法運用於聽訟，則雖有公心直道，難以得其情實」⑰，因此地方社會的管轄與司法實務逐步被囚徒册、審理録、三省推鞫聽日記等法典所支配，而家禮漸趨士庶化和家範化，真正回歸到指導宗族與家庭内部的禮儀事務當中。此一時期，家禮文獻的創制也隨之進入另一個高峰期，有家禮類編、喪禮纂要、四禮問答、喪禮精選、疑禮考證、四先生禮説分類等，不過這些文獻缺少了朝鮮前中期性理學家們那種學理探討的精神，由於影響力較小、傳播範圍有限，且多數未克刊行，只能作爲庶人踐行其家庭禮式的日用書籍。

結合韓國禮學叢書已出書目以及筆者的補遺，依刊行先後順序，可將李氏朝鮮家禮文獻（不含佚本）目録著録如下：李孟宗家禮增解，李彦迪奉先雜儀，李滉退溪先生喪祭禮問答、溪書禮輯，朴枝華四禮集説，宋翼弼家禮注説，李珥祭儀鈔，金誠一喪禮考證、奉先諸規，李德弘家禮注解，柳成龍慎終録、喪禮考證，鄭逑五服沿革圖、寒岡先生四禮問答匯類、五先生禮説分類，申渫儀禮考覽、喪禮通載、五服通考，申湜家禮諺解，曹好益家禮考證，金長生家禮輯覽、家禮輯覽圖説、喪禮備要、疑禮問解、疑禮問解拾遺，張顯光喪禮手録、旅軒先生禮説，李恒福四禮訓蒙、禮學纂要，安泛家禮附贅，佚名五禮儀抄，李久澄家禮疏義，金尚憲讀禮隨鈔，權得已家禮僭疑，金集疑禮問解續、古今喪禮異同議，姜碩期疑禮問解，李植家禮剥解，趙任道奉先抄儀，金應祖四禮問答，許穆經禮類纂，宋時烈尤庵經禮問解、尤庵先生禮説，尹宣舉家禮源流、家禮源流本末，李惟樟二先生禮說，李益銓禮疑答問分類，李亮淵喪祭輯笏，尹拯明齋先生疑禮問答、喪祭禮遺書，李爀四禮纂說，朴世采南溪先生禮說、六禮疑輯、家禮要解、三禮儀、四禮儀、祭儀正本、四禮變節，權以時五禮輯略，鄭錧禮儀補遺，權斗寅禮儀補疑，申夢參家禮輯解，俞相基癸巳往復書，柳慶輝家禮輯說，辛夢參家禮增解，李衡祥家禮便考、家禮或問、家禮附録，真一釋門家禮抄，鄭碩達家禮或問，鄭萬陽改葬備要，鄭葵陽疑禮通考，南道振禮書劄記，權萬斗四禮輯要，權舜經喪祭輯略，徐昌載冠禮考定，李縡四禮便覽、陶庵疑禮問解，李瀷星湖禮式、星湖先生家禮疾書，申近疑禮類說，邊尚綏禮儀講録，朴聖源疑禮類輯，安鼎福家禮詳解、冠婚酌宜，李周遠安陵世典，俞彦集五服名義，金鍾厚家禮集考，吴載能禮疑類輯續編，權思學二禮輯略，朴胤源近齋禮說，夏時贊八禮節要，丁若鏞喪禮外編、喪禮四箋，鄭重器家禮輯要，沈宜德家禮酌通，洪直弼梅山先生禮說，佚名先妣初終日記，張錫愚喪祭撮要，朴宗喬常變纂要，卓鐘佶簡禮匯纂，金翊東喪祭儀輯録，金致珏四禮常變纂要，申錫愚讀禮録，林應聲溪書禮輯，任憲晦全齋先生禮說，崔祥純喪禮要解，張福樞家禮補疑，李震相四禮輯要，姜銑喪祭輯要，王德九滄海家範，李滙寧退溪先生禮說類編，安秉珣四禮祝式，黄泌增補四禮便覽、懸吐詳注喪祭類抄，盧相益退溪寒岡星湖三先生禮說類輯，洪在寬四禮要選，韓錫斅竹僑便覽，盧相稷常體便覽、深衣考證，金真齋喪祭儀輯録，宋來熙禮疑問答、禮疑問答四禮辨疑，禹德麟二禮祝式纂要，金鼎柱喪禮便覽，申泰鐘四禮常變纂要，權必迪常變輯略，佚名喪祭祝式，佚名四禮節要，佚名喪祭禮匯考，鄭基洛家禮匯通，佚名喪禮備要抄，都漢基四禮節略、冠服輯説，鄭載圭四禮疑義或問，李遂浩四禮類會，趙鎮球家禮證補，李奎鎮廣禮覽，朴珪壽居家雜服考，韓復行古冠昏禮解，綏山廣禮覽等。

三、日本江户時代：喪祭禮的受容與「先王道統」觀的闡發

日本學界對家禮的整理與研究，側重於文獻辨僞、刊本考證以及思想闡發。一九三六年，阿部吉雄率先對家禮的成書背景、真僞作出考訂：「文公家禮爲朱子未成之闕典，而頗視爲疑問之書。」[18]此後，兼永芳之、上山春平、樋口勝、細谷惠志、近藤啓吾、吾妻重二與池田温等學者對日本所藏家禮刊本進行整理與研究。特别是吾妻重二的朱熹家禮實證研究[19]以及家禮文獻集成日本篇（第一至八册）[20]，收録了和刻本家禮以及家禮儀節考、文公家禮儀節正誤、家禮訓蒙疏等日本家禮文獻二十六種以及家禮古學系、朱子學系、陽明學系、考證學系、洋學系等文獻十六種，堪稱日本學界家禮研究的標杆成果。

江户時代的家禮文獻大致可分爲兩大類别，即家禮校刊本以及儒家知識人家禮學相關文獻。從家禮校刊本的角度來看，有「五卷本」系統中的延保三年（一六七五）壽文堂刊本、後印須原屋茂兵衛刊本、元禄十年（一六九七）校勘本、寬政四年（一七九二）須原屋茂兵衛刊本、後印大阪柳原

積玉圃刊本、天保二年(一八三一)佐土原學習館跋刊本、嘉永五年(一八五二)仙臺藩養賢堂刊本、明治印本等。又有「八卷本」系統中的慶安元年(一六四八)風月宗知刊本、慶安四年(一六五一)昆山館道可處士刊本、明曆二年(一六五六)柏屋八右衛門刊本、萬治二年(一六五九)左衛門刊本、後印出雲寺和泉椽刊本等㉑。其中,和刻「五卷本」所採用的底本——明刻性理大全書中的家禮五卷本,只是在編校時將楊復、劉垓孫、劉璋等人的補注部分全部删去,「五卷本」中最有名的當屬淺見絅齋於元禄十年的校勘本。而和刻「八卷本」基本上都採用明人楊慎於明嘉靖九年修訂的版本,即通禮一卷、冠禮一卷、昬禮一卷、喪禮三卷、祭禮一卷、雜録一卷。事實上,楊慎所修訂的刊本篡改自丘濬成化甲午序刊本,所以訛誤頗多㉒。在家禮版本校勘之外,江户時代知識人還著有多種闡發家禮思想的文獻。這些文獻大致分爲三類。

第一類即對家禮「祠堂」「冠」「昬」「喪」「祭」禮中整體或部分儀節的闡發。如若林强齋所著家禮訓蒙疏對「祠堂」「深衣制度」「居家雜儀」以及「喪禮」「祭禮」的部分解説;大和田氣求所著大和家禮對「神主納龕」「大宗小宗」「冠昬服」「臨終之事」「虞祭時祭」等儀節的創見。這類文獻還特别注重對喪、祭二禮的發揮,比較具有代表性的有祭禮節解、祭禮略解、祭禮通考、喪祭略説、喪祭儀略、喪祭私説等。如荻生徂徠在其祭禮略記中答松子錦問神主制度時,把家禮「不作佛事」的主張與日本喪葬禮儒釋雜糅的現實聯繫在一起加以批判:「吾邦俗間所爲牌子多云首者,尺寸大小不一，從人所好，皆謂浮屠法。然浮屠但奉佛天，不奉祖先，佛天皆塑像，豈有之乎……世儒者恪守考亭法，而謂先王之禮，遂黜俗間所用者爲浮屠法。」㉓

第二類即家禮儀節的考證與注疏。如新井白石的文公家禮儀節考、豬飼敬所的文公家禮儀節正誤、岡山蕃的祭儀詳注、室直清的文公家禮通考等，此類刊本博引周禮、儀禮、禮記以及宋以前諸禮説，對家禮内文中所涉及的禮文術語、人物、條目、儀節加以詳細考訂。新井白石在解釋「愛禮存羊」時引論語八佾「子貢欲去告朔之餼羊，子曰：『賜也！爾愛其羊，我愛其禮』」；在解釋「尊祖敬宗」時引孔穎達疏「宗是先祖正體，尊崇其祖，故敬宗子。所以敬宗子者，尊崇祖禰之義也」㉔。這些都屬於家禮補注之學。

第三類即江户時代的知識人在繼受、批判朱熹四禮學説的基礎上，自創的「日本化」家禮。比如，林鵞峰在明曆二年（一六五六）遭母順淑孺人喪時，依照家禮儀式爲母舉辦儀式，後居喪期間著成泣血餘滴二卷，記載母喪時的詳細儀節，後又延及祭奠禮，著成祭奠私儀㉕。林家喪、祭二禮的創制與運用，「損益而從事宜，示諭子孫，可以爲我家之法……後儒因程朱，然其間不能不加新意，豈其違戾程朱哉？所謂行之有時，施之有所者也」㉖，這一創發，對整個江户時代幕府與民間社會的喪祭禮都有着深刻的影響。又如朱舜水的弟子「問簡牘牋素質式，質深衣幅巾之制，旁及喪祭之略，裒其所聞」㉗而著成朱氏談綺，書中對「棺制」「銘旌式」「神主式」「墳墓式」「碑式」等的尺寸與樣式加以實證，部分推翻了家禮中的成説。再如三宅尚齋的朱子家禮筆記更是批判了朱熹禮學「天理節文、人事儀則」的主張，而提出「其實之存於内者，恭敬辭讓也；其文之著於外者，儀章疏數也」，並强調在家禮的受容上應當充分考量古今異宜、中日殊俗的問題：「吾邦地隔萬里，俗殊時亦異矣，學者善讀此篇，有得於因以斟酌之之意焉，則庶幾於禮之全體，莫所失云。」㉘

結合日本學界文獻整理的既有成果與筆者的補遺，依刊行先後順序，可將江户時代「家禮」文獻目録著録如下：林鵞峰泣血餘滴、祭奠私儀、室町家禮式，三宅鞏革齋祭禮節解，中村惕齋追遠疏節、慎終疏節、慎終疏節通考、追遠疏節通考，中井甃庵喪祭私説、服忌圖，中井履軒深衣圖解，大和田氣求大和家禮，朱舜水朱氏談綺，小宅生順慎終日録，德川光圀喪祭儀略，小櫃與五衛門祭禮略節，加藤九皋喪禮略私注，佚名喪祭式，佚名儒葬祭式，若林强齋家禮訓蒙疏，增田立軒慎終疏節聞録、追遠疏節聞録、慎終儀，三宅尚齋朱子家禮筆記，藤井懶齋二禮童覽，熊澤蕃山葬祭辯論，佚名室町家禮式，山本太沖校四禮初稿，佚名和刻本居家必用事類全集，室鳩巢文公家禮通考，新井白石家禮儀節，豬飼敬所文公家禮儀節正誤，岡山蕃喪祭略説、喪儀詳注，淺見絅齋通祭小記、和刻本家禮、家禮師説，丘濬輯和刻本文公家禮儀節，小出永安和刻本性理大全，津阪東陽祠堂考，佐藤一齋哀敬編，佐久間象山喪禮私説，古屋鬲祭禮通考，佚名祭禮節解，石川濟新刻文公家禮，荻生徂徠葬禮考、葬禮略考、祭禮略記等。

儒家生命儀式的本土化是此一時期朱子禮學的重大課題。江户時代日本知識人擺脱了「寺請制度」這一佛教喪葬禮儀的束縛，他們將死生觀建立在宋儒家禮儀式的實踐上，這從側面反映了朱子禮學在當時已經取得獨尊的地位，「世人尊信程朱，過於先王仲尼，恪守其家禮而謂是儒者之禮也，而不復問其與先王仲尼所傳之禮」㉙。但由於家禮所闡釋的喪祭文化因日本社會結構與環境的差異，在日常禮法實踐中與中國有其不同之處：「俗有彼我，勢有可否。家禮所定器服之制，起居之節，往往非我邦所宜。雖有行者，亦或類矯激，且流俗之弊，浮屠之習，有不可遽得有所爲者，乃有志之士，不能不更推其意以斟酌之。」㉚家禮的「斟酌損益時措之宜」㉛成爲建構道統合法性的重要出路。

所以，江户時代的知識人對家禮的受容表露出兩種聲音：一種批判宋儒的家禮思想，爲了使儒家生命儀式進一步本土化，並論證禮學「道統」一脉相承的合法性，江户時代的知識人批判朱熹「禮也者，天理之節文，人事之儀則」的家禮學説，認爲禮乃是先王所作，而不能解讀成「性」與「德」，「天理之節文，人事之儀則，宋儒既以天理人欲立説，亦能知禮之爲先王所作，而欲引之於性，故作是言以彌縫之。其究猶之佛氏法，身偏法界之義耳」㉜。禮是三代聖王奉天道而作，而非天道自然之有，「後儒不識其意，而以爲天者，自然也，謂自然有是禮也。是其天理節文之所本自殊，不知以天爲自然者，老莊之意，而古所無焉」㉝。知識人主張從「道者統名」的角度重新理解「先王之道」與家禮中「孝弟之道」的關係。雨森芳洲説：「堯舜之道，孝弟而已矣。……外孝弟而爲説者異端也，天道也。以孝弟而爲説者，聖人也，人道也。」㉞所以，尋求「先王之道」的本質就是要跳過宋儒家禮而實現「復古」，「後世禮法之廢，此其最難復古者也，何况國俗久溺浮屠教，而不知有先王之禮」㉟。

另一種聲音强調在回歸「先王之道」的同時，建構日本與中國古義一脉相承的禮學。「夫生於我國，而尊異邦之道，猶不敬其親，而敬他人。忘神明之恩，失君臣之義，不孝不忠，莫過於此矣。……今乃謂日本自有其道其教，而不資於中國聖賢大中至正直訓。則天地之間，所謂道者多端，而庶邦各有其教也，然則天竺、南蠻、韃靼、月氏之夷俗，亦皆謂之道，可乎？」㊱這個「道」即「先王之道」，理解先王孝弟之道的最好辦法，就是「身被堅、手執鋭，與之一戰，擒孔孟以報國恩，此即孔孟之道也」㊲。實際上，這兩種聲音的出現客觀上成就了江户時代家禮文獻的兩大鮮明特點：前者從「制禮者、傳禮者、行禮者」的不同角色出發對家禮文本進行飣餖考證，而後者則以「秦漢以下書不讀，所以爲域中之雄也」㊳的復古思想對禮學道統進行「日本化」的改造。

四、越南後黎至阮朝：家禮儀文及其對王朝「禮教治政」的貢獻

朱子學早在南宋末年即傳入越南。但家禮及其具體禮儀直到十七至十九世紀之間纔被越南

的知識階層反復傳頌，並普及到民間社會[39]，「南宋晦庵朱夫子集諸儒之大成，接洙泗之正統，至今仰之如泰山。……士大夫平日誦其詩，讀其書，孰不欲歆羡景行」[40]。越南家禮文獻的存目整理與研究，中越兩國尚未系統梳理，目前可知的家禮文獻見於越南國家圖書館所藏漢喃古籍。二十一世紀初，臺灣「中央」研究院整理出版了越南漢喃文獻目録提要，其中列舉了黎貴惇家禮以及壽梅家禮等十餘種刊本[41]。相比於李氏朝鮮、日本江户幕府側重於對家禮「禮法與天理」的哲理解讀，越南朱子學者則更多地停留在喪祭儀文的整理上。比如陳氏所藏家禮略編，記録「祠堂」「齋戒」「祭禮儀式」與「祭文」；清慎家禮大全記録「賀壽」「喪禮」「祭禮」，並收録數十篇「祭文」；喪禮備記在壽梅家禮基礎上改編了奠祭、服喪、五服圖與挽祭聯範文等。

後黎時期，家禮一書成爲政府與民間冠婚喪祭儀式的藍本，這得益於大儒黎貴惇對朱子學南傳的一項重要成果——黎貴惇家禮。該書漢喃文間雜，題黎貴惇序文，内容涉及居喪格式、送葬、祭禮等喪禮儀式，附有數篇喃文祭文，把「禮者，理也，理惟其是而已」的「禮理一體」思想加以淋漓盡致的發揮，家禮在此一時期的禮學思想界取得了獨尊地位。史官吴士連曾説：「天下之本在國，國之本在家，家之本在身。其家可教，然後可以教國人。雖唐虞之治，不過是也。書美帝堯於變之盛，必以克親九族爲首，化行於家之謂也。……故上而仁宗稱其孝，下而明宗遵其法。治底文明，俗臻福庶，非治效本於身修家齊歟？」[42]景治元年（一六六三），玄宗發布「教化四十七條」，其中申嚴「爲子止孝，兄弟相和睦，夫妻相愛敬，父母修身以教子，家長以禮立教，子弟恪敬父兄，婦人無違夫、子，婦人夫亡無子，居鄉黨者長幼相敬愛，便害相興除，毋以强凌弱，毋唱訟而行私，男女勿爲巫覡之徒，喪家勿爲中元之唱」㊸。保泰元年（一七二〇），裕宗又頒布「教化十條」，其中涉及「民間服用，不可僭逾，喪家相恤，以敦救助之風」等規定，這些條目基本都是對家禮「居家雜儀」的一種發揮。

阮朝時期，嘉隆帝命阮文誠等依皇清律例而制頒皇越律例，家禮中「凡聽五刑之訟，必原父子之親」的主張遂成爲皇越律例制刑量刑的重要參考標準：「服有五，本之五世親疏之分而制其等，其年月之異，雖以恩之厚薄爲隆殺，然皆法乎天道焉。」㊹家禮中的五服制度（斬衰三年、齊衰杖期——齊衰不杖期——齊衰五月——齊衰三月、大功九月、小功五月、緦麻三月）以及喪服圖（喪服總圖、本宗九族五服正服之圖、妻爲夫族服圖、妾爲家長族服圖、出嫁女爲本宗降服圖、外親服圖、妻親服圖、三父八母服圖）被皇越律例中的禮律部分全文沿襲。此一時期，胡嘉賓所撰壽梅家禮在民間社會得到廣泛刊刻與流傳。此書在家禮基礎上「參質諸書，依襲古禮，斟酌損益，敷演國音，及各節祭文對聯，從宜增補」㊺，稱得上朱子禮學在越南社會實踐的重要成果。然而，壽梅家禮的大量印行也暴露出此一時期越南禮學「儒釋雜糅」「禮俗互參」的客觀現象，杜輝琬在其所著文公家禮存真中說：「壽梅祝文對句鄙俚無比，儒釋相參，尤失禮之意者。世之賢士大夫不爲不多，曾不留心爲世起而正之者，何耶？蓋其親在不忍讀書，及至臨變，悲迷哀痛，未免付之村翁，禮之不明、不行者，以此。」㊻比如，嘉隆十六年（一八一七）和成泰九年（一八九七）分别刊行的三教正度實録與釋迦正度實録，將儒、道、釋三教的喪禮儀式雜録一處，發明出諸如「飯含醍醐」「取貓過屍」「安棺附移厝」「分針點穴法」等儀節，頗爲不倫不類。

目前對於越南後黎至阮朝時期家禮文獻的著録，只能從已出版的越、法兩國所藏漢喃古籍文獻目録中加以提煉，大致如下：胡嘉賓壽梅家禮，佚名傳家至寶，佚名三禮輯要，佚名清慎家禮大全，佚名家禮或問，杜輝琬文公家禮存真，裴秀嶺四禮略集，佚名家禮國語，佚名喪祭考疑，黎貴惇家禮，陳氏所藏家禮略編，雲亭齋喪禮備記，佚名祭祖儀節，集福堂釋迦正度實録、三教正度實録，青寥社三教正度輯要等。

至於家禮及其思想對於整個越南家族結構與形態所産生的影響方面的研究，也同樣是國内外學術界研究的一個真空地帶。從越南國家圖書館所藏的漢喃古籍文獻來看，有黎氏、阮氏、江氏、朱氏、段氏等亢宗大族，其編修的譜牒都與家禮有着直接的關係。比如黎族大宗家譜奉先世神主依「朱公家禮祠堂之制」，「我族報本反始之道，尊祖敬宗之心，誠於祠堂規法奉祀，庶得以盡其孝，以壽其傳」，「祭禮與朱公家禮合觀之」㊼。又如朱族家譜、段族譜等在内文中收録祠堂祭文、初祖祭文、冬至祭文、墓祭祭文等，也參酌家禮的祭禮儀節。至於其他宗族的家訓、族譜也都十分强調族人對家禮的踐行，比如「盥漱櫛總、冠簪紳絇，禮有媒妁、告之鬼神，喪當盡禮、祭當盡誠」㊽，「人之生本乎祖，不可不知其所由來」㊾，「子孫享祖尊之德，思積累之艱，而欲爲繼承之地耳，豈徒誌墳墓、存祭臘、叙世代次而已」㊿，等等思想，均是對家禮文本與思想不同側面的解讀。

五、結語

儘管華琛、伊佩霞等西方漢學家較早地對家禮進行了翻譯、校勘、疏注與研究，但對東亞國家家禮議題做出系統整理研究的，應屬中、韓、日學界。尤其是在錢穆、陳來、史景南、楊志剛等學者爲家禮成書正本清源，以及域外漢籍珍本文庫（該叢書目前已出版至第五輯，合計收家禮漢籍二十一種）整理出版的基礎上，近年來，國内學界注重從思想史交流、經典詮釋、義理探討、話語分析等多重角度對朱子禮學進行研究範式的革新。全面爬疏東亞儒家知識人所創製的家禮文獻，其目的在於探討東亞朱子禮學在建構過程中所産生的學術影響，爲東亞禮學研究尋求共識點與知識增量，進而拓展東亞儒教文明交流的話語體系，爲中國與東亞周邊國家的交流尋求更爲厚重的歷史文化底藴。

從東亞儒教文明交流的學理層面來看，朱子學及家禮傳至東亞周邊國家後，對東亞文明秩序、國家認同以及基層倫理的建構産生了深遠影響。以家禮輯覽、家禮師説、黎貴惇家禮等爲代表的「家禮」文獻遺産證明了周邊國家對華夏文明的仿效與服膺[51]；而華夏禮制「因人情而節文也，苟可以義起，雖禮文不載，亦聖人之不禁也」[52]的域外解讀，也從側面證明了伴隨着區域間各主體「自我」意識强化的同時，「（儒學）精神博大，東亞數千年所信仰，中國之民族得以賡續延長，東方之文化日以發揚光大」[53]。從李氏朝鮮來看，以家禮爲代表的朱子學説始終影響着兩班社會的禮法政治主張；從日本來看，以德川家爲中心的武士集團組建「家職國家」，借助家禮所宣導的主從有序的倫理，建設忠孝一體的「家格階層制」；而至於越南，在禮學的浸潤下早就認爲其與華夏「文胞一脉，聲氣相通，不待同堂聚首，風雨連床，然後爲同心之契也」[54]。因此，全面整理日本、朝鮮、越南等國家的「家禮」文獻，既可以釐清以朱子禮學爲代表的中國禮教體系與人文思想向東亞周邊國家播遷的進路，也可以把握周邊國家對儒教的繼受與批判以及構建自身禮法體系的姿態。

從東亞文化命運共同體建構的實踐角度來看，對周邊國家朱子禮學的研究與檢視，既是建構華夏文化記憶與命運共同體的題中之義，也是文化復興進程中向周邊國家展示「文化自信」的資本。如果説考察朱子學在東亞文明交流史的影響，反映的是由「自我」而觀「他者」的「文化中心主義」[55]，那麽對東亞周邊國家禮經與禮學思想的梳理，反應的則是東亞文明交流史中「攬鏡自鑒」的大國氣魄，這是呼應「文化自信是更基礎、更廣泛、更深厚的自信」這一時代主題的重要方式。

原載深圳大學學報二〇一九年第三期

注釋

①丘濬：文公家禮儀節，明陳仁錫重訂本，頁三。

②作爲一種文明高下的批判形式，禮制是劃分族群認同的重要依據。葛兆光説：「儘管古代文獻中的自我中心主義很明顯，但是這種中心清晰而邊緣模糊，而且這種關於世界的想象，空間意味與文明意味常常相互衝突和混融，有時候文明高下的判斷代替了空間遠近的認知。」這種中心清晰而邊緣模糊的文明區分形式，同樣也構成了古代「想象的民族共同體」。比如，本尼迪克特安德森指出，作爲本體論的真理，特定的手抄本（經典）語言是構成想象民族共同體的重要前提，「較古老的共同體對他們語言獨特的神聖性深具信心，而這種自信，則塑造了他們關於認定共同體成員的一些看法。中國的官人們帶着贊許的態度注視着千辛萬苦方纔學會揮毫書寫中國文字的野蠻人。這些蠻人雖未入文明之室，却也總算登上文明之堂了」。參見本尼迪克特安德森：想象的共同體：民族主義的起源與散布，吴叡人譯，上海：上海人民出版社二〇一一年版，頁一二、一三；葛兆光：宅兹中國，北京：中華書局二〇一一年版，頁四五。

③「禮」作爲一種超越特定領土爲單位的政治組織的文化認同，很好地揭示了東亞「文化主義」的表達或「民族主義的原型」，因爲它是一種「超越地域的普遍認同，人類超越自己的世居地而形成的一種普遍認同感」。參見霍布斯鮑姆：民族與民族主義，李金梅譯，上海：上海人民出版社二〇〇六年版，頁四四。

④李塈：松窩雜説，收入宋欽：知止堂遺稿附補遺編，首爾：曉星社一九九二年版，無頁碼。

⑤佐藤一齋：言志録，文政七年（一八二一）和泉屋吉兵衛刊本，頁二一。

⑥鄧黄中：東南盡美録，收入復旦大學文史研究院、越南漢喃研究院合編：越南漢文燕行文獻集成第一八册，上海：復旦大學出版社二〇一〇年版，頁四四。

⑦吴榮光：吾學録初編自叙，北京：中華書局一九八九年版，頁一上。

⑧四庫全書存目叢書在經部第一一四至一一五册通禮雜禮之屬中著録了如下家禮文獻：文公家禮儀節八卷、涇野先生禮問二卷、四禮初稿四卷、四禮疑五卷、四禮翼八卷、喪禮餘言四禮附疑一卷、四禮約言四卷、讀禮偶見、學禮五卷、家禮辨定十卷首一卷、四禮寧儉編不分卷、昏禮通考二十四卷、復位齊家寶要二卷等。

⑨賀瑞麟：朱子家禮，重刻朱子家禮原本書後，馬雜貨鋪藏西安省城重刊本，頁二。

⑩盧仁淑：朱子家禮與韓國之禮學，北京：人民文學出版社二〇〇〇年版，頁一四七—一五五。

⑪張東宇著，邊英浩、鄭宰相譯：朝鮮における朱子家禮研究，都留文科大學研究紀要二〇一三年總第七八集，頁四五—六八。

⑫李鳳煥等：和韓唱和録，卷下，延享五年（一七四八）刊本，頁一六。又如，從壬辰倭亂之後一位被日本人俘虜之後又出逃的朝鮮武臣魯認（一五六六—一六二二）的筆下，可看出朝鮮在尊奉家禮這一話題中產生的自豪感：「我國凡人，一遵朱晦庵家禮。而況喪制三年，自天子至於庶民，無貴賤一也。」「傍有衙客三人書示曰：『願聞貴國風教婚喪之禮也。』答曰：『我國凡風教，一依箕聖八政之教。而冠婚喪制，則只遵朱晦庵家禮。』左右歎之，更加敬待。」「早起馳向興化府，行至北門之内……乃朱文公生祠堂。左右曰：『爾那裏人耶？』答曰：『我本朝鮮人也。我國凡禮，一遵朱晦庵家禮。』左右歎之。」「『雖顛沛流離之際，豈可毁禮以遵夷狄之風哉？』左右歎息無言曰：『貴哉！貴哉！誰謂朝鮮藩夷耶？守法知禮如是夫。』」分别參見魯認：錦溪日記，三月二十九日、四月初六日、四月十一日，首爾：韓國古典翻譯院影印本，無頁碼。

⑬徐有聞：戊午燕行録，收入林基中編：燕行録全集，卷六二，首爾：東國大學校出版部二〇〇一年版，頁二三六。

⑭金重曄：公車文第六三册，正祖二年至純祖十一年間（一七七八—一八一一）抄本，頁四三。

⑮洪大容：湛軒燕記，卷五，乾凈筆譚上，收入燕行録全集，卷四三，頁一〇〇。

⑯趙涘：松堂集，收入韓國文集叢刊第六輯，釜山：景仁文化社一九九〇年版，頁四二八。

⑰具允明：增修無冤録序，正祖二十年（一七九六）刊本，頁一。

⑱阿部吉雄：文公家禮に就いて，收入服部宇之吉先生古稀祝賀紀念論文集刊行會編：服部先生古稀祝賀紀念論文集，東京：富山房一九三六年版，頁一二五。

⑲吾妻重二：朱熹家禮實證研究，吴震、郭海良等譯，上海：華東師範大學出版社二〇一二年版。

⑳吾妻重二編：家禮文獻集成日本篇第一至八册，大阪：關西大學出版部二〇一〇至二〇一九年版。

㉑長澤規矩也：和刻本漢籍分類目録，東京：汲古書院一九七六年版，頁一三。

㉒王重民：中國善本書提要，上海：上海古籍出版社一九八三年版，頁二二。

㉓荻生徂徠：祭禮略記，收入吾妻重二編：家禮文獻集成日本篇第七册，吹田：關西大學出版部二〇一八年版，頁三一。

㉔新井白石：家禮儀節考，收入吾妻重二編：家禮文獻集成日本篇第五册，吹田：關西大學出版部二〇一六年版，頁一七一、一七五。

㉕参見吾妻重二：日本における「家禮」の受容——林鵞峰「泣血餘滴」「祭奠私儀」を中心に，東アジアの文化交渉第三號，頁一七—四〇。

㉖林鵞峰：祭奠私儀，萬治三年（一六六〇）刊本，頁一。

㉗朱舜水：朱氏談綺，寶永五年（一七〇八）刊本，頁二。

㉘三宅尚齋：朱子家禮筆記序，享保十一年（一七二六）寫本，頁一。

㉙荻生徂徠：徂徠集卷二八復安澹泊，寬政三年（一七九一）大阪文金堂刊本，頁一五—一六。

㉚中井甃庵：喪祭私説附幽人先生服忌圖序，享保六年（一七二一）抄本，頁一。

㉛伊藤仁齋：語孟字義卷上，寶永二年（一七〇五）刊本，頁二八。

㉜荻生徂徠：論語徵甲，元文二年（一七三七）江户大和屋孫兵衛刊本，頁二二。

㉝荻生徂徠：辨名，卷上，禮三則，山縣周南舊藏本，頁三五。

㉞雨森芳洲：橘窗茶話卷下，天明六年（一七八六）大阪府文榮堂刊本，頁二〇。

㉟中村惕齋：追遠疏節序，元禄三年（一六九〇）抄本，頁一。

㊱佐藤直方：韞藏録，收入甘雨亭叢書第一集，弘化二年（一八四五）江户山城屋佐兵衛刊本，頁一四。

㊲原念齋：先哲叢談，卷三，明治十三年（一八八〇）東京村上真助刊本，頁四—五。

㊳雨森芳洲：芳洲口授，收入甘雨亭叢書第三集，嘉永元年（一八四八）江户山城屋佐兵衛刊本，頁五。

㊴嶋尾稔：關於壽梅家禮的基礎性考察（二），收入慶應義塾大學言語文化研究所紀要二〇〇六年總第三八輯，頁一四一。

㊵李文馥：閩行襍詠，收入越南漢文燕行文獻集成第一二册，頁三一九—三二〇。

㊶參見劉春銀等編：越南漢喃文獻目録提要，臺北：「中央」研究院中國文哲研究所二〇〇二年版。二〇〇四年，中哲所又出版了越南漢喃文獻目録提要補遺，並製成越南漢喃文獻目録資料庫系統，共計收録存藏於越、法兩國六所圖書館之珍貴漢喃古籍文獻目録五〇二三筆。

㊷吴士連：大越史記全書，本紀卷六，東京：東京大學東洋文化研究所一九八四年版，頁四〇一。

㊸吴士連：大越史記全書，本紀卷一九，頁七九四。

㊹阮文誠等編：皇越律例卷一喪服圖，嘉隆一十年（一八一三）刊本，頁五六。

㊺胡嘉賓：壽梅家禮序，嗣德丁丑年（一八六五）河内盛文堂重刊本，頁三。

㊻杜輝琬：文公家禮存真序，嗣德庚午年（一八七〇）抄本，頁一。

㊼佚名：黎族大宗家譜，勝嚴寺一九四七年抄本，頁一、七、九。

㊽李隣芝：明倫撮要歌，紹治五年（一八四五）抄本，頁一—六。

㊾江文顯：江氏家譜序，嗣德二年（一八四九）刊本，頁一。

㊿阮自瑶：阮堂家譜序，保大七年（一九三二）河内刊本，頁一。

51本文原標題所用「太山遍雨」一詞，意在説明傳統中國的普遍性價值觀（如「夷狄觀」）並不具有「排他性」。换言之，通過教育和模仿，周邊的夷狄可以成爲文化中心的一部分，從而也與華夏民族一起擁有共同的價值觀念。從東亞這一大的視角來看，禮制所内涵的文化觀念等同於族群觀念。參見杜贊奇：從民族國家拯救歷史：民族主義話語與中國現代史研究，王憲明譯，南京：江蘇人民出版社二〇〇八年版，頁五九。

52阮廷瑶、鄭廷泰：認齋文集，嗣德己未年（一八五九）同文堂第藏板，頁一八。

53開智進德會：孔學精神論，越南國家圖書館藏抄本 R. 1902・NLVNPF—0623.1・

54鄧黄中：東南盡美録，收入越南漢文燕行文獻集成第一八册，頁二三。

55在現代民族國家産生之前，帝制時代的中國與周邊族群關係的維繫依靠的是「文化主義」，即士大夫階層的意識形態與身份認同的建構，主要借助一種普遍文明的道德目標和價值觀念，且這種觀念具有相當强的文化自身優越性，但是由於文化主義與種族觀念糾纏在一起，使得帝制時代的中國在「我者」與「他者」之間很難建立起一個清晰的群體界定標準。參見列文森：儒教中國及其現代命運，鄭大華等譯，北京：中國社會科學出版社二〇〇〇年版，頁八〇—八九。

附録二：「家禮」思想在日本江户時代的受容

朱子學在十三世紀鐮倉幕府時代就被留學中國的僧衆帶至日本。由於受到佛學思想的限制，朱子學在日本的容受緩慢，且無法得到獨立發展。爲了配合日本社會「忠孝一體觀」「家族國家觀」的建設，江户時代的知識人開始對家禮進行本土化的改造。借此擺脱禪宗束縛，建構儒教獨有的生命禮儀，並進一步對「天理」「道統」「水土」等哲學命題加以「日本化」的容受。

一、江户朱子學派的分系与傳承

鐮倉時代中期至室町時代末期，朱子學的思想與體系陸續被留學中國的日本僧衆帶回本國，並逐步爲官方和知識界所接受，這使得早期的日本朱子學具有濃厚的佛教色彩①。只有等到江户時代，朱子學纔得以真正實現個性化發展。朱子的「理一元論」在此時被分化爲反對派與支持派，前者包括崛川學派、蘐園學派等主張解放朱子學的古義學派，以及反對朱子學的陽明學派；後者則包括推崇實理之學的京都朱子學派、推崇真儒之學的海西朱子學派、推崇正統之學的海南學派以及大阪學派、水户學派等等②。

京都學派創始於藤原惺窩與林羅山二人。藤原惺窩是最早使日本朱子學擺脱禪宗束縛並建構儒學「義理人倫」觀的學者。他將朱子家禮思想定爲「實理之學」：「蓋仁、義、禮、智之性與夫元、亨、利、貞之天道，異名而其實一也。凡人順理則天道在其中，而天人如一也。」③「性」與「天道」的合一，本質就是人與自然的合一。這種觀點將朱子學從釋氏「絶仁滅義」的桎梏中解脱出來，「彼去君臣父子以求道，我未聞君父以外，别有所謂道也」④。藤原惺窩特别强調，「齊家」是確保道統與治統合一的根本之道，「大學之道，以齊家爲本。其爲先，是爲本經業」⑤。只有父子兄弟的「天理」爲家庭所尊崇，統治者纔可實現「和育萬民」的政治目標。

藤原惺窩的弟子林羅山否定朱子「理氣二分」論，强調「理者氣之條理，氣者理之運用」⑥的「理氣合一」論。在禮學實踐上，林羅山曾根據朱子家禮的儀則，爲母、妻舉行儒葬，其子林鵞峰將整個喪葬禮程序記録成泣血餘滴，此書後成爲水户藩儒葬的藍本。林羅山特别强調家内秩序中的「名分之守」：「蓋上下定分而君有君道，父有父道，爲臣而忠，爲子而孝，其尊卑貴賤之位，古今不可亂，謂之上下察也。」⑦君臣父子之道，惟「孝」與「忠」，兩者只是一心。所以，武士對藩主的「忠」也是家内秩序中一種絶對的「道」——即神道、儒道與王道的結合體。這種「忠孝一體」與「上下定分」的思想，客觀上爲德川家康在統治合法性上貫徹了絶對的「爲臣死忠」「孝忠只一心」思想。

室鳩巢集京都學派大成，其文公家禮通考對家禮祠堂制度進行了詳盡考證。在祭祀之禮上，室鳩巢一方面繼承林羅山的「名分觀」，主張各祭其立廟之親，大夫不得祭其高、曾，庶不得祭其祖；另一方面又充分表達了「古禮今宜」的思想：「四世之祭，則揆之天理，察之人情，而不可已者也。至於疏數有節，隆殺有度，則當隨時爲之損益，何必泥於古乎？」⑧與室鳩巢同時代的京都派學者新井白石著有家禮儀節考，對家禮的詞義與制度進行了詳盡的訓詁。

藤原惺窩之後僅半個世紀，京都學派就經由木門十哲發揚光大，成爲日本思想界的中流砥柱。京都學派之外，尚有安東省庵、藤井懶齋、貝原益軒、中村惕齋等學者，受學於朱舜水，獨成一流派——海西朱子學派。其中藤井懶齋與貝原益軒在家禮喪祭二禮的基礎上，著成二禮童覽⑨。藤井懶齋將家内禮法（孝）視爲「爲人之本」與「百行之本」，「苟存孝志，則雖匹夫之賤，所以爲人也。若無孝志，則雖公侯之貴，所以不異禽獸也」⑩。貝原益軒更將孝悌的倫理上升到天地萬物一體之仁的境界：「孝弟之理，通於神明不可窺測謂之深；孝弟之理，達於天下謂之遠，此君子之道所以高深且遠也。」⑪與林羅山「忠重於孝」的表達不同，京都學派學者更注重渲染「家」哲學的絶對天理色彩，家禮不僅是人倫存續的基本法則，更是建構公共秩序的重要參照。以山崎暗齋、淺見絅齋、若林强齋等學者爲代表的海南學派（又稱崎門學派），是對朱子家禮文獻進行餖飣考證最爲嚴謹的一支。山崎暗齋依據家禮設置祠堂，製作祖先神主以供家祭，並著成明和新刊禮記。在禮學主張上，山崎認爲「禮」除了「中和」爲本外，還須「敬以直内，義以方外」。被譽爲「崎門三傑」的淺見絅齋以性理大全爲底本，將五卷本家禮進行重新校訂，並著有家禮師説、喪祭小記二書。絅齋認爲，喪祭禮的具體實踐，應該遵循「以其不易固有之心，行乎不易固有之道」⑫。在禮法的「常」之外，更要參酌人情之宜與方俗之變，做到「有常有變、常變相合」。

而至於日本古學派，其學者則早期追隨朱子學，後轉而倡導復古，主張從朱子學出發，直接探索孔孟原著中的「聖人之學」。創始人山鹿素行認爲，儒學道統至孔子去世時就已失傳，而至宋則完全絶跡，「況陸王之徒不足算，惟朱元晦大功聖經，然不得超出余流」⑬。在禮學上，山鹿推崇朱子禮學中「仁」爲「性情中節」之説，認爲「禮者，民治所由生也，所以制中也」⑭。山鹿提出的「士道論」爲武士階層「修家護禮」並進而建構「武士道」精神提供了强大的禮學支撑。山鹿之後，古學派被以伊藤仁齋與弟子伊藤東涯、并河天民、中江岷山等學者爲代表的崛川學派（又稱古義學派），以及荻生徂徠、服部南郭、安藤東野、平野金華、大内熊耳、太宰春台、山開崑崙等學者所組建的蘐園學派繼承並發揚光大。

崛川派的伊藤仁齋批判了朱子「理一論」而提出「氣一論」。認爲「理」本是死字，萬物各有其理，「理不足以爲萬物之樞紐也」⑮。他主張「氣」在「理」先，「氣」爲整個宇宙主宰，「蓋天神地之間，一元氣而已。或爲陰或爲陽，兩者只管盈虛消長往來感應於兩間，未嘗止息，此即是天道之全體」[16]。「氣」未結聚時，「理」無所附著，「有氣則理寓其中，有理則有氣，不相離也」[17]。有關於家禮的維繫和展開，伊藤主張「人外無道，道外無人」。所謂「人外無道」，即父子之親、夫婦之別、昆弟之叙，皆由人而顯，無人則無此道；所謂「道外無人」，即人於仁、義、禮、智四端須臾不可離，此處的「道」正是指成文的社會規範。在批判朱子性理説基礎上，伊藤主張「仁義禮智」是「道德」之名而非「性」之名，「道德者，以徧達於天下而言，非一人之所有；性者以專有於己而言，分天下之所該也」[18]，主張建立起一套以人倫道德爲主體，以仁義禮智爲中心的禮法體系。

蘐園派的荻生徂徠認爲，「道」是「禮樂刑政」的統名。這裏的「禮樂刑政」實即堯、舜、禹、湯、文、武、周公的「先王之道」，承「先王之道」即是把握「禮」的根本之途。「道」並非宋儒所理解的「理」，而是一種可以直接適用的萬民法，「道非事物當行之理，亦非天地自然之道，乃先王所造，非天地自然之道」[19]。所以，早期徂徠學中的「禮」，並非孔、孟、程、朱所謂的「禮理」，而是滲入一定「法」之内涵的社會規範。在朱子禮學的實踐方面，荻生徂徠早年曾以家禮作爲舉行家内喪祭儀式的範本，在與朱子學分道揚鑣之後，更對家禮中的「神主」制式進行批判。

二、中國禮學批判中「他者」與「自我」

江户時代的朱子學者對於「中國」的批判，建基於朱子家禮又超越於中國禮學，表現出强烈的

「日本主義」思想情緒。安藤昌益在批判中國學者的同時，認爲中國的禮法爲孔子這樣「不耕貪食而涉世者」所私制，是一種「私法」，而非「自然天理」之禮法，因而不能够爲萬世傳承：「不耕貪食而爲禮敬之人，是以禮教爲私制之法。雖似有一端之理，不久而即爲亂也。……禮節孔丘已制法，非自然天道之真行也。」⑳崎門學派的創始人山崎暗齋就曾作出假設，如果孔、孟爲正、副將，率數萬騎兵攻打日本，作爲孔孟之徒的日本知識人，正確的做法應當是「身披堅甲，手持鋭器，與之一戰而生擒孔孟，以報國恩」㉑。這種做法纔是真正地遵循孔孟之道。此即伊藤仁齋所説：「漢唐以來，雖各有一代之禮，然皆爲虚器，不得若三代之禮，上自朝廷，下至閭巷，爲人家日用常行之典者，實爲此也。」㉒江户時代的知識人總是願意將先王之道的「實」與中國後世禮法的「虚」做一個鮮明對比，以此論證中國禮學道統中的虚無主義。

理學思想的高峰，意味着宋代之後的中國禮法，很難再有更高的成就。「家」的禮法哲學被朱子框定在天理觀中，整個知識界很難再從思想的角度重新把家禮提高到一個新的哲學高度。因此，元明清時期的學者們轉而把家禮一書的解讀從理學層面轉向經學層面，圍繞家禮而形成一種獨特的「家禮學」，伴隨着家禮書籍的廣泛刊刻、流傳，在宋代以後的一千年時間裏，朱子的禮法思想被中國家庭視爲獨尊。但是，對於經典的解讀，由於受到時空的局限，可能很難使「家」真正的回到「天理」的層面，也很難把禮法的深層次關係闡釋得更符合朱子的本意，這已經使日本學者頗有微詞。

崎門學派學者佐藤直方作爲一個「他者」，在評價中國學術的道統時直言：周敦頤、二程、張載、朱熹雖得堯、舜、孔、孟道統之正，但自此之後，除朱熹門人黄榦、蔡沈等人能承理學衣鉢外，再無聖賢相傳。中華帝國學統遂晦暗不明，幾至墮入後繼無人的境地，朱子學實則「衣冠東渡」。但隨着朝鮮的李滉、日本的山崎暗齋等人相繼出現，中華學術又在「東夷」之國重續星火：「元明之間，以儒名者不可枚舉，而至窺聖學門墻，則方孝孺、薛文清才見此二人而已。……近世山崎敬義先生，尊信朱子，得於其書，而博文之富，議論之正，識見之高，實我邦儒者正脉之首倡也。」㉓在藩國的眼中，中華帝國的禮法哲學在「天理」層面的正統地位已經不復存在。如荻生徂徠認爲，三代之後，「中華」的血統已經被戎狄沾染，「非古中華也，故徒慕中華之名者，亦非也」。而過分將底層的制度渲染「俗」的色彩是對禮法的一種反動，「先王禮文冠裳之風悉就掃蕩，辮髪腥羶之俗已極淪溺，則彼之土風俗尚，寘之不問可也」㉔。

中華帝國在學術史的晚期展現出一種「以博爲能，以復古爲高」㉕的餖飣考據風尚，對於「三禮學」的梳理與考訂更是如此。但是，相比於民間社會對家禮的狂熱「追捧」，知識界對家禮的經注却顯得有點「離經叛道」。甚至於到了清末，在徇習俗與從異端觀念的支配下，還出現「家禮一書，世不多行，學士亦往往不肯求觀」㉖的衰敗學風。這使得崇尚朱子學的東亞的知識人在與中華帝國的學者展開學術交流時顯得無所適從。淺見絅齋以性理大全爲底本校訂而成家禮，在卷末引黄榦「朱子所輯家禮，其後亦多損益，未暇更定」時注云：「其後因家禮而著者，如楊氏附注、丘氏儀節，固不爲無益而頗傷煩屑，輒違本意者或有之。……若夫酌古今之變，從時俗之宜，本國制而盡自分，則亦在其人審焉。」[27]

如果説江户時代的知識人對於中國禮學的批判只是一面之詞，那麽同樣作爲「他者」身份的朝鮮知識人，至少通過對中國學術的切身體驗，驗證了上述的觀點。朝鮮使節徐浩修、徐有素在批判紀昀、翁方綱、彭紹觀等學者時説：「大抵目今朝中士大夫，徒以聲律、書畫爲釣譽媒進之階，禮樂度數視如弁髦。」[28]著名的漢學家、燕行使節柳得恭在北京想要找大學士紀昀購買朱子語類、朱子讀書記、近思録等書時，竟然得到了紀昀「邇來風氣趨爾雅、説文一派，此等書遂爲坊間所無」[29]的答復。

明朝後中國由於掀起强烈的排斥宋明理學之風，使得學者對朱子家禮的學術貢獻失去了最起碼的學理評判：「近世所謂漢學也，獨不知漢儒疏注，即朱夫子之精費覃思，欲以夫子之所棄而不收者，反斥夫子，不幾於燕石而韞櫝乎？」[30]也正是禮法的衰敗與中國學者捨本逐末的做法，使得東亞知識人對中華帝國學術道統合法性的質疑，擴大爲對孔孟程朱相傳的學術共同體一種整體的輕視感，「未知江南有識之士，尚能有殷禮之可徵者也」。在東亞學者對中國禮學批判的同時，朱子家禮與諸國國法不斷磨合，作爲華夏正統逐步東亞化並最終穩定下來，並構建起各國自身的禮法話語體系，這是日本、朝鮮、越南尊奉朱子禮學爲正統的重要表現形式。

三、名分人倫的「天理觀」

朱子在家禮的序言中，闡釋了「名分之守、愛敬之實」與「冠婚喪祭、儀章度數」之間的關係，並認爲兩者悉歸於「天理」統協。江户時代的知識人延續了朱子的這種天理觀，認爲作爲人倫與禮儀基礎的「天理」，具有絶對的存在性。天理作爲一種「日用之常體」，無時無刻不存在。「蓋有天地，然後有人倫，有人倫，然後有禮儀。則無古今無遠近，不容於一日離禮而立矣。若夫因時而變，隨地而處，則自有當然之宜，而能審查而實體焉，則無往而非天地自然之理矣。」㉛「禮」的本質就是「理」，禮之「理」包含着「名分」與「人倫」兩大核心要素，「名分」是規定尊卑、上下、等級的規則，父子有父子之道，夫婦有夫婦之道，長幼尊卑有長幼尊卑之道；而「人倫」則是人的四端之性（惻隱、羞惡、辭讓、是非）對天理流行的一種反映，它的本質就是維繫家内禮法規則不至於紊亂的倫理主張。

爲了證明這種自然之理的普遍性，江户時代的知識人把「神主」（或稱「木主」）作爲容受家禮思想的一個重要切入點：「神主之度數，是天地陰陽自然之法象。故無所謂唐流之神主，日本流之神主。究竟此定式，是伊川所立，然如卦畫經伏羲之手繪出，是天地之原生神體象數，借伊川之手而已。斯無和漢彼此之異。」㉜爲了把朱子禮學「去脉絡化」，知識人從「神體象數」這一天理概念出發，解構了中國古典禮制的傳承路徑，淡化了中國學者對禮制變革的貢獻，同時也辯稱「唐流」與「日本流」無所區别，「但其立之制，此方應有不同，朱子若生於日本，亦爲此之家禮」㉝，從而試圖論證自身對中國禮制容受的學理正當性。

「神主」是天地自然之理與名分人倫哲學所共同寄托的載體。如三宅尚齋説：「祖考精神，則天地精神之根於理而生生無窮者也。……立主設位，必誠必敬。」㉞天地精神即自然之理；而祭祀誠敬之心，即名分人倫哲學。由於「天理」是一種「泛化」的存在，所以它必須依托「神主」作爲載體而與「人倫」之間産生溝通；而「神主」之「神」，則又須借助「天理」的感應而得以聚集，在「人倫」層面得到徹底的闡發。這好比想要喝水必先掘井，「水皆天地之水，若不掘井，則水氣無以聚集。與此理相同，我心有感通之物件，依所感之理而有所聚，非既死之物，遺留又復凝聚，亦非别有一物萌生」㉟。家禮喪祭儀式的參與者能持有誠敬、哀痛之心，天理自然就可以依誠、依愛而聚，神靈就會有其存在的可能性。

日本的「家」往往被視爲家系（祖先與後嗣）的直系連續體，神主則是作爲「理」（人倫）與「神」（名分）的中介，將祭祀儀式所表達的思想傳遞給自家子孫。「我祖先之鬼，思我之後則同理可知，謹記愼追之而祭如在也。祭時崇敬，常時則遠而勤於日業，此事切要，爲我子孫者恪守之。是吾輩所祭之鬼也。此外無可祭之鬼神，絶勿祭之。」㊱象徵「天理」的名分與象徵「人倫」的愛敬，不僅把朱子學的「氣」「理」論講得非常透徹，也把朱子的禮學思想巧妙地融合進了天理觀中。如中井甃庵在依家禮喪、祭禮而改編的喪祭私説一書中説道：「何謂本？倫理是也；何謂實？愛敬是也。本實存焉，至於遵守之篤，履行之久，則夫禮也，亦或不外於斯矣。」㊲「神主」的設置及其學術研究，被江户時代的知識人視爲是表達「名分」與「愛敬」的雙重載體，這也正是從「天理觀」解讀家禮思想的一個最好例證。

四、日用倫常的「道統觀」

中國的「道統」首先源自於「家」。價值倫理在構造時，首先的位階是「家」，其次的位階是「國」，再次纔是「天下」。「國」與「天下」價值觀是「家」這一道統根基的擴大。江户時代的知識人認爲，道統無他，即家禮所闡釋的「孝弟之道」而已，「外孝弟而爲説者異端也，天道也。以孝弟而爲説者，聖人也，人道也。」㊳在這種擴大的結構中，「物」「身」「族」「國」「天下」都是「家」的倫理擬制。「家」的道統觀所藴含的倫理價值，就是日用倫常的哲學。淺見絅齋説：「其人所爲，先爲家，次爲國，其十分之一抔，爲天下。」㊴國與天下的秩序是一種被擴大了的家秩序，而家秩序的本質是人倫禮法。作爲秩序的基石，家庭中的人倫秩序是「家始而爲國」的關鍵。换言之，不管是家、國還是天下，都是「超己」的一種隸屬。淺見絅齋對「家」的認知，得到了家禮思想的真義，其有關於日用倫常與道統的描述，是對孟子「孝弟爲仁之本，堯舜之道，孝弟而已」的一種深化。那麽，禮法道統的延續是以一種什麽樣的形式加以呈現？荻生徂徠給出了見解，他認爲日本社會在對中國道統的繼承過程中，要分清「制禮者」「傳禮者」和「行禮者」這三類人。

首先是制禮者。制禮者是夏、商、周的聖人，他們的共同點是能把抽象的天理轉化爲具象的禮法規則，且他們的存在本身就意味着禮法的存在。如荻生徂徠説：「夫聖人由禮行，非行禮者也。雖語默食息之頃，升降俯仰，各有容節，無非禮者。」[40]聖人的踐履便是「禮」，雖然各代聖人因襲不同，但是「禮理」的思想却别無二致。這是對朱子「惟聖人能全其形之理，故可以踐其形也」[41]的「先聖作則」思想的一種補充。

制禮者的思想得以流傳與解讀需要依賴傳禮者。孔子及其弟子取周禮而傳，可以稱之爲傳禮者。所謂「聖人之智不可測，而散軼之多，不得類推以識之，故恪守殘經，不敢厠以私見，是今日儒者所務」[42]。家禮的道統自堯舜至周公再至孔孟，一脉相承，這是因爲制禮者能够揣測聖人的意圖，感悟自然的理性，從推衍與發揮的角度把握禮的本質。可以説在道統的承續上，傳禮者發揮了重要的媒介功能。

至於行禮者，則有華夷之別。之所以有此別，是因爲禮有「古禮」「時禮」之分，夏禮不行於殷，殷禮不行於周，周以後歷代如此，這已經形成認知上的共識。「異代之禮，悖時王之制，臣子所不得爲也。」因此，隨着禮學道統傳至近世，行至日本，則必然要作「華夏之禮」與「日本之禮」的區分。「世之行禮者，於其無時王之制者，則不得已遥取先王之禮，以己意斟酌以行之，如温公、朱子是也。既已斟酌，豈責其必合先王之禮乎？」㊸言下之意是，既然司馬光、朱熹可以創改先王之禮而成書儀、家禮，那麽日本的儒家知識人也可以從道統這一憲律出發，而創作屬於日本的禮學、禮制與禮書。

所謂「吾儒之道，聖人之道也，聖人之道，人之道也，人之道即天地之道也。四海萬國將不可一日離，無此道則國恒亡，無可以容異端之餘地」㊹。江户時代的知識人辨析了制禮者、傳禮者、行禮者這三類人，概述了禮學一脉相承的道統，其目的是爲了證明日本在容受家禮的過程中，也躋身於這一道統的承續者之列。

五、禮法時中的「水土觀」

「水土」一詞，源出中庸「仲尼祖述堯舜，憲章文武，上律天時，下襲水土」。按照伊藤仁齋的解釋，即「東西南北中之五方，各有其地之宜，如居魯縫掖，居宋章甫之類」㊺。可見，「水土」强調應該依據時間、地點、場所以及個人的所處實際情況採取符合「時中」的行動，不拘於往聖禮法，而應懂得「通事變、知人情、順風俗」。熊澤蕃山在注解中庸時説道：「堯、舜、文、武，雖志向有相别，但都通曉人情事變，「通事變者，則天時也；知人情者，據水土也。水土現於人情風俗者也」[46]。所謂「通事變」，實際上就是强調禮在不同時期、不同地點與不同人情的情況下，各有其所宜：「作禮乃非世俗無用之禮，風俗通禮須合於今之俗，凡家禮所立皆如此，不泥古，合於今日人情，又略非禮，不違義理。」[47]這種主張實際是對朱子「古今異宜」變革思想的一種變相表達。

禮的使用有古今華夷之分，最重要的是要「欽時王之制」。對於那些「無時王之制者」，他們不得已只能遥取先王之禮加以推演。既然是推演、斟酌，那麽禮法在時間、地點、人物方面就勢必會産生「水土不服」的問題。江户時代知識人主張，對家禮的吸收應當以符合日本的「存生」之道爲準則，而不能簡單地照搬中國經驗：「以稱唯今目前之心志以爲途。然則死後之祭祀準此以行。此是云善事生，又善事鬼；又云善知生，善知死，死生之理明也，鬼神之説盡矣。」[48]針對中、日兩國殊土、殊俗的問題，荻生徂徠指出：「吾邦先王不制喪祭之禮，是以世之人莫有所遵守，則又苦於三代先王之禮難讀，乃近取朱子家禮而代殊土殊俗，故亦不得一一遵守以行之。」[49]只有斟酌損益，纔能使本國的禮法與中國道統相適應。地域差異是導致制禮作法有所側重的根本原因，如果朱子生活在日本，也會把聖人的道統與日本的地域結合起來，創制一部反映日本風土人情的家禮。

禮法「水土觀」實際上是在以聖人爲道統的基礎上所作的「時中」調試，在禮法之理的層面做到因時、因地而損益；反之，如果不能採取斟酌損益時措之宜，那麽具體的名物度數也就不可能再存在適用的空間。熊澤蕃山說：「漢禮多不通於本國，而俗禮本無意義。若欲準古酌今，隨於土地，合於人情，上自朝廷，下至於閭巷，使人循守而樂行之，則非明達君子不能作焉。」[50]中國之禮無法在日本通行，而禮俗又破壞了禮法本身的存在感。聖人制禮作法時，總是先立其形，一旦禮之理能够因時因地損益，則名物度數的變革也就是一個順理成章的過程。

禮之理在本質上就具備着不泥古、合今時的特徵，「水土觀」本身就是禮法的一部分，禮俗關係的平衡取決於用禮者對於「時中」哲學的領悟。雖然不能如制禮者、傳禮者那樣雖無禮文可言，但有居禮之實。但後世對於家禮思想的容受，「皆須合於時處位，只盡心之誠而已。拘於格法，强人所難，勢所不能，必損其本也」[51]。禮的「水土性」決定着禮文很難以一種「太山遍雨」式的姿態施加於不同地域、不同時代，江户時代禮法「水土觀」的提出，實際上爲中國禮學、禮制、禮書在域外尤其是在日本社會的傳播起到了客觀的推力作用。

六、家禮思想在江户時代受容的成因

家禮的成書，很大程度上是爲了應對唐宋之際，佛教喪葬儀軌對儒學死生說的衝擊。「世俗信浮屠誑誘，於始死及七七日、百日、期年、再期、除喪，飯僧、設道場，或作水陸大會。必云爲此者滅彌天罪惡，必升天堂，受種種快樂；不爲者必入地獄，剉燒舂磨，受無邊波吒之苦。」[52]更進一步地説，這也是對儒教一以貫之的「天理觀」與「道統觀」的一種學理衝擊。所以朱子直言：「聖人已遠，而萬世之下祖述其言，能出於此者，乃爲得其正統；其過之者，則爲墮於老佛之空虛。」[53]爲了完成「排佛尊儒」的學術主張，朱子將其學説的核心命題建構在「祖述堯舜，憲章文武」之上，這是朱子學能够挽救天道人心流弊、延續往聖道統的根本緣由，也是其得以流傳至日本，並爲知識人廣泛接受、認可的根本動力。

江户時代的儒家知識人也面臨着同樣的問題，即世俗社會徒以佛老之言爲妙道，而以禮法事變爲粗迹。十七世紀後期，德川幕府爲了禁止異教在日本的傳播，設置「菩提所」開示「宗旨人别改」的制度。在這種制度之下，所有的喪祭和追祭法事借由各户、各人所歸屬的「菩提所」包辦，所有檀越的婚喪嫁娶全部要歸於所屬寺院，受其監察與證實，由此形成了牢固的「寺檀關係」[54]。禮法的失序與儀式的錯位，使得知識人亟欲尋求一種正統的哲學思想來指導日常禮儀的實踐。也正是在這種大背景下，江户時代的知識人從「天理」「道統」「水土」的角度對家禮及其思想加以容受，並對日本的禮教制度進行革新。

首先，知識人對「天理」與「禮法」關係的梳理，維繫了儒家喪、葬禮對世俗社會控制的合法性。

在江户時代的禮學體系中，喪祭禮被視爲「天理人心之本法」，即「天理」是一種居於「禮法」之上的價值觀；而佛教所示喪葬儀軌，乃是「偏僻其道，以絶滅天理，廢棄人倫爲則焉……猶冰炭熏蕕之不相容也」[55]。「天理」的流行就是「禮文」得以存續的前提，「苟不得理，而惟禮文之拘，則先失吾所以行禮之本矣」[56]。家禮以冠、婚、喪、祭禮的具體儀則，作爲溝通「名分」與「人倫」的橋樑，「形天理著人心者禮，而禮莫重於喪祭焉」[57]。尤其是喪祭之禮，它既是對「名分之守」這一天理觀的體現，又是對「愛敬之實」這一人倫觀的落實。

其次，道統觀的堅守，確保了知識人得以擺脱禪宗「絶仁滅義」説的束縛，並建構儒學的「義理人倫」觀。藤原惺窩曾説，朱子繼往聖、開來學，得道統之傳，因此，取法朱子學是直面聖賢的做法，「同是堯舜，同非桀紂，同尊孔孟，同排釋老，同天理爲公，同人欲爲私」[58]。知識人想要在佛教儀軌的包圍中有所突破，就必須依托儒教的禮儀，從「天理人欲」的角度加以反擊。比如，中村惕齋依家禮祭禮章的基本體例而著慎終疏節一書，其成書理念即認爲「國俗久溺浮屠教，而不知有先王之禮。……殘暴之甚，慣以爲常」[59]。所謂先王之禮即儒家堅持的道統，面對釋氏的「絶仁滅義」，儒家知識人大膽地以家禮所宣導的「日用倫常」作爲實踐生命儀式的指導思想，「統系脉絡，舉無非以其不易固有之心，行乎不易固有之道，而參以人情之義，酌以方俗之便，爲其所得爲，以稱有亡之節」[60]。可以説，正是對道統觀的堅守奠定了家禮本土化的根基。

再次，家禮思想在日本社會的容受，還有一個重要的成因，即日本社會倫理結構中的「家族國家觀」與家禮所宣導的「上下定分」之理，在很大程度上能够互相契合，這也是其禮法「水土觀」的一種升華。幕府想要將家内秩序中的長幼、尊卑、上下、内外之理，作爲延展國家秩序的合法性來源，這是以德川家爲中心的武士集團組建的「家職國家」的政治架構所決定的，與家禮中的「家政修明……移之於國與天下，則國與天下之政理」[61]的政治主張是非常吻合的。

家禮思想之所以能在江户時代被廣泛傳播、融合、接受、發揮，其根本原因還在於朱子學學理宗旨之純正。它以「源頭活水」的高度，從對哲學與自然中的諸多元命題探討出發，夯築了整個中華儒教文明的正統地位。「程朱之門，千言萬語，只欲使學者守正道、辟異而已矣。」[62]具體到家禮來説，它所關注的核心命題是諸如「人爲什麽要有家庭？」「家庭的秩序何以可能？」「家庭的存在與社會存在是否互爲前提？」「維繫家庭的儀式與人的天性是一種什麽關係？」朱子給出的答案是：「家」蘊含於「乾道成男，坤道成女」的自然秩序中，是被「天理」所建構起來的。家内秩序是禮制中「本」和「文」的集合體，它既是天理秩序的一種深切關照，更是人倫法則的重要參考。

七、餘論

家禮一書得以在東亞社會廣泛流傳，其根本前提是周邊國家對朱子學及中國儒家「道統」的信仰與尊奉。「天理之節文，人事之儀則」是家禮思想的精彩概述。它對於禮的起源、形態、表現以及内涵做了深刻的描述。「形而爲恭敬辭讓，著而爲盛儀度數，則又皆人事之當然而不容已也。」[63]前者表明禮法哲學的天理屬性，後者表明禮法哲學與人倫規則的關係。朱子認爲，「禮」自「理」生，故而它是一種經天地、理人倫的治理方式，存在於無需證明的、且絶對正確的自然之理中。乾坤交感化成萬物，而天地萬事又咸歸於一理。聖人之形就是「天理」賦予「人事儀則」的媒介，聖人的踐履就是衆人的標杆，是衆人所遵循的禮。這種「禮理一體」的哲理，自堯舜傳至周公、傳至孔孟、再傳至程朱，是一種賡續不絶的「道統」。這種絶對正確的「天理」迭經列聖相傳，傳至日本，被江户時代知識人加以批判、容受。他們以日本和中國「水土」各異爲由，揚棄了家禮對生命儀式的細節安排，而對於朱子學説中的「家國觀」進行了吸收。家禮一書所建構的「忠孝」説、「家國」説等，正好爲日本社會所需，從而在江户時代轉化爲「士者，皆以食禄以養己與妻子之故，而爲君盡忠焉」[64]的「家族國家觀」思想。

原載雲南社會科學二〇一七年第四期／國際漢學二〇一九年第四期

注釋

①慶元六年(一二〇〇)京都泉湧俊芿大師(一一六六—一二二七)首率弟子安秀、長賀等人在臨安等地對朱子學展開長達十二年的學習。俊芿歸國時,帶回儒教典籍百五十六卷,其中便包括朱子的四書章句集注。隨後臨濟宗圓爾辨圓大師(一二〇二—一二八〇)於端平二年(一二三五)年來華受學,並帶回包括朱子大學或問、中庸或問、論語精義、論孟精義在内的典籍數千卷,並親自編成三教典籍目録、佛法大明録等書,傳播程朱的儒佛思想。東福寺第二十八世住持大道一以(一三〇五—一三七〇)將國師藏書編成普門院經論章疏語録儒書等目録,其「雲部」著録文公家禮。此外,中國的禪僧蘭溪(一二一三—一二七八)、大休(一二一五—一二三九)以及一山(一二四七—一三一七)等人均携弟子赴日興建寺宇,講授程朱理學與佛學。

②京都朱子學派學者有:藤原惺窩、林羅山、木下順庵、雨森芳洲、室鳩巢、新井白石;海西朱子學派學者有:安東省庵、藤井懶齋、貝原益軒、中村惕齋;海南朱子學派學者有:谷時中、小倉三省、野中兼山、谷一齋、大高阪芝山、山崎暗齋、佐藤直方、淺見絅齋、三宅尚齋、若林强齋;大阪朱子學派學者有:五井持軒、三宅石庵、中井甃庵、五井蘭洲、中井竹山、中井履軒、富永仲基;寬政以後朱子學派學者有:柴野栗山、古賀精里、尾藤二洲、賴春山、賴杏坪、安積艮齋、賴山陽;水户學派學者有:德川光國、安積澹泊、栗山潛鋒、三宅觀瀾、德川齊昭、藤田幽谷、會澤正誌齋、藤田東湖等。對上述學派更爲細致的爬疏,可以參看井上哲次郎:日本朱子學派之哲學,東京:富山房一九〇五年;丸山真男:日本政治思想史研究,東京:東京大學出版會一九八三年;朱謙之:日本的朱子學,北京:人民出版社二〇〇〇年,頁一六九—四九七;朱謙之:日本哲學史,北京:人民出版社二〇〇二年,頁二六—八五。

③藤原惺窩:續惺窩文集卷一,藤原惺窩林羅山,收入日本思想大系第二八册,東京:岩波書店一九七五年,頁九二。

④京都史跡會:林羅山文集,東京:塘鵝社一九七九年,頁六七一。

⑤藤原惺窩:大學逐鹿評逐鹿評卷上,東京:岩波書店一九八九年,頁三九一。

⑥林羅山:拔萃羅山文集卷六七,隨筆三,天保二至三年(一八三一—一八三二)中村直道寫抄本,頁一四。

⑦林羅山：拔萃羅山文集卷六八，隨筆四，頁三六。
⑧室鳩巢：文公家禮通考，收入甘雨亭叢書第一集，弘化二年（一八四五）江户山城屋佐兵衛刊本，頁一三。
⑨關於藤井懶齋及其所著二禮童覽更詳盡的研究，可參看吾妻重二：關於藤井懶齋的二禮童覽——孝與儒教葬祭禮儀，陳曉杰譯，歷史文獻研究二〇一六年總第三八號，頁一四三—一五五。
⑩藤井懶齋：本朝孝子傳卷下，貞享三年（一六八六）年西村孫右衛門刊本，頁五七。
⑪貝原益軒：慎思録卷四，收入井上哲次郎、蟹江義丸編：日本倫理彙編第八册，東京：育成會一九〇一年，頁一一三。
⑫淺見絅齋：淺見絅齋文集，收入近藤啓吾、金本正孝編：淺見絅齋集，東京：國書刊行會一九八九年，頁四二七。
⑬山鹿素行：山鹿語類卷三五，收入日本倫理彙編第四册，頁二七七。
⑭田原嗣郎、守本順一郎校注：山鹿素行，收入日本思想大系第三二册，頁三四六。
⑮伊藤仁齋：童子問卷中，收入家永三郎、清水茂校注：日本古典大系第九七册近世思想家文集，東京：岩波書店一九七六年，頁三一一。
⑯伊藤仁齋：語孟字義卷上，收入吉川幸次郎、清水茂校注：日本思想大系第三三册，頁一一一。
⑰伊藤仁齋：仁齋日札第二册仁齋伊藤先生傳，弘化二年（一八四五）江户山城屋佐兵衛刊本，頁二。
⑱伊藤仁齋：語孟字義卷上，頁二七。
⑲荻生徂徠：論語徵甲，收入徂徠集，頁二〇一。
⑳安藤昌益：自然真營道卷六，收入日本哲學思想全書卷一，東京：平凡社一九七九年，頁八三。
㉑元念齋：先哲從談卷三，東京：有朋堂一九二八年，頁一二四。
㉒伊藤仁齋：仁齋日札，頁九。

六〇一。

㉓佐藤直方：韞藏録，討論筆記，收入甘雨亭叢書第一集，頁一一——一二。

㉔林述斎ほか：清俗記聞，寬政一一年（一七九九）須原屋茂兵衛刊の補刻本，頁二——三。

㉕邵懿辰：半嚴盧遺集遺文儀宋堂記，收入續修四庫全書集部第一五三六册，上海：上海古籍出版社一九九五年，頁六〇〇——

㉖賀瑞麟：重刻朱子家禮原本書後，朱子家禮，光緒六年（一八八〇）西安省城重刊馬雜貨鋪藏板，頁二。

㉗朱熹著，淺見絅齋校訂：家禮跋，元禄十年（一六九七）須原屋新兵衛刊本，頁一二。

㉘徐浩修：熱河紀遊，收入林基中編：燕行録全集卷五二，首爾：東國大學校出版部二〇〇一年，頁一八三——一八四。

㉙柳得恭：燕臺録，收入燕行録全集卷六〇，頁一九八、二〇六。

㉚李秀晚：屐園遺稿卷一二，輶車集，收入燕行録全集卷六〇，頁五二五。

㉛淺見絅齋集，頁四三七。

㉜荻生徂徠：徂徠集卷二八復安澹泊，東京：岩波書店一九七三年，頁七。

㉝淺見絅齋：家禮師説卷一通禮，文正七年（一八二四）橘惟一抄本，頁三。

㉞轉引自朱謙之：日本的朱子學，北京：人民出版社二〇〇〇年版，頁三三三。

㉟若林强齋：家禮訓蒙疏卷三喪禮，東京：京都大學附屬圖書館藏明治三年（一八七〇）補刻活字本，頁一〇。

㊱水田紀久、有阪隆道校注：日本思想大系四三富永仲基山片蟠桃，無鬼下第十一，東京：岩波書店一九七三年，頁五七三。

㊲中井甃庵：喪祭私説附幽人先生服忌圖，懷德堂文庫抄本，無頁碼。

㊳轉引自朱謙之：日本的朱子學，北京：人民出版社二〇〇〇年，頁一九二。

㊴井上哲次郎、蟹江義丸編：日本倫理彙編卷七聖學圖講義，東京：育成會一九〇二年，頁四四〇。

㊵荻生徂徠：復安澹泊第六書，收入徂徠集，頁一四。
㊶朱熹：朱子文集卷五六答朱飛卿，朱子全書册二三，頁二六七五。
㊷荻生徂徠：復安澹泊第六書，收入徂徠集，頁一四。
㊸荻生徂徠：復安澹泊第六書，收入徂徠集，頁一四—一五。
㊹中井竹山：草茅危言卷四出家之事，收入鷲尾順敬編：日本思想門争史料，卷六，東京：東方書院一九三〇年，頁五二四。
㊺伊藤仁齋：中庸發揮卷下，早稻田大學圖書館藏不詳刊本，頁一八。
㊻正宗敦夫編：蕃山全集第三册中庸小解，東京：蕃山全集刊行會一九四〇—一九四三年，頁三五四—三五五，
㊼淺見絅齋：家禮師説卷一通禮，頁二。
㊽水田紀久、有阪隆道校注：日本思想大系四三富永仲基山片蟠桃，無鬼下第十一，頁五七三。
㊾荻生徂徠：復安澹泊第六書，收入徂徠集，頁一四—一五。
㊿熊澤蕃山：蕃山外集卷一〇，收入集義外書第二册，頁一八二。
51熊澤蕃山：集義和書卷五，收入友枝龍太郎校注：日本思想大系三〇熊澤蕃山，東京：岩波書店一九七一年，頁九二。
52司馬光：温公書儀卷五喪儀一，方春樓藏版，頁六。
53朱熹：朱子文集卷六三答孫仁甫，上海：上海古籍出版社二〇〇二年，頁三〇六八。
54村上專精著，楊曾文譯：日本佛教史綱，北京：商務印書館一九八一年，頁二三一—二三七。
55貝原益軒：日本宋學史上編神儒並行不相悖論，大阪：杉本梁江堂書店一九〇九年，頁一一。
56淺見絅齋集，頁四三七。
57近藤啓吾編：儒葬與神葬，東京：國書刊行會一九九〇年，頁二四六。

58 藤原惺窩：惺窩文集卷三，收入日本思想大系第二八册，東京：岩波書店一九七五年，頁四—五。
59 中村惕齋：慎終疏節序，京都大學附屬圖書館藏本，頁一。
60 絅齋先生集，頁四二七。
61 朱熹：朱子遺集卷四家政，收入朱子全書册二六，頁七四四。
62 山崎暗齋：山崎暗齋全集下卷垂加文集，東京：加九社一九七八年，頁七二六。
63 黄榦：勉齋先生黄文肅公文集卷二〇書晦庵先生家禮，收入宋集珍本叢刊第六九册，北京：綫裝書局二〇〇四年，頁八一。
64 安藤昌益：自然真營道卷四四民，收入日本哲學思想全書卷一，東京：平凡社一九七九年，頁二〇。